Luchando Contra mi Mayor Enemigo, Yo Mismo

Confía en Dios

Una historia real y brillante de un agente de la DEA

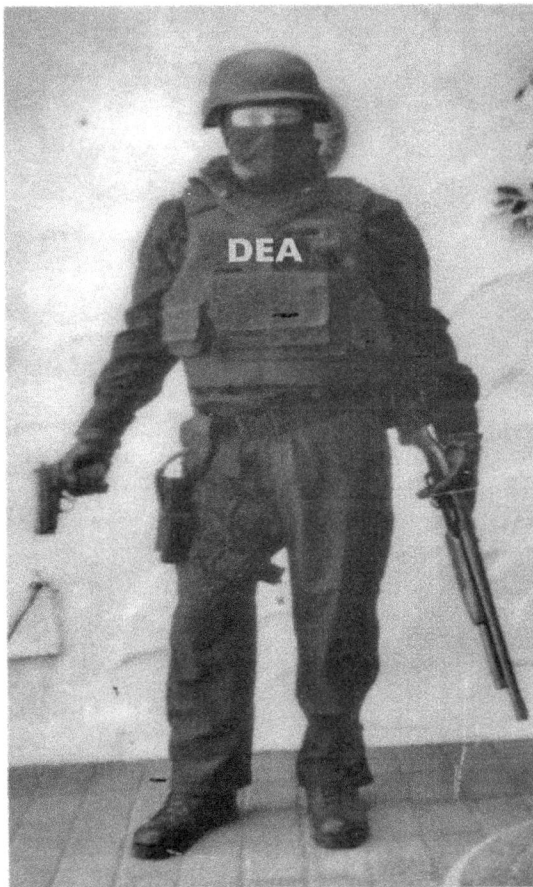

Larry Ray Hardin, Autor y Escritor
Editada, Dianne DeMille, PhD

Julio 2019
Servicio de Asesores de Dianne.
Anaheim, California

Paperback ISBN 978-0-692-65770-6
eBook ISBN: 978-1-7360941-5-0
Traducción al castellano: Joaquín López.

"Larry es un tipo auténtico. Sus historias, aunque parezcan increíbles, son sin embargo reales. Su propósito es compartir con exactitud los acontecimientos de su vida sin preocuparse de las repercusiones. Así es Larry. El no tiene madera de jefe porque su moral recta y profesional es "hacer lo correcto" lo cual ha comprobado y desarrollado a lo largo de su vida. La historia de Larry junto a la frontera suroeste es por desgracia el resultado del dinero, violencia y corrupción que es "la lucha contra la droga." Esta historia no es un retrato exagerado o una película de TV, es solo una parte de la complicada realidad del mundo de la droga en la frontera. Mientras muchas personas pueden encontrar estas historias divertidas para ver en sus aparatos digitales para gente como Larry, son historias difíciles de olvidar. Dejad que este chico simple y honesto de Kentucky os lleve directamente hasta la madriguera de la trágica realidad que es el negocio de la droga y la frontera." -- Robert W. Meza, Agente Especial jubilado del FBI.

"Las historias que Larry relata son verdaderas. El demuestra que el duro trabajo, la confianza y la integridad dan resultados positivos. El nos hace saber que no todo el personal que pertenece a la Justicia Penal es malo." – Bryan Cook, Agente Especial Supervisor, Departamento de Justicia de los Estados Unidos, DEA.

"Estoy verdaderamente agradecido por su servicio a nuestro país. Es un honor servir como su presidente y trabajar cada día para mejorar la vida de los americanos. Su valentía me inspira y me da confianza para el futuro de nuestra nación." – Presidente Donald Trump

Acrónimos/Siglas

AUSA Fiscal adjunto/ayudante de Estados Unidos.

CI   Confidente, informante.

CIA   Agencia Central de Inteligencia.

DEA   Agencia de Control de Drogas

DPS   Departamento de Seguridad Pública.

FBI   Oficina Federal de Investigación.

INS   Servicio de Inmigración y Naturalización.

IRS   Servicio de Impuestos Internos.

NCIS Servicio del Investigación Criminal Naval.

NSA   Agencia de Seguridad Nacional.

NTF   Fuerza Especial Antinarcóticos.

OCDETF   Fuerzas Especiales contra la droga y crimen organizado.

POE   Puerto fronterizo, Puerto de entrada.

PI   Investigador privado.

SOI   Fuente de información.

TSA   Administración para la Seguridad en el Transporte.

Prólogo

He estado en la Universidad de Phoenix durante más de 16 años y fui unos de los primeros profesores y presidente del programa de Justicia Penal. Tengo más de 32 años de experiencia con las fuerzas del orden. Me retiré de la administración pública después de 25 años con el Departamento de Justicia de los Estados Unidos como Agente Especial, supervisor de la Agencia Antidrogas Americana (DEA). Trabajé durante cuatro años en la Oficina del Servicio de Investigacion Naval (NIS) de Inteligencia Naval, ahora conocida como Servicio de Investigación Naval Criminal (NCIS), como Agente Especial, y tres años con el Departamento de Policía de San Diego (SDPD) para la ciudad de San Diego, como oficial de policía bajo juramento.

He conocido a Larry desde que empezó a trabajar para la DEA en San Diego. Larry es natural de los valles montañosos de Kentucky, en los Apalaches occidentales. Sus padres eran devotos y trabajadores. El padre de Larry era un hombre de pocas palabras que creía que las palabras de un hombre y el saludo eran tan válidos como un contrato firmado y con testigos. De tal palo tal astilla.

Las historias que Larry narra al lector son reales. El demuestra que el trabajo duro, la confianza y la integridad dan resultados positivos. El nos hace saber que no todo el personal que pertenece a la Justicia Penal es malo. Como en toda condición social, siempre hay algunas manzanas podridas. Recomiendo muy especialmente que leáis "Luchando Con mi Mayor Enemigo: Yo Mismo/Confía en Dios." Para experimentar cómo un chico de los valles y colinas de la Kentucky rural lidió con unas de las tareas más mortíferas de las fuerzas del orden de la historia americana.

----- Bryan Cook, Profesor Adjunto de la Universidad de Phoenix, Agente Especial Supervisor jubilado, Departamento de Justicia, DEA.

Luchando Contra mi Mayor Enemigo, Yo Mismo

Nota Del Autor

Las historias que vais a leer son verdaderas. Algunos nombres de individuos y empresas han sido cambiadas por protección. Se han recreado hechos, acontecimientos y conversaciones con la ayuda de informes, diarios personales, recuerdos del autor y entrevistas con las personas implicadas.

Como lector de estas historias inspiradoras, puede estar seguro que no es otra teoría u opinión; sino la verdad de "Por qué no se lucha contra las drogas." Encontraréis las respuestas justo aquí en estas páginas, pero algunos de vosotros continuaréis preguntándoos buscando respuestas. Hace alrededor de un año, mientras estaba en San Fernando, Cádiz (España), Pedro Fernandez-Lopera, un profesor de instituto jubilado, me animó a conocer a su amigo Antonio Lagares. Antonio es un famoso autor y escritor español. Pedro me dijo, "Quiero que conozcas a Antonio Lagares, es un gran amigo y está interesado en conocerte."

Al día siguiente, Pedro me llevó a un lugar muy bonito, para tomar tapas, llamado "Bodega Rocío." El me dio un libro de Antonio. El libro de Antonio habla de la Venta de Vargas[1], una historia real de la gente de San Fernando (Los Cañaíllas). Mientras esperaba a Antonio en el restaurante "Bodega Rocío", Pedro y yo tomamos unas cervezas Cruzcampo y Estrella de Galicia y algunas tapas de jamón. Antonio finalmente llegó.

Después de tomar más cervezas, Antonio y Pedro coincidieron en que debería escribir y publicar mi libro en español también. Cogí el pequeño pin de la DEA de la solapa de mi chaqueta de piel negra. Le dije a Antonio: "Dame tu mano derecha."

Antonio pensó que íbamos a darnos la mano, por nuestro nuevo libro en

Pedro, Larry Ray, Antonio

español. Pegué el pequeño pin de la DEA a su mano, aprentando mi mano por encima de la suya, presionando el pin hasta hacerle sangre. "Ay," dijo Antonio. Yo miré a Pedro. Pero Pedro no me daba su mano. Dije, "Esta es mi promesa de sangre para ambos de que mi libro se traducirá al español." Pedro intentaba interpretar mi inglés al español (de Andalucía) pero era demasiado tarde. Pedro ya se había tomado demasiadas cervezas. Y probablemente se preguntaba, "Este agente de la DEA está loco."

Después de decidir que nombre utilizar para el título del libro en español, Pedro sugirió, "Confía en Dios."

Mi esposa, Catalina, estuvo totalmente de acuerdo con Pedro en que el título del libro en español debería llamarse, "Luchando Con mi Mayor Enemigo: Yo Mismo/Confía en Dios."

Bandera española con el toro.

Reconocimientos

Quiero dar gracias a Dios por mis padres, Ray Hardin, Junior y Elizabeth G. Johnson Hardin (los dos han partido ya para la casa de nuestro Señor Jesús), por su capacidad de amar, paciencia, y sacrificios por nuestra familia.

En Julio de 2016, le dije a mamá, "Estoy escribiendo un libro sobre la corrupción en las fuerzas del orden en la frontera de México y sobre el mal de las drogas al que hice frente mientras trabajaba con la DEA."

Mamá dijo, "¿No te meterás en problemas con la DEA?"

"No, mamá," le dije.

"No puedo esperar para leer tu libro, Larry Ray," dijo mamá.

Mamá murió el 14 de enero de 2017 en la casa de mi hermana Sherry Geneva. Mamá no vivió lo suficiente para leer mi libro.

Yo sí que leí parte del manuscrito del libro a mi padre antes de su muerte el 4 de Febrero de 2018. Papá, escondiéndose de dolor, sonreía mientras yo le leía el manuscrito de mi adolescencia en *Kentucky*.

Yo quiero dar las gracias a Joaquín López, mi gran hermano del alma, por su duro trabajo para traducir los textos de estas historias. El ha dedicado mucho de su tiempo libre a este libro, para sacar la verdad al público de habla hispana. Conozco a Joaquín desde hace muchos años y lo pasamos muy bien cada vez que nos reunimos sobre todo con unas cervecitas de por medio.

Y finalmente, quiero reconocer también a mi esposa, Catalina, por su amor, amistad, conocimiento, paciencia, y apoyo, en nombre de esta historia real.

"Gracias a todos" no es suficiente. Verdaderamente no podría haberlo hecho sin mi familia, parientes, amigos, y antiguos compañeros de trabajo de la comunidad policial.

Sobre El Autor
Larry Ray Hardin

Este libro es mi historia sobre mi adolescencia en Kentucky y mi experiencia con las fuerzas del orden. Después de trabajar más de treinta años, me retiré de la administración pública, en el Departamento de Justicia de los Estados Unidos, como Agente Especial de la Agencia Antidrogas Americana (DEA).

Larry DEA sin máscara protectora face mask

Empecé a trabajar para el gobierno de los Estados Unidos con mi servicio militar, durante seis años y algunos meses, destinado principalmente en el Cuerpo de Marines. Más tarde, con el Servicio de Inmigración y Nacionalización (INS), como Oficial de Adjudicación, por unos doce meses: y después fui Oficial de Prisiones con la Agencia Federal de Prisiones, durante varios meses. Finalmente, mis últimos casi 24 años, fueron con la Agencia Antidrogas Americana (DEA), como Agente Especial. Poseo un Master en Gestión Empresarial y otro en Proyectos de Recursos Humanos.

Actualmente, doy clases de Justicia Penal a estudiantes militares americanos y a sus familias en Europa, España, y en San Diego, California. Soy Investigador Privado autorizado (PI) y dirijo mi propio negocio de investigación privada como presidente y oficial principal ejecutivo (CEO) de Investigaciones L.R.H., en San Diego, California.

Realizo trabajo voluntario visitando a militares veteranos, agentes de las fuerzas del orden, y oficiales en hospitales de enfermos terminales en la zona del condado de San Diego. También soy asesor y conferenciante de las fuerzas del orden en Metodologías de Inteligencia y Terrorismo Internacional y Nacional. Soy coautor y escritor de mi primer libro, -- *Camino del Diablo, basado en acontecimientos verdaderos de un agente de la DEA y dos investigadores privados.*

Introducción

Este libro es la verdadera historia durante el tiempo en que trabajé como agente de la DEA en San Diego (California), la frontera del suroeste de Yuma (Arizona), México, y Bogotá (Colombia).

La historia narra tres investigaciones en lugares diferentes por todo el país, America Central, America del Sur, Colombia, Asia, y Europa. Estaba decidido a acabar con tres organizaciones de tráfico de drogas muy importantes que operaban a lo largo de la frontera suroeste de Estados Unidos y México.

La primera investigación

Un reportero de investigación del periodico de Albuquerque, supo a través de antiguos agentes de la DEA que había doce guardas que formaban "un sindicato de los mayores cárteles de la droga que operaban en México"[2] a lo largo de la frontera entre los Estados Unidos y México, desde Tijuana (México)/San Diego (California), hasta Matamoros (México) y Brownsville (Florida).[3]

El sindicato controlaba regiones específicas para traficar con narcóticos y drogas a los Estados Unidos y el transporte de armas a America Central y del Sur. Los cárteles "coordinaban sobornos a nivel nacional, supervisaban las operaciones de lavado de dinero y negociaban el cargamento de drogas a nivel interna-tional."[4]

Uno de los casos penales que dirigí tuvo lugar en Yuma, Arizona y en San Luis, México. Inicié una investigación en complot con las fuerzas especiales contra la droga y el crimen organizado (OCDETF) teniendo como objetivo un cartel mexi-cano: unos de los doce guardas.

A través de información que obtenía de mis confidentes (CIs), fuentes de información (SOIs), e investigadores privados (PIs), me encontré realizando contactos de tres hermanos que dirigían un cartel de drogas con delincuentes colombianos y chinos en relación con sus negocios por los Estados Unidos y el mundo. Los tres hermanos García eran conocidos como El Lobo (Jaime García), El Camarón (Javier García), y El Loco (Joselito García).

Luchando Contra mi Mayor Enemigo, Yo Mismo

Mis confidentes y fuentes tenían un extraordinario conocimiento de las actividades criminales de los hermanos y sus familias tanto en México como en los Estados Unidos. Como resultado, me marqué como objetivo la red de distribución de cocaína, heroína y marihuana de los hermanos, como mi estrategia inicial.

Con ayuda de mis confidentes, fuentes, e investigadores privados (PIs), encontré alrededor de 40 traficantes de drogas importantes en México, Colombia, y el suroeste de Asia que eran considerados la cúpula en la manufacturación y distribución de narcóticos. Pude identificar a los principales contactos de los traficantes con las actividades criminales de los hermanos García y la vinculación con los policías corruptos y agentes federales en la frontera suroeste de Arizona con México.

Alrededor de 30 traficantes de drogas tenían relación con los hermanos García por consanguinidad o matrimonio, y algunos formaban parte de la comunidad de las fuerzas del orden, principalmente en los puertos fronterizos (POEs) de los Estados Unidos y México en San Luis, Arizona, y Algodones, México.

Los confidentes, las fuentes de información y los investigadores privados hablaban que los hermanos García utilizaban túneles subterráneos, camiones con productos, camiones de langostinos, y otros vehículos para transportar grandes cantidades de heroína, cocaína y marihuana desde San Luis, Sonora, en Mé-xico, hasta los Estados Unidos. Los hermanos eran conocidos de la DEA desde principios de los 70 como la mayor organización mexicana de narcotráfico en San Luis, Sonora, México.

La organización de los hermanos García era familiar y funcionaba como fuente de suministros para contratos de correo. Los hermanos usaban su legítimo negocio de productos de agri-cultura y langostinos en San Luis, Sonora, México y en los Estados Unidos, como tapaderas para colocar y traficar con miles de kilogramos de narcóticos.

La segunda investigación
Distribución y cultivo de marihuana

Inicié un complot con las fuerzas especiales contra la droga y el crimen organizado (OCDETF) como investigación conjunta con la aduana americana de Yuma y las fuerzas especiales contra narcóticos de la frontera suroeste de Arizona (NTF) teniendo como objetivo una organización de distribución y cultivo de marihuana en Arizona, por todos los Estados Unidos, Hawái y Canada.

La investigación criminal era única y consistía en dos objetivos principales igualmente importantes. El primer objetivo era identificar aquellos individuos responsables de la distribución y cultivo de marihuana por todo los Estados Unidos y Hawái. El segundo objetivo era infiltrarse en el centro de la organización y distribución de marihuana de Pat Weed, un profesor de Berkeley, de la Universidad de California, y de Earl Lick, un antiguo ayu-dante del personal del presidente Reagan, donde yo podía identi-ficar las granjas de algodón y cítricos utilizadas como cultivo de marihuana.

Las experiencias de mis investigaciones, vigilancias, y recogidas de datos de inteligencia para presentar acusaciones ofrecen una historia emocionante que nos lleva a conocer la relación de los hermanos García con los oficiales corruptos de inmigración y aduanas. Reconociendo así a Pat Weed y Earl Lick con la organización de distribución de marihuana usando granjas de algodón y cítricos como cultivo de marihuana.

La tercera investigación
Fabricación de metanfetaminas y organización para su distribución

Un oficial de las fuerzas especiales de narcóticos de la frontera suroeste de Arizona y yo iniciamos una investigación en complot con las fuerzas especiales (OCDETF) teniendo como objetivo una organización criminal con contactos sospechosos con la organización de distribución y fabricación de metanfetaminas con la mafia de Cornbread y los Ángeles del Infierno. Esta investigación sobre la anfetamina fue singular por dos razones.

La DEA, el FBI, y otras agencias del orden de Yuma, Arizona, habían previamente llevado a cabo varias investigaciones criminales para identificar las actividades ilegales de Joe Cactus, un miembro de la mafia de Cornbread, y Nick Star, un cultivador de productos agrícolas. En segundo lugar, Joe Cactus, consta en la comunidad de las fuerzas del orden como un criminal profesional con residencia en Yuma, Arizona, y se sospecha que mentor del submundo criminal de Las Vegas. Algunas de las actividades ilegales de Cactus comprendían la producción y distribución de metanfetaminas y la implicación en la distribución de cocaína de los hermanos García.

Yo más tarde identifiqué por mis fuentes y otros oficiales del orden que la producción de metanfetaminas (meta) de Joe Cactus y la red de distribución de Yuma, trabajaba con la mafia de Cornbread en Nevada y los Ángeles del Infierno en California. La intensidad con la que me centré en algunos de los compinches de Cactus en la mafia de Cornbread y los Ángeles del Infierno – y en algunas ocasiones, los ratos divertidos – describen como estos acontecimientos marcaron mi vida lidiando con la corrupción en los puertos fronterizos de Arizona y México.

Rapidamente supe en quién podía confiar que trabajase en la frontera de los Estados Unidos y México; los confidentes (CIs), fuentes de información (SOIs), investigadores privados (PIs), agentes federales, funcionarios locales y, oficiales de policía de la comunidad de las fuerzas del orden.

"El que anda en justicia y habla con rectitud; el que rehúsa ganancias fraudulentas, el que se sacude la palma de la mano para no aceptar sobornos, el que se tapa las orejas para no oir hablar de sangre y cierra sus ojos para no ver el mal - [16] *ese morará en las alturas, subirá a refugiarse en la fortaleza de las peñas. Se le dará su pan y tendrá el agua segura"* (Isaías 33:15-16, nueva versión internacional).

Los hermanos mexicanos

En 1975, los agentes especiales de la DEA Don Ware y Roy Stevenson estaban en medio de una investigación sobre heroina mexicana. Los dos agentes habían avanzado en su objetivo, un traficante de heroína, cuando las cosas dieron un giro a peor, como a menudo ocurre en situaciones relacionadas con la droga. El cartel mexicano persiguió a los agentes para asesinarles.

Los agentes de la DEA de Yuma se centraron en tres hermanos mexicanos de apellido García, Jaime, Javier, y Joselito, miembros de un conocido cartel por la ingente cantidad de drogas que vendían entre los americanos y por los asesinatos que cometían a sangre fría. Don, Roy, y sus confidentes (CI) estaban preparados para hacer una compra de heroína a uno de los traficantes de los García. Don, Roy, y el resto de agentes de calle de la DEA intuyeron que algo podía ir mal mientras montaban vigilancia en el centro de la ciudad desértica de San Luis (México), al ver a sus confidentes hacer tratos de heroina con el traficante de los García.

Don y Roy cogieron su camioneta Chevy y salieron disparados hacia la parte norte de la ciudad para observar el trato que hacía su confidente y el traficante de heroína. Unos minutos después, Don y Roy se percataron de que les perseguían un coche negro y otro rojo, con una velocidad endiablada hacia ellos. El coche negro aceleró delante de ellos y les cortó el paso. Don y Roy eran agentes con mucha experiencia, además de bien entrenados, pero esto era un asunto serio. Los agentes sabían que estaban en peligro, y sus corazones latían sin control.

Los dos ocupantes salieron del coche negro y apuntaron con sus armas a Don y Roy. El coche rojo repleto de mexicanos se detuvo tras ellos, y apuntando con sus armas, les obligaron a salir de la camioneta. Don y Roy no tuvieron otra opción, sino obedecer.

En silencio, los dos agentes salieron del coche sin seguridad alguna. Los sicarios no perdieron tiempo realizando su trabajo al enviarles un mensaje a los otros agentes de la DEA que trabajaban cerca, que Don y Roy no eran bienvenidos allí. Los pistoleros golpearon con sus armas a los dos agentes, en la cara y en la cabeza hasta dejarles casi incapacitados. Una vez en el suelo, los pistoleros les pisotearon y patearon hasta dejarles muy maltrechos.

Los pistoleron levantaron a los agentes heridos y los lanzaron a la camioneta. Unos de los sicarios se puso al volante de la camioneta de Don saliendo a toda velocidad con los dos agentes tumbados e indefensos en la parte trasera.

Don y Roy sabían que estaban a punto de morir. Don dijo, "Tenemos que hacer algo, o vamos a terminar muertos en el desierto."

Ambos agentes sabían lo que significaba eso. No vuelves vivo del desierto en México. Don estaba gravemente herido, pero pudo decirle a Roy, "No te preocupes, mi revólver del 38 se cayó por mi entrepierna."

Los sicarios no registraron a Don por debajo de la cintura mientras permanecía en el suelo siendo pateado en las costillas. Muchos agentes del orden llevan sus armas por debajo de la cintura porque los atacantes evitan tocar la zona de la entrepierna.

Don no podía alcanzar su revólver de calibre 38; su cuerpo estaba demasiado destrozado. Roy también estaba herido, pero podía moverse algo. Ambos agentes se levantaron lo suficiente de la camioneta para ver dónde se dirigían y hablaron de cómo podían escapar de sus captores. Don y Roy se dieron cuenta que el mismo coche negro les seguía de cerca, con dos mexicanos observándoles. Los agentes nunca se dieron cuenta que el coche rojo ya no les seguía. Estaban centrados en los dos tipos del coche negro.

La camioneta Chevy atravesaba una manzana de casas cuando Don vio un autobús público delante de ellos. Don le dijo a Roy, "Coge mi revólver, y tan pronto pare la camioneta, quiero que acabes con esto. Haz que el conductor pare y salimos los dos."

Los agentes no tenían nada con que defenderse salvo el revólver de Don. Los dos hombres del coche negro que les seguían observaban a los agentes. Las opciones de Don y Roy eran pocas, pero sus instintos muy agudos. Aunque Don y Roy sabían que parecía que no iban a salir vivos, si había alguna oportunidad, no iban a desaprovecharla.

Cuando la camioneta paró tras el autobús público, Roy pudo saltar con su revólver del calibre 38. Roy caminó hacia el conductor mexicano de la camioneta y le apuntó directamente a la cara. Como Roy hablaba español con soltura, pudo decirle al conductor que les dejase ir. El conductor intentó alcanzarle para darle un puñetazo a Roy. Como Roy no tenía ni tiempo ni ganas de luchar, le disparó al conductor en la cara, desplomándose éste hacia el volante.

Roy planeó volver a la parte trasera de la camioneta y sacar a Don, pero vio que su colega ya había salido y cojeaba al lado de la carretera. No parecía que Don supiese que hacía o dónde iba, pero se estaba alejando de la camioneta.

Roy alcanzó a Don y con rapidez le cogió por el brazo para llevarle hacia un desguace de coches al lado de la carretera esperando que llegasen otros agentes de la DEA. Los dos mexicanos que habían estado observando desde el coche negro salieron y comenzaron a disparar. Tanto Don como Roy recibieron varios impactos. Roy les disparó también a los dos sicarios.

Don y Roy yacían sangrando en mitad de la carretera. Cuando los mexicanos se quedaron sin balas, Roy se hizo el muerto y le dijo a Don que hiciese lo mismo. La estrategia fun-cionó, y los pistoleros desaparecieron de la escena en su propio coche momentos después.

A Don le dispararon cuatro veces, mientras estaba tumbado boca abajo en la calle, estaba seguro que su vida pendía de un hilo. La gente pasaba a su alrededor, pero nadie se paraba para ayudarle. Don le preguntó a la gente que pasaba por un sarcerdote, pero la gente del pueblo sabía que no debía ayudar a los americanos que habían estado incomodando al cartel mexicano, especialmente a los hermanos García.

A Roy le dispararon una vez en la pierna y en la espalda. Roy pudo levantarse y cojeando llegó a la camioneta. Roy pudo mover al conductor al que le disparó en la cara, al asiento del pasajero. Luego pudo coger la radio portátil para pedir ayuda. Roy puso la camioneta en marcha y casi golpea a Don antes de darse cuenta que su pierna derecha no iba bien.

Llegó ayuda de otros agentes de la DEA que trabajaban en San Luis (México), los cuales llevaron a Roy al hospital de Yuma (Arizona). Don estaba en peor estado, y se temía que no llegase a Yuma. Por lo que los agentes llevaron de inmediato a Don al hospital de San Luis (México), que estaba mucho más cerca.

Don tuvo suerte de sobrevivir al brutal ataque de los sica-rios y sufrió fuertes dolores durante muchos años. Don falleció en 2004 mientras le practicaban cirugía debido a las complicaciones por sus heridas en este atentado en México.

El fiscal general mexicano de San Luis (México), inició orden de arresto federal contra los hermanos García y sus socios por su implicación en el intento de asesinato de los dos agentes de la DEA.

El hermano más jóven, Joselito, se jactaba diciéndole a un policía mexicano corrupto y a un confidente de la DEA: "Me pesa que los agentes de la DEA no fuesen asesinados en San Luis. Y sí que lo intentamos," dijo. Los hermanos fueron arrestados en San Luis, México, poco después de este atentado en 1975. Más tarde, la autoridad judicial mexicana acusó a Joselito de ser responsable del secuestro y tiroteo.

Capulto 1: Adolescencia en Kentucky

Soy el mayor de ocho hermanos. Era un tipo alto y muy delgado, que no hablaba mucho pero me comunicaba bastante bien con mi acento del sur. Mamá me tuvo a mí primero, luego a Jeffrey Dewayne, las gemelas Brenda Sue y Linda Lou, y Debbie Jean, todos en casa. Mi hermana Sharon Geneva, Joseph Richard (apodado Bubie) y James Daniel (apodado Doodle Bug) nacieron en el hospital.

Ultima foto de papá y mamá

En Junio de 1977, Doodle Bug tenía 11 años cuando papá lo encontró tumbado en el suelo del garaje. Se había colgado accidentalmente dentro del garaje. Bubie y yo intentamos salvar la vida de nuestro hermano. Bubie le hizo a Doodle Bug la respiración boca a boca, mientras yo le presionaba el pecho. La ambulancia llegó pronto.

En la sala de emergencia del hospital, mamá decía que cuando iba en la ambulancia, no paraba de mirar la cara de Doodle Bug, rogándole a Dios que se salvase. Pero mamá dijo, "La voz de Dios me susurró al corazón diciendo que EL dio a su único hijo." Varias veces mamá oyó la voz de Dios mientras le rogaba a Jesús que salvase a Doodle Bug.

Le pregunté a la enfermera de urgencias si yo podía ver a Doodle Bug. Yo entré solo en la pequeña habitación blanca y fría. A mitad de la sala de reconocimiento, vi la cara de Doodle Bug y una sabana blanca de lino que cubría su cuerpo que yacía en una mesa dorada de metal. Me incliné sobre su cara y le susurré al oído, "Te

1

quiero. Lo siento." La cara de Doodle Bug se veía muy tranquila y hermosa recostada sobre la mesa. Creo que Doodle Bug me escuchó.

Varios años después, papá y yo pescábamos en unos de los estanques del Sr. Wheelers. Papá mencionó que a Doodle Bug le gustaba ir a pescar con él en el mismo estanque. De repente, papá dijo, "Después que la muerte de Doodle Bug, yo lloré mucho y le eché mucho de menos. Seguí preguntándole a Dios: ¿Dónde está Doodle Bug?"

Papá me miró y dijo, "Un día, estaba en la habitación solo llorando mucho por cómo Doodle Bug accidentalmente se quitó la vida, claramente escuché a Pápa (abuelo Hardin) gritándome desde la ventana de la habitación por encima de los árboles de Water Maple; "Hijo, ¿Por qué preguntas donde está Doodle Bug?"

Papá dijo, "No podía ver a mi papá por encima de los árboles, pero su voz era muy clara, pápa volvió a decir, 'Hijo, ¿Por qué le preguntas a EL dónde está Doodle Bug?"

Papá dijo, "Tuve un fuerte sentimiento que pápa ya no estaba por encima de los árboles sino que caminaba a casa. Pero no pude verle."

"Traté de buscar a pápa. De repente, oí su voz fuerte y clara mientras se acercaba a la ventana de la habitación de afuera," dijo papá.

"¿Dónde está Doodle Bug?" grito papá.

"Está allí con Ima (abuela Hardin)" Papá dijo: "Eché un vistazo para ver si mamá y Doodle Bug estaban allí. Podía escuchar a mamá y a Doodle Bug riendo, pero no podía verles. Pápa me dijo, "Deja de preguntar dónde está Doodle Bug. El está bien."

Luego papá dijo, "Nunca volví a preguntarle a Dios, dónde estába Doodle Bug."

2

Mamá y Doodle Bug

Mamá dijo que la muerte del pequeño Doodle Bug rompió el entorno familiar. Mamá y papá lamentaron el resto de sus vidas cómo falleció Daniel. Mama falleció el 14 de Enero de 2017 y fue al cielo a ver a su pequeño James Daniel Hardin (Doodle Bug). Papá se reunió con mamá y Daniel el 4 de Febrero de 2018.

Papá, Ray Hardin Junior, tenía una educación de segundo grado. No pudo ir al colegio porque tenía que trabajar en la granja con siete años de edad. Papá no sabía leer, pero sabía de matemá-ticas y acertijos, y rara vez perdía a las damas.

Papá me dijo que empezó a masticar tabaco a los cinco años. El hermano de Papá, JT, empezó a masticar tabaco a los cuatro años. Papá trabajaba en los campos de tabaco y maíz y luego con una mula tirando de un arado.

Papá trabajó la mayor parte de su vida como agricultor en Taylorsville y más tarde como soldador en Louisville. Cuando papá terminaba de trabajar durante el día, como soldador, por las tardes trabajaba con algunos de mis hermanos y hermanas en los campos de tabaco. Papá aprendió rápidamente que la mejor manera de ganar dinero extra para la familia era compartir los cultivos con otros agricultores en los campos de tabaco. Yo y algunos de mis hermanos también trabajábamos en los campos durante el día, mientras papá trabajaba como soldador en Louisville.

Mamá, Elizabeth Gertrude Johnson, trabajaba mucho todos los días lavando ropa en una bañera, cocinando en una estufa de madera, planchando, limpiando, y cuidando de nosotros. La vida de mamá era mantenernos limpios y alimentados. Compraba la mayor parte de nuestra ropa en tiendas de segunda mano o conseguía ropa gratis en la iglesia. Se aseguraba que nuestra ropa siempre estuviese

3

limpia para ir a la iglesia y a la escuela. Mamá decía, "Puedes ser pobre, pero puedes ir limpio."

Mamá cuidaba de nosotros. Hacía dos comidas al día, desayuno temprano y cena temprana. No teníamos muchas cosas materiales pero teníamos siempre comida en la mesa principalmente alubias blancas y marrones, patatas, salsa de harina con agua, y pan de maíz. A veces, mamá hacía bocadillos de patatas para nuestros almuerzos cuando íbamos a la escuela católica.

Mamá siempre hablaba de cómo sus hermanos y hermanas usaban ropa y vieja y usada. Mama decía, "A veces pasábamos de tres comidas al día, a casi nada. Teníamos suerte comer una vez al día salsa de harina con agua. Recordaba cuando éramos muy pobres y a menudo nos mudábamos de alquiler en alquiler por todo el condado de Nelson mientras papá y mamá buscaban trabajo."

La mayoría de los hermanos y hermanas de Mamá nacieron en New Haven y Bardstown, en Kentucky. Ella era la segunda mayor de diez hijos. El hermano mayor de mamá Joseph Earl falleció en el parto. Después de Joseph Earl estaban mi mamá, Elizabeth (falleció a los 80 años), Mary, Charles (falleció a los 68), Joe (falleció a los 68), Dorothy, Ernie (falleció a los 66), Mary Margaret, Judy, Herman (Andy), y Billy (falleció a los 61). El padre de mamá siempre estaba fuera de casa buscando trabajo, dejando a su madre y a sus hijos solos para que se cuidasen a sí mismos.

Mamá nos dijo, "Aprendí a cuidar de mis hermanos y hermanas pequeños antes de cumplir 13 años. Mi papá fue a prisión durante cinco años por fabricar whisky en casa. Mientras papá estaba en prisión, mamá me dejó a mí y a mi hermana Mary con nuestros hermanos y hermanas solos en casa durante días mientras buscaba dinero extra para pagar el alquiler y comprar comida. Recordaba que pasaban los días sin ver a mi mamá y sin saber dónde estaba. Mis hermanos y hermanas pequeños lloraban porque tenían hambre," decía mamá.

"Mientras mi papá estaba en prisión y mamá salía a buscar trabajo, yo cuidaba de mis hermanos. Cuando estábamos solos, hambrientos, pasando frío y asustados, yo rezaba el padrenuestro," decía mamá.

Mamá contaba historias de Dios y explicaba como SU hijo, Jesús, murió en la cruz porque Jesús nos ama. A veces, antes de acostarme, veía a mamá con un rosario en sus manos rezando a la madre de Jesús, María. Mamá amaba a la Virgen María.

También, había veces que mamá contaba historias de fantasmas que aprendió de sus madre y familiares.

En la adolescencia, mamá les enseñó a mis hermanos y hermanas a rezar el padrenuestro, "Padre nuestro que estás en el cielo, santificado sea tu nombre; venga a nosotros tu reino; hágase tu voluntad en la tierra como en el cielo. Danos hoy nuestro pan de cada día; y perdona nuestras ofensas, como también nosotros perdonamos a los que nos ofenden; no nos dejes caer en la tentación, y líbranos del mal. Para tí es el reino, el poder y la Gloria para siempre. Amén" (Mateo 6:9-13 Nueva versión estandar americana).

Una escopeta de un cañón del calibre 12 en mis manos

Tenía seis años cuando papá me puso en las manos su escopeta de un solo cañón del calibre 12 y me enseñó a usarla. Papá permanecía detrás mía mientras yo lentamente levantaba la escopeta a la altura de mi hombro izquierdo y apretaba el gatillo. Recordaba oir un fuerte ruido, y luego papá riéndose me levantaba del suelo. Con la paciencia de papá, empecé a aprender a disparar a las latas de café vacías y a algunas botellas de cerveza junto al arroyo, detrás del cobertizo donde vivía. La antigua granja no tenía ni baño ni agua corriente pero si un pozo exterior y una letrina. A veces el bosque era mi baño y usaba el arroyo para lavarme el trasero.

Papá

Aprendí rápidamente que la escopeta de papá ayudaba a llevar comida a casa, podía ayudarte a evitar problemas, y a que te hicieran daño. Después de disparar con la escopeta de papá ese año, yo quería mi propia escopeta para Navidad.

A última hora de la tarde en Nochebuena, miré por la pequeña ventana esperando ver a papá llegar por el camino de tierra cubierto de nieve. Papá llegaba tarde a casa después de su trabajo como soldador en Louisville. Mirando por la ventana esperando a papá, de repente escuché a alguien entrar en la cocina gritando, "Ho, Ho, Ho."

¿Pero dónde estaba papá? No le veía venir por el camino de tierra. Mamá estaba en la cocina, sin decir nada. Me preguntaba por qué mamá no decía, *"Ayúdame, Larry Ray."*

Temiendo el "Ho, Ho, Ho," me asomé lentamente a la cocina para ver si mamá estaba bien.

Había oscuridad y hacía frío afuera cuando Papá Noel por fin llegó a nuestra casa.

Vaya, aquí está Papá Noel, de pie junto a mamá llevaba unos pantalones oscuros y sucios, una camisa gris, y botas negras muy sucias.

Rapidamente noté que Papá Noel no llevaba puesto nada rojo. Pero tenía el pelo rojo como el de mi papá. Me preguntaba; eso es extraño. Papá Noel tiene algodón blanco alrededor de la cara y una bolsa de arpillera marrón sobre el hombre.

Papá Noel me miró con sus claros ojos azules, como los de papá y dijo, "Tengo algo para vosotros, chicos."

La voz de Papá Noel sonaba como la de mi papá.

Metió su mano sucia en la bolsa de arpillera y lentamente sacó un avión de juguete de madera. "Esto es para tí," me dijo Papá Noel.

Le dije, "Papá Noel. ¿Dónde está mi escopeta del calibre 12?"

El dijo, "Lo siento, este año no." Creo que Papá Noel sabía que tenía seis años y aún no estaba preparado para tener mi propia escopeta.

Demasiado peligroso para andar solo

Cuando tenía seis años me perdí el primer año de escuela porque mamá decía que nuestra casa estaba en el bosque, demasiado lejos de la parada del autobús. Mamá decía, "Es demasiado peligroso ir desde casa al autobús escolar y regresar después. Podrás ir a la escuela cuando nos mudemos a la ciudad. Mamá dijo, "Tú y Jeffery podréis ir a la escuela juntos." Mamá también dijo que papá estaría más cerca de su trabajo en Louisville.

Después de ese primer año en la antigua granja al lado del arroyo, nos mudamos a Louisville, Kentucky. Entonces comencé a ir a la escuela. Tenía siete años y estaba en primer grado.

Del primer al cuarto grado, Jeffrey, Brenda Sue, Linda Lou, y yo fuimos a escuelas católicas. La mayoría de las veces, mamá nos acompañaba a la escuela. Los domingos todos íbamos a la iglesia, menos papá, él se quedaba en casa descansando.

En la escuela ese primer año, siempre tenía problemas con las monjas, por pelearme con los otros estudiantes. Las monjas me golpeaban las manos con una regla larga de madera y me tiraban de las orejas. Jeffrey solo miraba mientras las monjas me daban azotes. A veces veía a Jeffrey sonreir mientras me golpeaban o tiraban de las orejas.

En casa, intentaba explicarle a mamá que los otros niños de la escuela se burlaban de mis hermanos y hermanas. Los otros niños se reían de nosotros mientras comíamos el bocadillo de patatas en el comedor, y también por cómo vestíamos.

Le dije, "Mamá, me tuve que pelear con esos niños en el patio del recreo." Por esa razón las monjas me dieron azotes. Creo que mamá entendió que otros niños podían ser crueles.

Besándola en la mejilla para conseguir dinero

Un día en casa del abuelo, la hermana de papá, tía Betty Jane, me preguntó, "Larry Ray, ¿Quieres ganar algo de dinero?"

La tía Betty Jane le dijo a papá que RT Jennings buscaba ayuda para trabajar en su campo de tabaco. RT era un agricultor local, y era dueño de una pequeña tienda de comestibles en la comunidad de Big Plum Creek. La tía Betty Jane miró a papá y dijo, "Vigilaré a Larry Ray."

Yo estaba emocionado y pensaba: ¡Guau! Voy a ganar dinero.

Mi primer trabajo para ganar dinero fue cortar la maleza en el campo de tabaco de RT. Tenía ocho años.

La tia Betty Jane y yo trabajábamos todo el día en el campo de tabaco, junto al arroyo cortando maleza. Era mediados de julio y el tiempo era cálido y húmedo. Después por la tarde, tenía mucho calor y me mareaba por el sol. La tía Betty Jane me miraba la cara roja y decía, "Larry Ray, ve allí y siéntate debajo de ese olmo viejo ahora mismo, mientras yo continúo cortando las malas hierbas del tabaco."

Debajo de ese árbol viejo, soñaba con todos los refrescos de Big Red y las bolsas de cacahuetes salados que podría comprar. Me encantaba poner cacahuetes dentro de mi refresco de Big Red. Lo aprendí de los niños mayores que vivían en la carretera de Big Plum Creek cuando íbamos a la tienda de comestibles de RT.

La tía Betty Jane me cuidaba. Después, al final del día, en la tienda de comestibles de RT, ella nunca le mencionó ni a RT ni a papá lo que me ocurrió en el campo de tabaco. En la tienda, la señora Nancy Jennings dijo, "¿Quieres tus 5 dólares Larry Ray?"

"Sí, Sra. Jennings, dije."

"Bien, entonces ven aquí y bésame en la mejilla, y te daré tus 5 dólares." Miré a papá para ver si estaba de acuerdo.

Gané 5 dólares cortando maleza, y tuve que besar a la Sra. Jennings en la mejilla para conseguir mi dinero. Después de coger mi dinero, salí corriendo por la puerta principal de la tienda de comestibles del condado, muy contento, como un perrito persiguiendo a un conejo.

Al día siguiente, papá me llevó a la tienda de ropa exce-dente de Crazy Red en Mount Washington. Papá cogió un par de pantalones vaqueros azules y una camisa de manga corta marrón. Dijo, "Sígueme."

Cuando iba hacia el cajero, Papa me dijo, "Paga los panta-lones y la camisa."

Pensé que estaba de broma. Luego, me di cuenta que la ropa no era para Jeffrey sino para mí, y que iba a pagar los pantalones y la camisa con mi propio dinero.

No podía creer que papá quisiera que yo me gastase mis 5 dólares para pagar los pantalones y la camisa. Pensé, besé a la Sra. Jennings en la mejilla para conseguir mis 5 dólares. Me iba a comprar muchos refrescos de Big Red y cacahuetes salados con mi dinero, se supone que papá debería pagarlos, no yo.

El dueño de la tienda de excedentes, Crazy Red, esperaba detrás del mostrador que yo pagase los pantalones y la camisa. Nunca supe por qué la gente de Mount Washington le llamaba Crazy Red. Le di a Crazy Red mis 5 dólares, ganados con mucho esfuerzo.

Metió la ropa en una bolsa de papel marrón y me dio la bolsa y algunas monedas.

Después de salir de la tienda de Crazy Red, papá paró en una pequeña tienda para comprar una cerveza y cebo de pesca. Me di cuenta que me quedaba dinero suficiente para comprar un refresco de Big Red de cinco céntimos y una bolsa de cacahuetes salados de dos céntimos.

¡Guau! Tengo suficiente cambio de mis cinco dólares para mi refresco Big Red y mis cacahuetes. ¡Es estupendo!"

Nunca olvidaré los primeros 5 dólares que gané. Había trabajado mucho ese día de verano en el campo de tabaco, ya que hacía mucho calor y me mareé. La tía Betty Jane cuidó de mí. Ella hizo la mayor parte del trabajo cortando la maleza bajo el sol mientras yo la observaba, tumbado debajo del viejo olmo.

A los ocho años aprendí el valor del dinero por esa experiencia. Pero lo más importante, la tía Betty Jane me vigilaba como una madre que protege a su propio hijo.

La carretera de Big Plum Creek
Jesús cuida de mi familia

En diciembre de 1965, yo tenía 11 años cuando mi familia se mudó de Louisville en Big Plum Creek Road a la vieja casa de madera del Sr. Harry.

La vieja casa del Sr. Harry

Una vez que salimos de la ciudad y nos mudamos a la vieja y fría casa del Sr. Harry. Mamá quería que fuéramos a una iglesia católica. En la ciudad, caminábamos a la iglesia pero en Big Plum Creek no había iglesia católica. La iglesia católica más cercana estaba en

Taylorsville alrededor de 20 kilometros de la casa vieja del Sr. Harry.

Mamá nos llevaba a la iglesia católica de San José en Taylorsville, en su pequeño auto Falcon gris, y después en su viejo Chevrolet de 1960.

Jeffrey y yo fuimos monaguillos y ayudábamos al sacerdote en la misa católica del domingo por la mañana. Esta era la única vez que mi hermano y yo podíamos beber el vino tinto sobrante. A Jeffrey le gustaba el vino pero a mí no.

Papá era un cristiano bautista del sur y no quería ir a la iglesia católica. No creo que a papá le gustase ver a los sacerdotes beber cerveza, usar palabras profanas, y organizar fiestas con bingo los viernes por las noches. Papá tampoco se sentía cómodo en la misa católica. Se quedaba en casa los domingos, para descansar, mientras nosotros estábamos en misa. Supongo que ese era el día para que papá descansase.

Cuando papá quería estar solo, iba detrás de la casa o se sentaba debajo de un árbol y rezaba a Dios. Esa era su iglesia. A veces, cuando papá pensaba que estaba solo detrás de la casa o en el bosque, yo le oía hablar con Dios y con Jesús.

Por las noches, después de irme a la cama, en la habitación contigua donde yo dormía, podía escuchar a papá rezándole a Dios, diciendo, "Jesús cuida de mi familia." A veces, oía a mamá rezándole a Jesús y a la Virgen María.

Alubias y pan de maíz

La casa del viejo Sr. Harry tenía electricidad pero no tenía calefacción, baño o agua corriente. Jeffrey, mi hermano pequeño y yo, cogíamos leña del bosque junto a la casa para la estufa para que mamá preparase las alubias y el pan de maíz, y para calentar la casa en invierno.

Mamá hacía para comer una olla de sopa de patatas, alu-bias, y pan casero en la estufa de leña. Para el resto de las comidas, ella solía usar la estufa de gas.

Cogíamos agua del pozo exterior cuando mamá necesitaba lavar la ropa y para nuestros baños semanales en invierno.

Las cenas de los domingos eran especiales. Tomábamos pollo o pescado. Papá hacía la cena del domingo para que mamá descansara de la cocina.

Vigíla la puerta principal

Durante los meses de invierno, Jeffrey y yo a veces nos olvidábamos de llevar leña a la casa para la estufa de madera. El hermano de papá, el tío JT, siempre tenía leña en su porche para los días de mucho frío.

Una mañana fría, me desperté y me acordé que no cogí la leña para que papá encendiese la estufa para calendar la casa. En la cama, le toqué el brazo a Jeffrey y le dije, "Vamos, tenemos que levantarnos e ir al porche del tío JT a coger leña. Si no lo hago, papá me va a dar unos azotes."

Mis otros dos hermanos menores se quedaron en la cama. Pero le dije a Jeffrey, "Si no vienes conmigo, te zurraré después."

Jeffrey y yo salimos sigilosamente de la casa como ratones y fuimos lentamente hacia la casa del tío JT. Yo ya había cogido madera del porche de nuestro tío varias veces antes. Vi humo saliendo de la chimenea de JT. Es posible que JT estuviese ya levantado.

Yo susurré; "Jeffrey, vigila la puerta principal y las ventanas. Si ves la cara de JT asomando por la ventana, ¡silba como un pájaro!"

Dentro de la casa de mi tío no había luces. Hacía frío y había oscuridad mientras me acercaba a la parte delantera del porche por la mañana temprano. Pensé; tío JT todavía está en la cama.

Lentamente me arrastré por el porche como una ardilla buscando nueces escondidas en la leña. Cogí un poco de madera y me fui sin hacer ruido. Me callé como un ratón pensando; tío JT está profundamente dormido como un bebé.

Papá estaba buscando algo de leña para encender un fuego justo cuando yo regresaba con la leña. Más tarde esa mañana, papá y yo salimos a dar de comer a los cerdos. Tío JT le gritó a mi papá, "Vi a Larry Ray escabullirse por mi porche esta mañana cogiendo leña. También vi a Weenie (el apodo de Jeffrey) escondiéndose detrás del árbol. Pensé en disparar sobre la cabeza de ese chico cuando vi a Larry Ray acercarse por el porche. Si disparo, estos chicos tuyos hubiesen salido corriendo para casa gritando y sin leña."

No podía creer que tío JT le dijese a papá que nos estaba viendo coger la leña. ¿Dónde estaba Jeffrey? ¡Vaya! dije, se suponía que Jeffrey vigilaba la puerta delantera y la ventana. Me las veré con él.

El tío JT masticaba tabaco y sonreía mientras papá me miraba diciéndole a su hemano, "Después hablamos, JT."

Después de hablar papá conmigo por robar la leña y darme varios azotes, me aseguré siempre de tener nuestra propia leña en la casa. Después por la tarde, busqué a Jeffrey y le golpeé varias veces, para vengarme por no vigilar al tío JT. Jeffrey y yo estuvimos muy unidos mientras crecíamos.

Espera hasta que papá llegue a casa

Mamá nunca nos dio azotes; Ella solo gritaba, "Espera a que tu padre llegue a casa."

Papá nos daba azotes con varas o con su cinturón. Papá solía esperar a que estuviéramos en la cama para zurrarnos por no escuchar a mamá. Mis azotes eran normalmente por golpear a mis hermanos y hermanas. Mientras mi papá me azotaba yo gritaba y rogaba, "No volveré a hacerlo, papá."

La mayoría de las veces, mientras papá me zurraba en el trasero y las piernas, yo fingía el dolor. Lloraba y gritaba pero no por mucho tiempo.

Mamá después de dar a luz a 8 hijos

Jeffrey solía gritar como si papá le estuviese matando con el cinturón o la vara, cuando le zurraba en el trasero o las piernas.

Brenda Sue y Linda Lou bailaban como gallinas sin cabeza y gritaban como gatos salvajes antes de recibir una azotaina de papá. Con todo ese baile y gritos, Brenda Sue y Linda Lou estarían llorando. Pero después de la azotaina, salían corriendo a jugar o se quedaban dormidas.

Debbie Jean le rogaba siempre a papá que no le zurrase. Papá no le zurraba muy fuerte, solo unos golpecitos en las piernas. Debbie Jean siempre le decía, "Papá no me zurres muy fuerte porque soy pelirroja como tú." Debbie Jean tenía el pelo largo y rojo como el pelo corto y rojo de papá. Tal vez fue el pelo rojo de Debbie Jean lo que evitaba que papá le zurrase más a menudo. Creo que Debbie Jean tenía razón.

Sherry Geneva sabía como mantenerse al margen cuando papá nos zurraba al resto. Era una buena hermanita la mayoría del tiempo, pero era una niña mala y terca cuando no se salía con la suya en casa o en el colegio. Ella siempre se chupaba los dedos incluso cuando no tenía hambre. Mi hermano pequeño y Doodle Bug observaban y a veces reían por el drama que montábamos cuando recibíamos azotes.

A mí también me zurraban si alguien maltrataba a mis hermanos o hermanas por no protegerlos de acosadores en el colegio o en el vecindario. La mayoría de las veces, Brenda Sue solía defender a sus hermanas peleándose con las otras chicas, y yo hacía lo mismo con mis hermanos.

Comprendía por qué mi papá me zurraba cuando golpeaba a mis hermanos o hermanas. Pero no llegaba a entender porque papá me zurraba cuando cogía leña del tío JT ya que él tenía mucha en el porche delantero.

La casa del viejo Sr. Harry tenía una cocina, una cama en la salita de estar para papá y mamá, y otra pequeña habitación para mí y mis hermanos y hermanas.

Doodle Bug y mi hermano pequeño eran íntimos el uno con el otro. Los hermanos pequeños siempre estaban peleándose, incluso cuando todos dormíamos en un viejo colchón de plumas en la vieja casa del Sr. Harry. Mis hermanas dormían juntas en otro colchón de plumas.

Vivimos allí en la vieja casa del Sr. Harris durante cinco años. Al tercer año, el Sr. Harry incorporó otra habitación para nosotros los chicos.

El maloliente baño exterior

La vieja casa del Sr. Harry tenía agua de pozo sulfurosa que olía a huevos podridos, especialmemte con el calor del verano. Mama lavaba nuestra ropa diariamente con esta agua de pozo.

Mi familia compartía el pozo de agua sulfurosa exterior con el tío JT y sus tres hijas. JT vivía al otro lado de la calle en una casa de dos habitaciones con la carretera de Big Plum Creek justamente detrás.

Luchando Contra mi Mayor Enemigo, Yo Mismo

Foto de familia

El agua del pozo exterior olía tan mal que en un día de calor, tenía que apretarme la nariz para poder tragármela. El agua del pozo no era tan mala en los meses fríos de invierno. Al tío JT le encantaba beber la desagradable agua de pozo. El siempre decía, "Es buena para tí. Te mantiene joven y sano."

La vieja casa se construyó junto a un pequeño arroyo dónde yo a veces me bañaba en verano.

El maloliente retrete permanecía igual. ¡Pestilente!" Tenía que usar el orinal de debajo de mi cama o hacer pipí por la ventana cuando hacía demasiado frío para salir afuera. La habitación nueva de los chicos tenía una pequeña ventana. Jeffrey y yo solíamos a veces orinar por la ventana, por diversión. No nos gustaba hacer pipí en el orinal de debajo de la cama o salir fuera, especialmente cuando hacía frío o llovía. Jeffrey y yo éramos muy perezosos para vestirnos y salir a orinar.

Una tarde, cuando mamá pasaba junto a la ventana de la habitación de los chicos, me vio "orinando al viento." Mamá gritó, "Deja de orinar por la ventana. Se lo voy a decir a tu padre."

Yo grité, "Mamá no soy yo, es Jeffrey."

Después del azote de papá, Jeffrey y yo usábamos el maloliente orinal de debajo de la cama, o salíamos al bosque, o íbamos al retrete exterior, incluso cuando hacía frío o llovía.

Durante el verano, usaba el bosque detrás del retrete para hacer caca y pipí. En verano, utilizaba los arroyos y estanques cercanos para lavarme, asegurándome que mi trasero estaba limpio. Odiaba un trasero maloliente.

Extraños gritos que resonaban en la oscuridad

Una noche fría de noviembre, Jeffrey y yo nos olvidamos de llevarle a mamá el agua de pozo sulfuroso antes de acostarnos. Alrededor de las 04:30 de una fría mañana, papá gritó, "Sal de la cama y coge agua para tu madre."

Papá no tuvo que gritar una segunda vez. Jeffrey y yo salimos corriendo en la fría mañana con dos cubos vacíos. Hacía tanto frío y estaba tan oscuro, que el agua del pozo bombeada a mano estaba casi congelada. Traté de mantenerme abrigado, sosteniendo con una mano mi chaqueta envuelta alrededor de mi pecho, ya que le faltaban algunos botones, mientras bombeaba agua fría con la otra mano. Jeffrey permanecía detrás pero cerca mía, esperando que le diese un cubo de agua. Jeffrey dijo, "Date prisa, Larry Ray. Tengo tanto frío y estoy tan asustado que puede que vea un fantasma."

Le di a Jeffrey un cubo lleno de agua, y mientras intentaba llenar otro, me gritó al oído. Me di la vuelta y miré a Jeffrey para ver por qué gritó de esa manera. De repente gritó de nuevo, más fuerte, y dejó caer el cubo de agua. Salió corriendo tan rápido como pudo. Gritaba para que papá le ayudase.

"Jeffrey, ¿Qué te pasa?" le grité.

No entendía lo que le pasaba a Jeffrey. Luego oí extraños ruidos detrás mía. Vi a un fantasma blanco de pie junto a la pila de carbón. Me quedé estupefacto y no podía ni correr. Seguía mirando al fantasma que agitaba sus brazos al aire con extraños gritos que resonaban en la fría oscuridad de la mañana. Me estaba volviendo loco, ¡las historias de mamá eran verdad!"

Necesitaba correr para alejarme del fantasma que gritaba, así que solté mi cubo medio lleno y seguí a Jeffrey. El ya había desaparecido en la oscuridad, me resbalé y caí sobre el agua que él derramó. Pedía ayuda en el suelo que estaba frío y humedo. Luego empecé a gritar para que me ayudase papá. Mientras intentaba levantarme del suelo mojado y lleno de fango, miré a mi alrededor, y vi al fantasma volando hacia mí. El fantasma me va a llevar al bosque y me va a matar. Estaba asustado y pensaba, ¿dónde está Jeffrey? ¿le cogió el fantasma?

Finalmente me levanté del suelo y salí corriendo hacia la casa, con mis manos en alto, gritando para que mi papá me ayudase. Entonces oi a mamá reirse dentro de la casa. Me volví para ver si el fantasma me seguía y vi que era papá quitándose una sabana blanca.

Después de esa noche, nunca mas creí en los fantasmas ni en las historias de fantasmas de mamá.

Me matarán otra vez

Tenía 12 años cuando papá finalmente me regaló una escopeta de un solo cañón del calibre 20 por Navidad. Ese verano, caminé por el bosque detrás de la casa por las mañanas y las tardes con mi propia escopeta buscando ardillas y conejos para la cena.

Recordé un día que volvíamos a casa de comprar comida en Louisville, cuando vi al viejo Sr. Harry en nuestro patio delantero gritando, "Hola Junior, tu perro negro, Pepper, intentó matar uno de mis cerdos."

Papá le dijo al Sr. Harry, "De acuerdo. Enséñame el cerdo"

Después de ver el cerdo, papá me miró y dijo, "Ve a buscar a Pepper."

Pepper era un pastor alemán negro, grande y hermoso que yo quería mucho, y él también a mí. Era inteligente, me protegía a mí y a mis hermanos de cualquiera que viniese a casa.

Mis hermanos gritaban, "Pepper, Pepper. ¿Dónde estás?"

Me preguntaba, ¿Dónde estaba Pepper? El siempre se emocionaba cuando yo volvía a casa. Pero no pude encontrarle.

Jeffrey gritó, "Aquí está Pepper. Está debajo de la casa."

Después de llamar a Pepper varias veces, salió lentamente de debajo de la vieja casa del Sr. Harry. Tenía sangre oscura y seca por todo el rostro. Inmediatamente supe que Pepper hizo algo malo, por la sangre, pero no creía que intentase matar al cerdo del Sr. Harry.

Después de encontrar a Pepper, corrí a ver qué estaban haciendo papá y el Sr. Harry en el corral. Vi la pata trasera de un cerdo devorada, casi hasta el hueso. El cerdo estaba vivo pero se moría lentamente debido a la pérdida de sangre en su pata. Oi al Sr. Harry decir, "Junior, debes deshacerte de ese perro."

Traté de convencerme a mí mismo de que Pepper no le hizo esto al cerdo, aunque Pepper tuviese sangre en el rostro. Escuché a papá decir, "Está bien, Harry."

Papá y yo caminamos lentamente de vuelta a casa.

Una vez que llegamos a casa, papá miró el rostro de Pepper cubierto de sangre seca. Papá me miró y dijo, "Pon una soga alrededor del cuello de Pepper." Papá entró en la casa.

Pensé con tristeza, Pepper va a morir por lo que le hizo al cerdo.

Pepper me miraba mientras le ponía la soga alrededor del cuello. Creo que Pepper sabía que hizo algo malo en el corral.

Papá regresó con mi regalo de Navidad, la escopeta del calibre 20. Papá no tuvo que decir por qué tenía la escopeta. Una vez que la vi en la mano de papá, supe que Pepper iba a morir. Papa cogió la soga de mi mano y Pepper le siguió lentamente hacia el bosque. Pepper de repente se detuvo, se dio la vuelta por última vez para mirarme, como diciendo, "Lo siento, Larry Ray, te quiero, adiós."

Papa tiró de la soga, y Pepper le siguió lentamente hasta que desaparecieron en el oscuro bosque.

¿Por qué intentó Pepper matar al cerdo? ahora, va a morir por lo que le hizo al cerdo de Sr. Harry.

Al ver a Pepper vivo por última vez, pensé lo que abuelo Hardin dijo, "Cuando un perro mata a una gallina o cualquier otro animal de granja y prueba la sangre, eso no es bueno. El perro matará de nuevo."

Seguí mirando hacia el oscuro bosque, rezando para que papá cambiase de opinión de matar a Pepper y lo trajese de vuelta a casa.

Después de unos minutos, escuché un fuerte ruido de mi escopeta. Seguí rezando para que papá no matase a Pepper. De repente vi a papá volver del bosque sin Pepper. Estaba decepcionado y pensé, papá no cambió de opinión. *El regresa a casa sin Pepper. Lo mató.*

Le pregunté a papa, "¿Dónde está Pepper?"

Papa me entregó la escopeta y dijo, "Pepper se ha ido."

No pude llorar por lo que Pepper le hizo a ese cerdo. Pero sí lloré porque siempre le echaré de menos.

Tenía 13 años cuando murió Pepper. Papá nunca más lo volvió a mencionar. Antes de que papá muriese, un año después de la muerte de mamá, le pregunté por Pepper. Papá dijo, "Até a Pepper a un árbol de cedro y luego Pepper me miró."

Papa nunca dijo nada más sobre Pepper.

Después ya trabajando con la DEA, recordaba de nuevo las palabras del abuelo Hardin cuando intentaba comprender por qué un ser humano podía matar y volver a matar de nuevo. Aprendí que los seres humanos son muy parecidos a los animales. Cuando las personas malas hacen daño y matan a personas buenas, las personas malas harán daño y matarán de nuevo, a menos que se haga justicia con rapidez. Años después, recordé a un hombre sin hogar que vivía en la calle decir, "Lo que el hombre ha esperado en la tierra es honradez y justicia, eso solo se puede encontrar en el reino de Dios."

Durante los siguientes cinco años viviendo en la casa viejo del Sr. Harry, crecí corriendo descalzo por la carretera de Big Plum Creek, nadando, pescando en los arroyos y jugando en el bosque du-rante los veranos.

Una vez que Jeffrey y yo aprendimos a pescar y nadar estilo perrito en la charca de Noah Moore, íbamos a pescar y nadar

Papa, Bubie, Jeffrey Dewayne, y Larry Ray

desnudos casi todos los días de verano. El hermanito y Doodle Bug se unieron a nosotros más tarde, después de aprender a pescar y nadar.

Yo todavía echaba de menos a mi perro, Pepper. Le encanta-ba jugar en el agua y correr conmigo por el bosque.

El incidente del autobús escolar

El autobús escolar amarillo de Taylorsville paraba en la casa vieja del Sr. Harry para recoger a los hermanos Hardin (siete de nosotros) cada día, durante los meses de colegio. Mamá estaba muy feliz de vernos ir al colegio y quedarse sola con Doodle Bug en la casa vieja de tres habitaciones.

En el autobús escolar tenía oportunidad de charlar y pelear con otros niños que vivían en la carretera de Big Plum Creek y los demás niños que habitaban en las cercanías de las carreteras de Plum Creek y Little Plum Creek. Si no me peleaba con los otros niños del autobús, gritaba y chillaba como el resto del autobús.

Parecía que si había algún problema de travesura o mal comportamiento en el autobús, el Sr. McGee, el viejo conductor de pelo canoso se fijaba solo en los hermanos Hardin, especialmente en Jeffrey y en mí. No comprendo por qué el Sr. Mcgee se fijaba en nosotros cuando mamá decía que éramos buenos chicos.

Recordaba un día que el Sr. McGee nos sentó a Jeffrey y a mí detrás suya para vigilarnos de cerca desde su gran espejo colgante. No comprendía por qué nos vigilaba con tanta atención, cuando los otros niños del autobús gritaban y chillaban también. Supongo que Jeffrey y yo nos peleábamos demasiado entre nosotros y con los demás niños del autobús.

Jeffrey y yo nos sentamos detrás del Sr. McGee durante aproximadamente una semana mientras nos vigilaba con su gran espejo. ¿Creía el Sr. McGee que iba a hacer alguna tontería para que me zurraran en el colegio y después papá en casa?

Un día, cuando el Sr. McGee no pudo vigilarme con su espejo, dos chicos mayores me dieron un pequeño petardo rojo y una cerilla. Los chicos no dijeron nada solo sonrieron. Jeffrey y yo estábamos sentados detrás del Sr. McGee que no vio a los niños mayores que me dieron el petardo y la cerilla. ¡Guau! estaba emocionado pensando; Nunca he tenido un petardo. *Cuando llegue a casa, voy a asustar a mis hermanas o a los cerdos del Sr. Harry.*

De repente, me vino un malvado pensamiento. Susurré a Jeffrey al oído. "Oye, sostén el petardo con tu mano derecha. Cuando el autobús empiece a moverse, y el viejo no nos esté vigi-lando, voy a encenderlo. Jeffrey no te olvides, tíralo debajo del asiento detrás tuya, no delante. Necesitas tirarlo con rapidez porque te podría estallar en los dedos. Papá te mataría si pierdes un dedo."

Levanté la vista lentamente hacia el Sr. McGee para ver si nos vigilaba con su espejo. Me preguntaba cómo el viejo hombre podía vigilarme, a los otros niños y conducir el autobús al mismo tiempo. Guau. *El viejo no sabe lo que planeo hacer en los pró-ximos minutos.*

Después de recorrer varios kilometros por la carretera de Big Plum Creek y me aproximaba a la casa del Sr. Harry, dije, "Jeffrey, recuerda, cuando enciendas el petardo, no lo tires debajo del asiento del Sr. McGee. Tienes que tirarlo hacia atrás, no hacia delante." Le repetí a Jeffrey varias veces que tirase el petardo deba-jo del asiento detrás suya.

Jeffrey dijo, "De acuerdo. Lo entiendo. Estoy listo." Jeffrey sostenía el petardo con su mano derecha.

Encendí el petardo sin problemas. Dije, "Jeffrey no agarres el petardo, está ardiendo, tíralo debajo del asiento detrás tuya aho-ra. Si no lo haces te volará la mano."

En vez de tirar el petardo detrás suya bajo el asiento, Jeffrey lo tiró bajo el asiento del Sr. McGee. Antes de que pudiese decir, "Jeffrey, no, hacia delante," el petardo cayó bajo el asiento del Sr. McGee.

¡Guau! Fue una explosión fuerte, como disparar mi escopeta del calibre 20. Me adormeció los oídos. El Sr. McGee frenó de inmediato y el autobús se detuvo. Observé algunos niños volar hacia la parte delantera del autobús.

Después de que todos los gritos y llantos de los otros niños parasen, el Sr McGee se levantó lentamente de su asiento. Nos miró a Jeffrey y a mí. Luego rapidamente miré a Jeffrey. Le dije: "¿Qué pasó?"

Jeffrey se agachó y cogió la cerilla quemada del suelo. Fue estúpido. Pensé, *Jeffrey no deberías haber cogido la cerilla del suelo.*

El Sr. McGee vio a Jeffrey con la cerilla quemada en su mano. Jeffrey comenzó a gritar en voz alta, "No fui yo."

Era ya muy tarde. El Sr. McGee cogió a Jeffrey por los pelos y lo levantó del asiento. Jeffrey gritaba diciendo, "¡No fui yo el que tenía la cerilla. ¡No fui yo!" Miré a Jeffrey llorando y le rogué al conductor del autobús que no le golpease. El tenía que mantener su boca cerrada. Yo callaba mientras Jeffrey continuaba gritando. Estaba asustado pensando, el Sr. *McGee va a matar a Jeffrey. Jeffrey va a decir que fui yo quién le dio el petardo. Le daré una paliza si dice que fui yo.*

Luchando Contra mi Mayor Enemigo, Yo Mismo

El Sr. McGee devolvió a Jeffrey a su asiento de un em-pujón, estaba realmente enfadado; su cabeza y manos temblaban. Nos dijo a Jeffrey y a mí que saliéramos del autobús. Por suerte para mí, el autobùs amarillo se detuvo delante de la casa vieja del Sr. Harry. Jeffrey y yo saltamos del autobús. No tuvimos que andar demasiado.

No le dije ni a papá ni a mamá lo que le ocurrió a Jeffrey en el autobús escolar. Ni mi hermanito ni mis hermanas hablaron del petardo que Jeffrey tiró debajo del asiento del Sr. McGee. Si papá o mamá hubiesen sabido lo que pasó en el autobús, me pelearía con mis hermanas pero no con mi hermanito.

Al día siguiente, mis amigos de la escuela me dijeron que Jeffrey gritaba en la oficina del director cuando le golpeaba con una pala en el trasero– Jeffrey nuca dijo quién le dio el petardo y la cerilla. El me dijo después en el corredor de la escuela que el director le golpeó en el trasero diez veces con una pala de madera. Jeffrey dijo, "Papá da azotes mucho más fuertes que el director."

¡Guau! Pensé. Jeffrey estuvo en la oficina del director, recibiendo azotes (diez golpes en el trasero) por arrojar un petardo debajo del asiento del Sr. McGee. Si mi hermano no hubiese recogido la cerilla quemada del suelo del autobús, el director podría haberme azotado a mí.

Estaba orgulloso de mi hermano por no decirle al director quién le ayudó a encender el petardo y tirarlo debajo del asiento del Sr. McGee. Más tarde, cuando papá supo por Debbie Jean todo lo que ocurrió en el autobús escolar, Jeffrey nunca dijo que fui yo el que le dio el petardo. Le dijo a papá que fue un niño mayor quién lo hizo.

Durante el resto del año escolar, Jeffrey y yo nos sentamos detrás del Sr. McGee para ir a la escuela.

Cinco murieron en el parto y uno en un accidente en casa

Abuelo Ray Hardin y abuela
Sara Ireland Hardin

El abuelo y la abuela Hardin tenían 17 hijos. Eran bautistas del sur y creían en tener una familia numerosa para ayudar en la granja. La abuela tuvo cinco bebés que murieron en casa durante el parto, y un niño pequeño que murió en un accidente. A los cinco años, el pequeño Jimmie se subió a un armario grande de la cocina para intentar coger una tarta casera, cuando el armario se le cayó encima. Varios días después, el pequeño Jimmie murió en casa de una hemorragia interna. Los abuelos no sabían que el pequeño Jimmie sangraba internamente por las heridas.

Los hijos de la abuela figuran en la biblia familiar de Hardin. Hijos de la abuela: Ray Hardin Junior, mi papá, (fallecido a los 86 años), Susan Ellen (fallecida a los 72 años), JT (fallecido a los 84 años), Ruby, David, William (falleció en el parto), Harold (falleció en el parto), Anna Lee (falleció en el parto), Joe Luis (fallecido a los 56 años), Betty Jane, Nannie, Sara Lee (fallecida a los 50 años), Earnest (falleció en el parto), Ronald (fallecido a los 53 años), Mary Elizabeth (fallecida a los 59 años), Jimmie (falleció a los 5 años en casa), and Hazel (fallecido en el parto).

Papá decía que todos sus hermanos y hermanas no superaron la escuela primaria, excepto Mary Elizabeth. Papá decía, "No pude ir a la escuela porque mi papá nos necesitaba a mí y a mis hermanos y hermanas para trabajar en los campos de maíz y tabaco." La abuela también necesitaba que las niñas le ayudasen en casa. Mary Elizabeth sí se graduó en el instituto de Taylorsville.

Un mulo negro llamado Jack

Papá decía que cuando tenía cinco años su papá (abuelo Hardin) utilizaba un mulo negro llamado Jack para arar los cam-pos de maíz y tabaco. Papá recordaba a la abuela, Susan, y ayudaba a su papá a mover piedras y raíces rotas de los árboles que Jack araba. Papá me dijo, "Mi papá nos azotaría a Susan y a mí si no movíamos las piedras de los campos. Mamá nunca nos dio azotes."

El viejo Jack trabajaba de sol a sol arando los campos. Cuando el sol desaparecía, estaba cansado de trabajar todo el día y quería volver a su establo. Allí estaba listo para comer y descansar. Papá recordaba que el viejo Jack solía caminar lentamente cuando él y su padre le seguían.

Papá me dijo, "Creo que el viejo Jack le decía a papá que estaba cansado de trabajar, hambriento, y sediento. Necesitaba descansar y estar listo para arar al siguiente día en los campos." Susan seguía de cerca a mamá cuando iba a casa para preparar la estufa de leña para la cena.

Una vez en el establo, papá explicaba, "Mi trabajo consistía en coger agua y alimentar al viejo Jack. Antes de terminar de cui-dar al viejo Jack, vi a papá salir lentamente del establo hacia la casa.

"Después, mis hermanas Susan, Ruby, y Betty Jane solían ayudar a mamá cuando daba a luz en casa. Así, cuando mis herma-nas no trabajaban en los campos, estaban en casa con mamá limpiando, lavando, cocinando, y cogiendo agua del pozo para lavar y beber."

Papá me dijo, "Mi papá no tenía dinero para pagarle a alguien para que le ayudase en la granja. Sin pagarle a nadie, él necesitaba a mamá, a mis hermanas y hermanos, y a mí para trabajar en los campos de maíz y tabaco."

"Yo empecé a masticar tabaco a los cinco años. Papá masticaba, así que yo quería masticar también. No vi a ninguna de mis hermanas masticar tabaco, pero no me sorprendería que no intentasen masticar," explicaba papá.

Papá estaba seguro que la abuela masticaba tabaco, pero nunca vio a su madre escupir en el suelo o en la escupidera.

El olor de la caca de vaca y el sabor de la leche templada

Visitaba a mis abuelos a menudo en la granja de Ray White en la carretera de Big Plum Creek a pocos kilometros de la casa vieja del Sr. Harry. Durante las vacaciones escolares, Jeffrey y yo solíamos ayudar al abuelo Hardin a ordeñar las vacas y a sacar la caca verde del establo todos los días, mañana y tarde. Tenía ocho años y Jeffrey siete cuando empezamos a llevar cubos de leche al frigorífico y a limpiar las cacas de las vacas.

Rapidamente me di cuenta que a las vacas les encantaba hacer caca mientras el abuelo tiraba de sus grandes y gordas ubres. Una vez, cuando el abuelo agarraba las ubres de unas de las vacas lecheras, nos chorreó de leche templada a mí y a Jeffrey. Nos pringó a ambos de leche tibia y de caca, desde la cara hasta los zapatos. ¡Diablos! me llegó a los ojos y a la boca, tenía leche y caca por todo el cuerpo; en mis zapatos, ropas, y cara. Hoy en día, supongo que por eso me gusta el olor de la caca de vaca y el sabor de la leche templada.

Russel Smith era un granjero que vivía en la carretera de Big Plum Creek. A veces, yo le ayudaba a llevar heno en verano y a seguir a sus bueyes hasta el establo. Dijo una vez, "No te preo-cupes por la caca de vaca templada en tu boca, es hierba verde del campo."

"¿Caca de hierba?" pregunté.

"Las vacas comen solo hierba y algo de maíz, pero no carne," me dijo Russell.

A Jeffrey y a mí nos encantaba las salchichas, la salsa de harina de la abuela, las galletas de manteca, y el tocino de cerdo que hacía para desayunar todos las mañanas en su estufa de leña. No nos gustaba recoger la caca de las vacas, pero nos encantaban las galletas duras y marrones con mermelada de mora casera que hacía la abuela Hardin después de regresar de madrugada de cazar mapaches.

Luchando Contra mi Mayor Enemigo, Yo Mismo

Recordaba una mañana que el abuelo y la abuela estaban matando algunas gallinas en la pila de leña. La abuela se estaba preparando para hacer pollo frito para la cena. Jeffrey y yo observábamos al abuelo como quitaba las cabezas a las gallinas mientras la abuela quitaba las plumas. El abuelo decía, "Chicos, recoged las cabezas de las gallinas."

Le dije al abuelo, "No."

Me di la vuelta y empecé a correr hacia el tío Ronald. Iba a montar a caballo con él. ¡Guau! el abuelo cogió rapidamente una pequeña piedra que me golpeó en la espalda mientras corría hacia el caballo. Odiaba recoger las cabezas de las gallinas.

Como niño y luego adolescente, durante los veranos, trabajaba para los granjeros en la carretera de Big Plum Creek llevando heno, reparando cercas, cortando tabaco, y limpiando la caca de las vacas, los establos de los caballos, corrales de cerdos y gallineros. Limpiar la caca del gallinero del Sr. Pop, y los corrales y establos de Carroll Ray fueron los peores trabajos que hice mientras trabajaba en las granjas.

A veces, ayudaba en el supermercado del condado de RT Jennings, en la carretera de Big Plum Creek, limpiando la tienda y colocando suministros de comidas en las estanterías. También ganaba un poco de dinero extra cortando hierba para la Sra. Jennings. Ya no tenía que besar más a la Sra. Jennings para que me pagase. Ya era demasiado mayor para eso.

Trabajar en las granjas durante los veranos me ayudaba a ganar suficiente dinero para comprame una bicicleta, muchos refrescos Big Red, y bolsas de cacahuetes salados. Cuando cumplí 16 años, me saqué el carnet de conducir. y mamá me dio su viejo Chevy de 4 puertas. Después de ganar dinero para gasolina, salía a la carretera con mi hermano Jeffrey y nuestros amigos Joey, Russell, y Bubie, los viernes y sabados por la noche para ir a Taylorsville a buscar chicas y beber cervezas.

Una vez que empecé a conducir, el abuelo Hardin solía pedirme que le llevara al médico a Taylorsville para su chequeo. Una vez, me dejó llevar su vieja camioneta Chevy verde de finales de los 60, hasta los almacenes en Sheep-Town (Shepherdsville, Kentucky) con sus cerdos, para venderlos a otros criadores.

El abuelo tenía miedo de que yo condujese, pero continuaba pidiéndome que le llevase al médico en Taylorsville y a los almacenes de Shepherdsville. No estoy seguro por qué tenía miedo de que cogiese el coche. Mamá sí decía, "Larry Ray, necesitas aprender a conducir por el lado derecho de la carretera." La abuela Hardin no parecía importarle cómo la llevaba al médico o al supermercado.

Siempre intenté no meterme en problemas con los policías de la ciudad de Taylorsville. Muchas veces, cuando iba allí en coche, los policías solían pararme porque decían que parecía un chaval en el asiento del conductor. Los policías decían, "Chico, pareces que no tienes 16 años. Por eso te paramos. ¿Llevas alcohol en el coche?"

Decía, "Creo que no."

Eso no impedía que los policías inspeccionasen el coche por dentro. A veces encontraban alcohol ilegal o cervezas debajo del asiento. Siempre les decía a los policías que el alcohol y la cerveza no eran míos.

El policía solía decir, "Me lo tengo que quedar. No voy a multarte por llevar cerveza o alcohol. Pero chico, ¿no sabes que no puedes llevar cerveza en el condado de Spencer? Es un condado que prohíbe la venta de bebidas alcohólicas. Ahora dime, ¿dónde compraste el alcohol ilegal?"

Respondí: "¿Qué alcohol?"

"De acuerdo, esta vez te dejaré marchar."

No sabía porqué algunos policías de la ciudad solían pararme y pedirme el carnet de conducir cuando ya sabían que yo podía conducir legalmente. Quizás solo querían mi cerveza y mi alcohol. Si algunos de los policías no podían encontrar alcohol, solían multarme por conducción temeraria o por velocidad en la calle principal. Les preguntaba: "¿Puedo pagar la multa ahora?"

A veces, los policías me dejaban pagar en efectivo; independientemente del dinero que llevase encima. Nunca pensé que los policías de Taylorsville fuesen corruptos; era normal que ganasen un poco de dinero y se bebiesen mi cerveza y mi alcohol.

Matanza el día de Acción de Gracias

El abuelo Hardin y el resto de la familia se reunían en la granja de Ray White en las afueras de la carretera de Big Plum Creek todos los años por el Día de Acción de Gracias para matar entre cinco y ocho cerdos. Cada miembro de la familia tenía trabajo en la elaboración de la carne de cerdo. Por ejemplo, el tío Bill solía disparar una bala con su rifle del 22 directo al craneo del cerdo, luego papá cortaba inmediatamente la garganta del cerdo para drenar la sangre.

Una vez que la sangre era drenada, el tío David solía usar un tractor para arrastrar al cerdo hasta la pila. Después de unos mi-nutos de sumergir al cerdo en la pila, nuestras tías y primos, incluido yo, solíamos quitar los pelos con un cuchillo pequeño. Después de quitar los pelos, David o Ronald lo izaban para que papá cortase la carne en grandes trozos. El tío JT o tío Earl Warner solían repartir grandes cantidades de carne a otros miembros de la familia para cortarlas en trozos más pequeñas para hacer salchi-chas, chuletas de cerdo y costillas. Con la grasa del cerdo se hacía manteca para cocinar.

Esto es maldad

Por las tardes, después de ordeñar las vacas y limpiar la caca de las vacas del granero, Jeffrey y yo solíamos seguir al abuelo Hardin y a tío Ronald al bosque con sus dos perros de caza. ¡Guau! *Iba de cacería.* Mientras los perros perseguían a un mapache, comadreja, zorro, o cualquier otro animal por el bosque, arroyos y campos, el abuelo y Ronald solían parar de caminar para sentarse en el tronco de un árbol, o lo que pudiesen encontrar esperando que los perros parasen de cazar.

El abuelo con la vieja linterna de gas a su lado, buscaba su pequeña petaca de tabaco blanco y cualquier papel que pudiese encontrar para enrollar el cigarrillo y empezaba a contarnos historias de malvados fantasmas que deambulaban por el bosque o el cementerio familiar del siglo XIX que había en la granja. Cuando volvíamos a casa ya de noche, después de comer las galletas duras y frías y la mermelada de mora casera de la abuela, Jeffrey y yo nos íbamos a la cama de plumas de gallinas, antes de que Ronald llegase.

Justo cuando me estaba quedando dormido, Ronald decía: "¿Quieres oir historias de fantasmas sobre el cementerio (el viejo cementerio de la familia Robinson)?", dije "No."

Después de unas pocas historias de fantasmas, Ronald se quedaba dormido, y Jeffrey y yo empezábamos a oir extraños ruidos, como alguien subiendo por las escaleras en la vieja casa de madera.

Hubo una noche cuando tenía 16, que tío Ronald nos preguntó, "Cuando me levante por la mañana ¿queréis tú y Jeffrey ayudarme a desenterrar una de las tumbas del cementerio de la familia Robinson para buscar huesos y objetos?"

Dije, "Sí."

Jeffrey dijo, "No."

Ronald se fue a dormir, dejando la lampara de aceite encendida toda la noche junto a la cama. Creo que Ronald tenía miedo de sus propias historias de fantasmas.

Al día siguiente en el cementerio de la familia Robinson, Ronald usaba una pala para desenterrar la suciedad de una tumba desconocida. Me reía y pensaba; el tío *Ronald es como una gruesa marmota, sacando suciedad de la tumba por todas partes.*

"!Guau!" dije en alto, "oye Ronald, ¿vas a encontrar de veras huesos viejos y cosas en la tumba?"

Luchando Contra mi Mayor Enemigo, Yo Mismo

Ronald había ya cavado alrededor de sesenta centímetros cuando noté una lápida de mármol blanco tendida en el lugar junto a la azada. No fui capaz de leer la inscripción en la lápida. Empecé a cavar al lado de Ronald, y luego escuché al abuelo gritándonos, "Parad de cavar y dejad la tumba."

Vieja casa del abuelo Ray Hardin y abuela Sara Ireland Hardin

Ronald y yo paramos inmediatamente de cavar. Miré hacia arriba desde la tumba y vi al abuelo venir hacia mí empujando la tierra hacia la tumba, yo salí corriendo porque sabía que era un buen lanzador de piedras.

El abuelo se enfadó conmigo el resto del día.

Esa misma noche en la cama, escuché a alguien bajando lentamente las escaleras, andando como de puntillas. Nuestra cama estaba debajo de las escaleras y me preguntaba; *la tía Sara Lee o la tía Mary Elizabeth van probablemente a la cocina a beber del cubo de agua o a comer algo de la mesa. ¿Pero por qué van de puntillas?*

Entonces, sentí que alguien se acercaba a la cama. Me hice el dormido. Empecé a sentir calor por todo el cuerpo. El calor no me quemaba la piel; me quemaba el cuerpo por dentro. Rezaba y me decía a mí mismo: ¿Qué me está pasando? *Algo dentro de mí me decía que no abriese los ojos.*

Con voz llorosa, extraña e irreconocible con mucho dolor, la voz susurró, "Larry, abre los ojos, soy yo, Sara."

De repente, escuché una voz interior que decía, *"No abras los ojos."*

Me preguntaba; ¿Podría ser Sara Lee? ¿Pero por qué Ronald y Jeffrey no escuchan la voz llorosa y sienten el calor?

Me negué a abrir los ojos para ver quién era.

La voz llorosa dijo, "Larry, tienes algo en el oído."

¡Guau! Alguien me está tocando la oreja.

Inmediatamente extendí la mano y me toqué la oreja. Ahora, *quienquiera que sea Sara, sabe que estoy despierto.*

De repente, Sara se acercó a mi cara y dijo, "Larry, soy Sara, despierta por favor."

¡Guau! El calor de Sara era más intenso que el sol, sin embargo, no quemaba la piel. Creí que era un espíritu maligno llamado Sara. Seguí rezando y pensando; No quiero abrir los ojos y ver al espíritu maligno.

El calor empeoraba, pero no me quemaba. Sara continuó llorando y rogando que abriese los ojos. Con la bendición de Dios, no los abrí.

Entonces, escuché el despertador del abuelo que lo despertaba para ir al establo a ordenar las vacas. Fuera lo que fuere al lado de mi cama, se alejó rapidamente escaleras arriba. Ya no sentía el calor que me abrasaba. Me caí de la cama y corrí a la habitación de mis abuelos. Intenté contarles lo que acababa de ocurrir, pero el abuelo no quiso escucharlo.

El abuelo dijo, "Me tengo que levantar para ordeñar las vacas."

La abuela fue a la cocina para hacer el desayuno.

Después de ayudar al abuelo a ordeñar las vacas y limpiar la caca del suelo, tuve una fuerte sensación de ir hasta el cemen-terio detrás del granero antes de entrar a desayunar. En la tumba, miré la azada en el suelo donde Ronald la dejó. Algo me decía que cogíese la lápida de mármol blanco junto a la fosa para leer la inscripción.

Estaba asustado y pensaba; ¿Qué pasó anoche? ¿Qué voy a ver al otro lado de la lápida? Estoy asustado.

Con mucho esfuerzo, cogí la lápida de mármol del suelo. Ahora, yo podía leer las palabras. Sara Robinson murió en 1863. ¿Es la misma Sara que lloraba y me decía que abriese los ojos anoche?

Tiré la lápida de mármol al suelo y salí corriendo de vuelta a la granja. Ya nunca más me quedé toda la noche en la casa del abuelo.

Creí que el abuelo sabía que me encontré con un espíritu maligno esa noche. Me preguntaba; estoy seguro que por eso dejó *Ronald la lampara de aceite encendida toda la noche. Le pasó a él. El oyó al diablo.*

Cuando fui a visitar a mis abuelos con los años, sentía que un espíritu maligno me vigilaba. Mis abuelos vivieron en esa granja durante casi 20 años.

Una pistola apuntándome

Tenía casi 19 años cuando mi amigo Joey Conniff y yo conocimos a una chica en un parque público que estaba sentada sola en una mesa de picnic. ¡Guau! *No es muy guapa, un poco gruesa de cintura, pero ¡tiene grandes pechos!"*

Le grité, "¿Quieres venir con nosotros? Estamos dando una vuelta y bebiendo cerveza."

"¡Claro!" dijo, riendo.

Joey se cambió rapidamente al asiento trasero y no dijo nada mientras ella se montaba en el asiento delantero.

Hablamos y bromeamos en el coche un rato. Ni siquiera la besé o le toqué los pechos. Por la noche, cuando la llevaba a casa, me dijo, "No me quiero ir a casa. Me quiero quedar contigo."

"No. Me tengo que ir a casa," dije.

Me detuve en su casa, y sus padres, Little Judy and Big Clarence estaban parados en la carretera. Little Judy, que medía un metro y medio aproximadamente y de unos 50 kilos, tenía un pistola pequeña, y me apuntó.

Le dije a la chica, "Tu madre tiene una pistola. ¿Por qué tiene una pistola apuntándome?"

La chica empezó a llorar, diciendo, "Tengo miedo. No quiero quedarme. Quiero irme contigo."

No quería salir del coche, y me negué a avanzar con el coche. Dije, "¡Tienes que bajarte del coche ahora!"

Trate de irme, pero la madre saltó delante del coche y el padre por la parte de atrás y me impidieron moverme. Extraño, *Joey estaba en el asiento trasero, sin decir una palabra.*

Le dije a la chica, "¡Sal del coche!" Tu madre tiene una pistola, y está enfadada."

Ella se quería quedar conmigo. "Oye Joey, dile que salga del coche." Joey estaba en el asiento trasero, asustado sin decir nada.

Le dije, "¿Estás de broma? ¡Tu madre tiene una pistola en la mano y me va a matar! ¿Qué está pasando? ¿Por qué me quiere disparar? ¿Te has fugado de casa?"

Ella no contestaba.

Entonces empecé a pensar y le pregunté, "¿Cuántos años tienes?"

"Tengo 13," admitió.

"¿Qué? ¡Por favor sal del coche!"

Joey finalmente gritó, "¡Sal del coche ahora!"

La madre de la chica gritaba más fuerte, agitando la pistola sobre su cabeza, "Chico, ¡Sal del coche ahora mismo!"

Dudé y luego escuché un fuerte disparo. Entré en pánico y grité, "No me dispare." Lentamente abrí la puerta del coche y salí. Levanté las manos y le di las llaves del coche al padre de la chica, Big Clarence. Rapidamente noté que Big Clarence era bastante alto, no tenía pelo, y pesaba más de 100 kilos.

Little Judy gritó, "Chico, ¡entra en la casa ahora!"

Big Clarence gritó, "¿La has oido? ¡Entra en la casa!"

Le grité a Joey, "El hombre alto está muy enfadado."

Cuando Big Clarence comenzó a caminar hacia mí, corrí, salté al porche delantero, crucé las puertas y entré en la sala de estar. Vi a Joey sentado solo en un sofá rojo, sin decir una palabra. Ni siquiera me di cuenta de que salió del coche. Vaya, Joey fue rápido.

Me siguió de cerca a la casa la niña con su mamá y su papá. Me senté en el sofá rojo al lado de la puerta principal y vi a Little Judy golpear con la pistola a su hija en la cabeza. Joey seguía callado. Me pregunté a mí mismo; si ella comienza a dispararme, ¿va a salir Joey corriendo por la puerta principal o por la ventana para pedir ayuda?

Entonces la pequeña Judy se volvió hacia mí y me apuntó con su arma a la cara: "¿Violaste a mi hija de 13 años?

La pequeña Judy no le dijo nada a Joey.

Big Clarence gritó, "Sí, lo hiciste con mi hija, muchacho."

Grité, "¡No, no lo hice!"

De nuevo, Joey no dijo nada ni trató de defenderme. Inmediatamente pensé; Joey se está preparando para saltar y correr como un ciervo.

La pequeña Judy me gritó, "¡Chico, vas a morir esta noche!"

Ella me apuntó a la cara con su pistola, que parecía una pistola pequeña automática del calibre 22. Sabía por mi experiencia de chico de campo en la caza que una bala de pequeño calibre podría rebotar en la almohada del sofá y no darme en la cara. Entonces, levanté la pequeña almohada del sofá lentamente con mis brazos y me la acerqué al pecho, rezando por haber tomado la decisión correcta.

La pequeña Judy se volvió y le dijo a Joey, "Es hora de que te vayas. Sal de aquí, ahora."

Joey salió rápidamente por la puerta principal, como un conejo a punto de recibir un disparo en el trasero. Se fue sin decir adiós ni nada.

Finalmente, la pequeña Judy le dijo a su esposo, "Llévatelo afuera y dale una paliza."

Miré a Big Clarence y dije con entusiasmo, "Sí señor, ¡Salgamos afuera!"

Sabía que tenía una mejor oportunidad fuera para escapar de Big Clarence. Ya sabía que Joey no iba a ayudarme. Probable-mente estaba escondido detrás de un árbol o corría a su casa a varios kilometros de distancia.

Inmediatamente salté del sofá y golpeé la puerta principal como una ardilla saltando en el agujero de un árbol, seguido de cerca por Big Clarence. Tenía que correr hacia mi coche, con suerte superando a Big Clarence, aunque él tenía las llaves del coche.

Cuando salí, esperé a que Big Clarence me golpease. En cambio, tiró las llaves de mi coche al suelo y gritó: "¡Sal de aquí, muchacho!"

Cogí las llaves del suelo, me metí en el coche, haciéndole una peineta, sin mirar hacia atrás.

De repente escuché algo que se movía en el asiento trasero del coche. Pensé; por favor, no puede ser esa niña que huye de su madre. Miré en el asiento trasero y vi que Joey estaba acostado, escondido en el suelo en la parte trasera de mi coche.

¡Casi me matan por no recibir un beso de esa chica!" Tenía el cuerpo de una mujer mayor, pero no la mente. Le agradecí a Dios por salvarme de nuevo.

De repente me acordé; un tiempo para nacer y un tiempo para morir (Eclesiásticos 3: 2 Nueva versión internacional).

Guau, todavía sigo vivo.

Me mataría

En una ocasión, mis dos hermanas, Debbie Jean y Linda Lou, estaban jugando a sóftbol con el equipo de chicas de la iglesia en el antiguo estadio de béisbol del instituto de Taylorsville. Yo fui al partido con mi última novia, Bobbie Lee. Bobbie Lee era muy guapa, con una gran figura, tenía un pelo largo y hermoso que le llegaba hasta el trasero. Tenía la piel marrón oscura y grandes ojos marrones.

Le pregunté a Bobbie Lee, "¿Quieres desnudarte y correr por el estadio conmigo?" Lo deseaba y pensaba, tengo muchas ganas de ver a Bobbie Lee desnuda.

Ella se rio y dijo, "¿En serio? Mi padre es policía de la ciudad de Taylorsville y me mataría si me viese desnuda contigo. Papá sabe que eres un chico de la familia Hardin. Mi papá dice que te detiene mucho en la ciudad por tener cerveza y alcohol ilegal en tu coche."

Le dije, "Tu papá es uno de los policías que coge mi cerveza y mi alcohol. ¿Bebe tu padre alcohol?"

"Sí."

"¿Quieres aún desnudarte?"

"No!" Dijo ella.

"¿Y después en el coche?"

Sonrió y me abrazó.

Tenía muchas ganas de correr desnudo por el estadio con Bobbie Lee. Solo quería hacerlo por diversión. A mi lado, vi a un tipo alto y flaco con un largo bigote que le caía por las comisuras de los labios y con pelo rubio hasta los hombros. Me está sonriendo y pensaba; ese chico de pelo largo me escuchó hablar con Bobbie Lee sobre correr desnudo por el estadio.

Le pregunte, "¿Por qué sonries, amigo?"

"Estoy viendo a tu hermana Linda Lou jugar al sóftbol." dijo.

"Oye, ¿Quieres desnudarte y cruzar el estadio conmigo?"

rio y dijo, "¡Sí! Vamos a hacerlo."

"¿Cómo te llamas, amigo?" Le pregunté,

"Jimmy Curtsinger."

Dos días después, el padre de Bobbie Lee y otro policía me arrestaron en casa. Los policías le dijeron a mamá, "Su hijo Larry Ray tiene que acompañarnos a Taylorville. Arrestamos a Larry por correr desnudo en el partido de sóftbol de las chicas de la iglesia. El juez acusa a Larry de comportamiento indecente."

¿Estáis seguro que no es mi otro hijo Jeffrey?" Preguntó mamá.

"No," dijeron los policías.

¡Guau! pensé; mi primer arresto por correr desnudo en un partido de sóftbol de chicas.

Más tarde, papá habló con el juez Keiling de Taylorsville sobre mi arresto. El juez Keiling le dijo a papá, "Hijo, no sabía que era tu hijo. Ve y sácale del calabozo."

Unos días después en el juzgado del condado, el juez Keiling dijo, "Hardin, ¿por qué tú y el otro chico corrísteis desnudos en el partido de sóftbol de las chicas de la iglesia?"

"Lo siento, juez Keiling. No sabía que era un partido de sóftbol de la iglesia. Solo quería divertirme yo y mi chica."

El juez dijo, "¿Quién es tu chica?"

"No recuerdo su nombre," dije.

El juez retiró los cargos por comportamiento indecente pero me multó con 60 dólares. Pagué al contado. Jimmy se quedó en el calabozo dos días porque los policías encontraron marihuana escondida bajo el asiento de su coche.

Linda Lou se casó con Jimmy porque le vio correr desnudo cruzando el estadio. Jimmy murió unos años después a la edad de 23 años en un accidente laboral. Papá estaba con él trabajando cuando Jimmy resultó herido. Linda Lou se quedó sola para criar a sus dos niñas.

Hay una rata en el tejado

Decidí dejar la vida en la granja después de recoger con la pala demasiada caca de vaca, de gallina, de cerdo y de caballo, para el Sr. Pops y Carrol Ray. Toda esa caca de caballo olía peor que un animal muerto. Le dije a Peanuts, el hijo de Carrol Ray, "Se acabó de limpiar caca de caballo, ¡me marcho!"

Dejé el tridente y no volví nunca más a recoger caca con la pala. Supongo que Peanuts continuó limpiando la caca.

Más tarde, mi tío Larry Dale Hardin, me encontró un tra-bajo en la gasolinera de Texaco junto a la Interestatal 245 cerca de Louisville, Kentucky. Larry Dale estaba casado con Sara Lee, hermana de papá. Siempre pensé que la tía Sara Lee era una persona dulce y amable que amaba a su marido, a sus hijos, y nietos. Era una de mis tías favoritas.

Pelo largo y una sonrisa

El Sr. Phillips, gerente de la gasolinera, no quería contratarme porque el pelo me llegaba al culo y parecía un hippie que fumaba mucha marihuana. Necesitaba a alguien que empezase rápido, así que me contrató. Nunca pude convencer al Sr. Phillips que no era hippie, y que nunca fumé marihuana.

Empecé mi corta carrera en la gasolinera de Texaco echando gasolina, cambiando aceite, reparando neumáticos, y limpiando los parabrisas de los clientes. Llevaba puesto mi nuevo uniforme verde, con una estrella roja grande en la parte delantera de mi camisa. Siempre recordaré el lema de la gasolinera de Texaco, "Confía en el hombre que lleva la estrella roja."

Siempre recordaré toda la marihuana y sexo que me ofrecían los clientes mientras echaban gasolina. La mayoría eran mujeres mayores casadas que querían sexo en la gasolinera o en el motel situado detrás. Las chicas más jóvenes a veces me ofrecían tener relaciones sexuales a cambio de gasolina. Algunas chicas estaban casadas y con niños pequeños en el mismo coche.

Le dije a papá que me habría sentido culpable si hubiese tenido relaciones sexuales con una mujer casada, porque me preocupaba por su esposo. Me comprometí a no tener relaciones sexuales con mujeres casadas, solo mujeres solteras. Tal vez fue mi pelo largo y mi sonrisa lo que atraía a las mujeres, o tal vez era conseguir la gasolina gratis. ¡Demonios! Había hombres homosexuales que trataban de quedar conmigo a cambio de gasolina gratis, pero me mantuve alejado de ellos.

Un día, uno de los compañeros de trabajo de mi gasolinera hizo un agujero del tamaño de una moneda, en el techo del baño de mujeres. Le gustaba mirar a las mujeres a través de la mirilla mientras se sentaban en el inodoro para limpiarse el trasero. ¡Qué enfermo!"

Un día trabajando solo, una joven delgada de pelo negro me pidió que le llenase el tanque de gasolina. Ella preguntó, "¿Dónde está el baño?"

Le señalé cerca de la oficina.

Algo malo me pasó por la cabeza. Decidí ir al ático y me arrastré para mirar por la mirilla.

Quería ver por qué mi compañero de trabajo disfrutaba viendo a las mujeres orinar o haciendo caca. ¡Guau! Vi a la joven sentada allí en el inodoro.

De repente, moví la pierna a causa de un calambre muscular e hice ruido. La chica lentamente miró hacia el techo. Ella vio el pequeño agujero en el techo. Sin duda, ella estaba concentrada como un perro de caza en el agujero. Lentamente alejé mi globo ocular de la mirilla e inmediatamente pensé; ¿me vio mirando a través del pequeño agujero?

Cuando la chica cogió el papel higiénico, entré en pánico, salí del ático y corrí por la oficina hacia el surtidor como si nada hubiese pasado. Cuando la chica iba hacia su coche, estaba asustada y dijo nerviosa, "¡escuché algo en el techo del baño de mujeres!" Hay un pequeño agujero en el techo.

Le pregunté, "¿Viste algo?"

Ella dijo que no.

Le dije, "Hay ratas en el techo. Se lo diré a mi jefe."

Después de pagar, la joven entró en su coche y se marchó.

Tuve suerte. El Sr. Phillips finalmente cogió al empleado que hizo el agujero. Nadie supo nunca, solamente Dios, que yo eché un vistazo por el agujero.

"Si confesamos nuestros pecados, Dios es fiel y justo y nos perdonará nuestros pecados y nos purificará de toda injusticia" (1 Juan 1: 9).

Me van a disparar por la espalda

Después de unos meses echando gasolina durante el día, empecé a trabajar en el turno de noche por primera vez. Antes de salir de la gasolinera, el Sr. Phillips me dijo, "Si alguien intenta robar esta noche o cualquier otra noche, no entres en la oficina trasera. Si lo haces, el ladrón te matará. Quédate fuera, al aire libre, donde están los surtidores, para que otros clientes puedan ver si te roban, especialmente si la policía pasa por la gasolinera. El ladrón no te disparará al aire libre."

Era una calurosa noche de verano, yo estaba ocupado echando gasolina para muchos clientes. No tuve tiempo de guardar el dinero efectivo en la caja fuerte de la oficina. Además, estaba reparando una rueda pinchada para un cliente dentro del garaje.

De repente, una voz interior me dijo que sacase el dinero efectivo de mi bolsillo derecho y lo escondiese en mi calcetín. Sin pensarlo más, puse el efectivo en mi calcetín izquierdo.

Estaba relajado y pensaba, se está haciendo tarde y puedo reparar el neumático del cliente antes de cerrar.

En cuestión de minutos, un Mercury gris de cuatro puertas con dos jóvenes negros, de aspecto desaliñado se detuvo junto al surtidor. Mientras salía rápidamente hacia el coche, vi al conductor salir del coche y mirar a su alrededor. Sin decirme una palabra, entró en la oficina principal. Luego fue al garaje y vio al cliente de pie junto a la rueda pinchada. El cliente no tenía ni idea de lo que estaba sucediendo. Solo le preocupaba que volviese para reparar su rueda.

Entonces el pasajero salió del coche y me pidió que revisase el líquido de la transmisión. El motor estaba funcionando (porque se necesitaba mantenerlo funcionando mientras se revisaban los líquidos). Levanté el capó y me incliné sobre el coche.

El pasajero de repente me empujó por la espalda y me susurró al oído derecho, "No te muevas, o te mataré hijo de puta".

Dije. ¿Qué estas haciendo?"

Me tocó de nuevo y dijo, " cállate la boca."

Luego me abofeteó y me dijo que fuese a la oficina donde me esperaba el conductor.

Recordé lo que mi jefe me dijo ese día; te matarán una vez que estés en la oficina trasera. De repente le dije al pasajero, "¡No! Hay policías por todas partes pasando por aquí.

Me abofeteó de nuevo con fuerza en la cara y movió sus manos rápidamente por mis piernas donde encontró el dinero escondido dentro de mi calcetín izquierdo. Estaba sorprendido y pensaba, ¿cómo sabía que el dinero estaba en mi calcetín?

El conductor salió del coche. Él y el pasajero me agarraron de la cintura y los brazos, obligándome a entrar con ellos en la oficina.

Les grité de nuevo, "¡hombre! algunos policías y clientes podrían verles robándome."

El conductor me soltó el brazo y se acercó para cerrar el capó del automóvil. Luego se puso al volante. En ese momento, estaba como en un estado de sueño y pensé, me va a disparar por la espalda y me dejará arrastrándome por el suelo, luchando por mi vida.

El pasajero soltó mi otro brazo y se dio la vuelta con su pequeño revólver negro en su mano derecha. Estaba enojado pensando, tengo una oportunidad de golpear a este tipo en la cabeza y tal vez coger la pistola. Pero no podía mover mi cuerpo. Era como si alguien me estuviese ayudando a no contraatacar.

El pasajero se metio el revólver negro en la cintura y saltó al asiento del pasajero. Los ladrones se marcharon dejándome allí, mirándoles alejarse lentamente por el camino. El cliente dentro de la estación de servicio gritó, "¿Estás bien?"

"Si, estoy bien. Gracias," dije.

Luchando Contra mi Mayor Enemigo, Yo Mismo

Estaba alucinando. ¡Todavía estaba vivo y no me dispa-raron por la espalda!

Inmediatamente llamé a la policía, y en cuestión de minutos, dos policías estatales llegaron a la gasolinera. Les di una descripción de los ladrones y su coche. Le dije a la policía, "Dos hombres jóvenes de raza negra, de aspecto desaliñado, cogieron el dinero que tenía escondido en mi calcetín. Uno de los ladrones tenía una pistola con la que me apuntaba a la espalda, golpeándome la cara con las manos. Pensé que me iban a disparar por la espalda. Pero que no iba a morir."

El agente estatal dijo, "Estos son los mismos ladrones que violaron a una mujer dentro de su automóvil esta noche en el centro comercial donde ella trabajaba. Esos tipos robaron el coche de la mujer y luego vinieron a la gasolinera para robarte. ¡Ella tiene suerte de estar viva! y ¡tú también!"

Mientras hablaba con el agente, el cliente arregló su propia rueda pinchada y se alejó lentamente de la estación, sin despedirse y sin pagar por el servicio.

¡Estoy tan contento de haber puesto el dinero en mi calcetín! Dios sabía que éste no era el momento de morir. Necesitaba escuchar y confiar en el Señor. De nuevo, pensé; un tiempo para nacer y un tiempo para morir. Hoy no era el día. ¿Pero cuándo y cómo?

Dejé el trabajo en la gasolinera. Ese fue el final de mi carrera repostando gasolina con el uniforme verde de la estrella roja.

"Jesús decía, 'Ama al Señor tu Dios con todo tu corazón, con toda tu alma y con toda tu mente.' Este es el primero y el más importante de los mandamientos. El segundo se parece a éste, 'Ama a tu prójimo como a tí mismo.' Toda la Ley y los Profetas dependen de estos dos mandamientos" (Mateo 22: 37-40, nueva versión americana).

Observándola con otros hombres alrededor

Después de dejar la gasolinera, encontré un trabajo en el hospital local trabajando como auxiliar de cirugía y más tarde en el departamento de mantenimiento. Una vez más vi demasiada marihuana y mujeres manteniendo relaciones sexuales en el hospital durante y después del trabajo.

Estaba confundido acerca de por qué algunos de mis compañeros de trabajo fumaban hierba en el hospital. El sexo no era problema con algunas de las enfermeras y conmigo, pero algunas de las chicas fumaban hierba. ¡Era una locura!"

Tenía cinco enfermeras y ayudantes de enfermeras para quedar en cualquier momento. Cuando quería una cita, llamaba a una de ellas para averiguar quién podía ir a bailar o a beber cerveza después del trabajo. No podía atender a más de cinco mujeres. No pude ahorrar dinero después de toda esa juerga.

Mi novia favorita era una pelirroja llamada Rose. Tenía el pelo rojo y largo. Estaba un poco rellenita pero tenía una hermosa sonrisa y se reía de todo lo que decía. A Rose le encantaba beber cerveza comiendo pescado frito. Rose estaba comprometida para casarse, pero eso nunca le impidió salir conmigo cuando su prometido viajaba por negocios.

Después de un par de años trabajando en el hospital, encontré a una chica llamada Sue. Ella era atractiva y tenía un buen corazón. En nuestra primera cita, ella me dijo, "Estoy esperando a casarme para tener relaciones sexuales." Sue me dio la impresión de ser virgen.

Sue tocaba el piano en una iglesia bautista del sur donde sus padres eran miembros muy activos. Pensé, Sue es virgen, va a la iglesia y es enfermera. He encontrado mi verdadero amor.

¡Guau! Unos días después, estaba sentado en un sofá marrón con Sue, mientras sus padres estaban en la cocina. Ella se tumbó en el sofá y se subió el vestido. No llevaba bragas. Inmediatamente, salté sobre ella como un zorro rojo entrando en un gran agujero. Estábamos solos, besándonos en el sofá. Increíble, Sue estaba hablando con su mamá y su papá, que estaban en la cocina mientras yo hacía mucho ruido en el sofá. Más tarde, estaba molesto y pensaba, Sue quería esperar a casarse para mantener relaciones sexuales. Ella ha hecho esto antes. ¡Guau! Me equivoqué al pensar que era virgen.

Después de que papá y mamá conociesen a Sue, papá me dijo, "Esa chica no te conviene. No está preparada para casarse."

A mamá tampoco le gustaba Sue.

Papá me dijo, "Obsérvala cuando esté con otros hombres. Cuando la dejes en la casa de sus padres, vuelve y mira qué pasa ".

Me pregunté a mí mismo; ¿Por qué papá y mamá dirían eso de Sue? Ni siquiera la conocen.

Me negué a escuchar lo que mis padres pensaban hasta que una calurosa noche de verano, mi futura esposa quería irse a casa temprano. Después de tener relaciones sexuales en el estadio detrás de un árbol, y luego en el asiento trasero de mi coche Chevy blanco, Sue dijo, "Estoy un poco cansada. Quiero irme a casa."

La dejé en casa de sus padres. Luego me alejé de su casa. Después de conducir varios kilometros, empecé a pensar, ella estaba actuando de forma extraña esa noche. *No parecía enferma. ¿Qué dijo papá hace unos días sobre Sue?*

De repente me di la vuelta y regresé a la casa de sus padres. Antes de detenerme en el camino de entrada vi a mi futura novia, abrazando y besando a un chico en el porche delantero. Me dije, ese tipo va a la misma iglesia donde va Sue y sus padres. El tipo debe haber estado esperando dentro de la casa de sus padres cuando dejé a Sue. ¿Dónde aparcó el coche? No podía creer lo que estaba haciendo Sue con ese tipo en el porche delantero.

Ya estaba oscureciendo y las luces del porche estaban encendidas. Pude ver a Sue claramente. ¡Qué estúpidos eran!" Estaba decepcionado y pensaba; esta no es la primera vez que me engañaba. Papá y mamá tenían razón al decir que Sue no era fiel.

Conduje hasta la entrada, lentamente salí de mi coche y caminé hacia el porche delantero. Me acerqué y estuve a punto de abofetear al chico en la cara, pero en lugar de eso, casi golpeé a Sue en la boca. Ella saltó del porche a mis brazos y me mordió en el pecho. Miré fijamente sus grandes ojos marrones mientras ella mordía con fuerza mi pecho. No sentía dolor cuando me mordía.

Sue finalmente dejó de morderme y la aparté. Me di la vuelta y volví a mi coche. Sin mirar a Sue, me subí al coche y me fui. Mientras conducía a casa, comencé a llorar y a jurarme a mí mismo que nunca dejaría que otras mujeres me engañasen de nuevo. Había renunciado a todas mis novias en el hospital por Sue. Pensaba con tristeza, estaba listo para sentar la cabeza y tener una familia con Sue. Debería haber escuchado a papá y mamá.

Nunca más volví a ver a Sue.

En ese momento, renuncié a encontrar a mi verdadero amor.

Fui hasta la propiedad en la carretera de Big Plum Creek que le compré al Sr. Pops. Había planeado construir una casa con Sue y criar a nuestros dos hijos. Me senté en mi coche y lloré toda la noche hasta el día siguiente. Por la mañana, papá vino a buscarme a la propiedad en su camioneta Chevy. Le dije, "Papi, tenías razón sobre Sue. Ella me hizo sentir como un tonto anoche."

Papá dijo, "Ven a casa cuando estés listo."

Me pregunté a mí mismo; ¿qué voy a hacer ahora?

"Confía en el SEÑOR con todo tu corazón y no te apoyes en tu propio entendimiento; reconócelo en todos tus caminos, y él allanará tus caminos" (Proverbios 3: 5-6).

La cara del hombre moribundo

Después de unos meses, tumbado en la cama pensaba que quería hacer el resto de mi vida. Quería viajar y ver mundo. Mi hermanito se alistó en la Marina con diecisiete años y viajó mucho. Quizás me aliste en la Marina y viaje por el mundo como mi hermanito.

Luchando Contra mi Mayor Enemigo, Yo Mismo

De repente, me vi subiendo una colina rocosa. No había ni árboles ni matorrales. Parecía de día, sin embargo miré hacia arriba, y el cielo estaba casi oscuro. Delante mía vi un palo de madera cuadrado y los pies de alguien clavado al palo.

Luego, vi lo que parecían ser tres hombres vestidos con ropas extrañas con espadas y uno con una lanza. Esto es un sueño, pensé. Las piernas del hombre que colgaba del palo de madera tenían cortes profundos, pero la sangre estaba seca. Estos tres hombres están matando a alguien.

Inmediatamente, miré a mi alrededor, y vi a una dama y un joven parados cerca del palo. Me miraron con tristeza en la cara. El joven sostenía a la dama. No estaban llorando. Noté que tenían ojos oscuros y piel morena. Llevaban túnicas oscuras, y la dama llevaba una bufanda oscura en la cabeza. Me di la vuelta de frente al poste de madera y extendí la mano para tocarlo. No estaba seguro, pero vi a uno de los tres hombres levantar rápidamente su lanza. Algo terrible acaba de suceder. De pie junto al poste de madera, vi agua rojiza corriendo por mi brazo. Luego un poco de agua salpicó mi cabeza y mi cara. El agua rojiza provenía del hombre del poste de madera. Grité, "Por favor, que alguien le ayude."

Luego miré los pies, las piernas y el cuerpo del hombre. Su cuerpo estaba marcado con tiras de sangre rojas secas. Quería ver la cara del hombre.

Cuando miré hacia su cara en el poste de madera, una luz brillante me cegó. Inmediatamente, la intensa luz del rostro del hombre me tiró al suelo y terminé de rodillas. Estaba confundido y pensando, la cara del hombre es como el sol, pero más brillante. La luz de su rostro es brillante y pacífica.

¿Quién es este hombre del poste de madera?

Después de unos segundos con las rodillas en el suelo, me levanté lentamente y me alejé. Era vergonzoso mirar al hombre en el poste de madera. Mientras bajaba la colina, escuché la voz del hombre desde el poste que me decía lo que tenía que hacer para el resto de mi vida. Con una voz suave, Jesús dijo, "Sé mi discípulo."

Me alejé sin ayudar a Jesús. Pero me di cuenta de que Jesús no estaba muerto; Jesús estaba vivo, y ÉL me ayudaba a no seguir el camino del demonio, sino a creer en ÉL.

De repente dije en voz alta, "¿Es esto un sueño?"

Después de varios días, fui a la iglesia bautista de Little Plum Creek para contarle al sacerdote mi sueño y ver a Jesucristo vivo en la cruz. El sacerdote fue nuestro guía espiritual familiar mientras luchábamos con nuestra fe después de perder a Jimmy y Doodle Bug.

Le dije al sacerdote, "Jesús no murió en un poste de madera. Jesús está vivo. Nuestro Señor Jesús dijo,"Yo soy la luz del mundo; el que me sigue no debe caminar en la oscuridad sino tener la luz de la vida."

El sacerdote me dijo, "No es un sueño. Tuviste una visión."

Le pregunté, "¿Puedes bautizarme en el arroyo bajo el puente de Waterford Creek?"

Una tarde de domingo, me bautizaron, el sacerdote me sumergió en las aguas de Little Plum Creek, siendo testigos algunos miembros de la iglesia bautista de Little Plum Creek. Tenía 23 años.

Plum Creek

Después de unos pocos meses, dejé el trabajo en el hos-pital y me alisté en la Marina. Necesitaba un cambio en mi vida, tomar un rumbo diferente. Necesitaba confiar en el Señor y luchar contra mi mayor enemigo: yo mismo.

Después de que papá muriese el 4 de febrero de 2018, mi primo Glenn dijo, "Cuando estabas en el servicio militar, tu padre fue bautizado en la iglesia bautista de Little Plum Creek." Papá nunca me dijo que había sido bautizado.

Iglesia bautista de Little Plum

"Cuando era niño, hablaba como niño, pensaba como niño, razonaba como niño; cuando me hice adulto, dejé atrás las cosas de niños" (1 Corintios 13:11 Nueva versión standard americana).

Mi carrera
Te encontraré y te cortaré el cuello

Me alisté en la Marina a los 25 años. Fue duro dejar a papá y mamá. Ante de irme de casa, papá dijo, "Habrá mucha agua bajo el puente de la carretera de Big Plum Creek hasta que vuelvas a casa de nuevo."

"Papá, son solo cuatro años en la Marina," dije.

En la Marina, trabajé como especialista en el programa religioso, destinado en la oficina del capellán con el Batallón 5 de los Seabees (abejas de mar).

Mientras estaba destinado en Rota, España, con los Seabees, conocí a una bonita mujer española de piel morena y ojos de color oliva. Se llamaba Catalina.

Después, conocí al padre de Catalina en la casa de su hermana mayor, Toñi, en Puerto Real, Cádiz. En la mesa del comedor, Toñi me dio un plato de garbanzos con un trozo redondo y largo de carne roja y oscura. Pensé en voz alta, eso era un trozo grande de carne roja. El padre de Catalina estaba sentado en la mesa, mirándome de cerca. Creo que era la primera vez que su padre comía garbanzos con un americano. El padre de Catalina era el Sr. Pedro, un guardia civil jubilado, que ejerció durante la guerra con Franco en el poder. La madre de Catalina murió antes de que yo conociese a Catalina.

Empecé a comer garbanzos con su sobrino, Jorge, que hablando buen inglés, me dijo, "La carne del plato es la picha de un toro."

"¿Qué es una picha?" pregunté cortésmente.

Entonces Jorge me susurró en inglés lo que su abuelo el Sr. Pedro decía en español, "Es la picha de un toro." Recordé haber escuchado algo durante mi entrenamiento militar sobre la cultura y costumbres de España *y que cuando matan al toro en el ruedo los españoles se lo comen. También, que si te invitan a comer a casa de una familia española, asegúrate de comer el plato entero.* De acuerdo. *Me voy a comer la picha del toro.*

El Sr. Pedro seguía mirándome, sin decir palabra mientras yo masticaba la grande, larga carne roja y oscura.

Todos me miraban en la mesa mientras terminaba de comer. Bien, me comí toda la carne y los garbanzos. Estaba delicioso, incluso sabiendo que la carne era la picha de un toro. Después de comer, Jorge dijo, "Es chorizo (una salchicha roja y oscura), no la picha del toro."

El Sr. Pedro se rio bastante.

Catalina y yo nos hicimos buenos amigos. Después de seis meses de hablar sobre la vida y la familia, y de encontrarnos la mayoría de las veces con sus hermanas, en un momento le pregunté, "¿Quieres caminar por la playa?"

Catalina riendo dijo, "Sí."

Vaya, por primera vez en seis meses, Catalina y yo paseábamos por fin por la playa de Rota, España, solos y de la mano. Estaba emocionado y pensaba; estoy en la playa sin las hermanas o sobrinos de Catalina. *¡ Esto es estupendo!"*

Más tarde, en un bonito restaurante, le dije a Catalina que cerrase los ojos, tenía una sorpresa para ella. Cuando cerró los ojos, la besé suavemente por primera vez. Catalina rapidamente abrió los ojos y no dijo ni una palabra.

Tres meses después, le pregunté, "¿Te quieres casar?"

Ella empezó a reirse.

Dije, "¿Qué es tan divertido?"

Luego dijo, "Sí"

Mientras estaba en la base militar de Rota, me apunté al Rodeo para montar toros; aunque a veces, los toros me montaban a mí. Eran toros que nunca iban a las grandes plazas de toros españolas, sino toros que terminaban en el Rodeo. Después de unos cuantos revolcones y con el cuerno llegándome al culo, le

Montando a Pepper, el toro español en Rota, España

prometí a Catalina que dejaría de fingir ser un vaquero de Kentucky. En casa, en la carretera de Big Plum Creek, me fue más fácil montar a los cerdos.

Pepper casi monta a Larry

Antes de casarnos, me seleccionaron para entrenamiento con los Marines durante seis meses en Camp Lejeune.

Con los Marines, me sentía como en casa en Big Plum Creek subiendo y bajando colinas, cruzando arroyos, y acampando por las noches en el bosque. Llevaba mi pistola, y buscaba objetivos para disparar. Me convertí en un tirador experto. Después de terminar el entrenamiento con los Marines, volví a Rota para casarme.

Cuando regresé y vi de nuevo al Sr. Pedro, le regalé jamón ahumado americano, una caja de cerveza Budweiser, y unos calzoncillos boxer grises, como futuro yerno. Creo que al Sr Pedro no le gustaron los calzoncillos boxer.

Intenté decirle al Sr. Pedro en español que quería casarme con su hija. Creo que ya lo sabía, por los regalos.

Después de la boda, el Sr. Pedro vino hacia mí, me miró a los ojos y sonrió. !Guau! *Recordaba sus ojos negros. El* Sr. Pedro apuntó su dedo a la cabeza y me hizo un movimiento circular varias veces mientras hablaba en español. Claro que entendía algo de español, pero no andalúz.

"¿Qué quería decir el Sr. Pedro?" Le pregunté a Jorge, el sobrino de mi futura esposa.

Mi abuelo te está preguntando, "¿Por qué te quieres casar con Catalina?"

Luego, su padre se acercó a centímetros de mi cara y me miró directamente a los ojos durante unos segundos, sin decir una palabra. Luego movió su dedo lentamente sobre su garganta. El Sr. Pedro ya no sonreía. Le estaba diciendo algo más a Jorge, mientras todavía me miraba directamente.

Jorge tradujo de inmediato, "Si alguna vez haces daño o maltratas a Catalina, mi abuelo te encontrará y te cortará el cuello."

Me preguntaba; el *Sr. Pedro* va ser mi suegro. *¿Dónde me estoy metiendo?*

Luego, el Sr. Pedro me preguntó por su caja de puros cubanos para repartir entre los invitados. Vaya, *olvidé comprar los puros.*

Jorge dijo, "Es demasiado tarde; no puedes huir de mi abuelo."

Lentamente me alejé del Sr. Pedro.

En unos minutos, las tías de Catalina, Concha, Nena, y Antonia intentaban decirme algo sobre cómo tratar a Catalina en la noche de bodas.

Una vez más, Jorge tradujo, "Sus tías te dicen que seas gentíl y no un lobo con su sobrina en la noche de bodas. No le hagas daño a Catalina."

Dije, "de acuerdo," y todas las tías sonrieron.

En Puerto Real, España, me casé con una mujer española,

Larry Ray y Catalina vestidos de flamenco

que sabía bailar flamenco y que también era una excelente cocinera. También me casé con su familia. Siempre tuve novias pero no una amiga. Catalina es mi mejor amiga y mi verdadero amor. Mi esposa española.

"El hombre dejará a su padre y a su madre y se unirá a su mujer y serán una sola carne" (Génesis 2:24 Nueva versión standard americana).

Necesitas ser ciudadana americana

Después de casarnos, me destinaron a la estación aérea de los Marines en Yuma, Arizona. Una vez que llegamos a Yuma, decidimos no tener hijos de inmediato. No estaba seguro si ella quería vivir en Estados Unidos, y tan lejos de su familia de España. Estaba seguro de no querer niños si nos divorcíabamos.

Mamá me decía también, "Larry Ray, es posible que no puedas tener hijos. Tuviste paperas de niño. Las paperas podrían haber afectado 'tus canicas' (testículos). Hace que tu esperma sea flojo."

Más tarde, le conté a un médico de Yuma lo que mi mamá dijo de las paperas. El médico me explicó que las paperas pueden causar que el esperma se debilite y sea incapaz de viajar al "hogar dulce hogar". El esperma necesitaba un empujocito para alcanzar el objetivo para dejar a una mujer enbarazada. No le mencioné a ella nada sobre las paperas hasta años después.

Le dije a Catalina que se centrase en su sueño de conseguir un título universitario. Quería empezar a trabajar e ir a la universidad. Después de cuatro años, recibió su título universitario con mención honorífica y con sobresaliente de media.

Ella dijo, "Ahora quiero ser oficial de la Marina Americana."

Le dije, "necesitas ser ciudadana americana. Entonces, puedes tener la oportunidad de ser oficial de la Marina algun día."

Antes de licenciarme con honores de la Marina Americana, recibí un título universitario y dos masters, mientras estuve destinado en la base militar en Yuma, Arizona. Recibí un grado de dos años de Asociado en Humanidades: un título universitario de grado en Ciencias; y dos títulos universitarios de Maestría o Masters. Presté servicio militar durante seis años y cuatro meses (en total), en su mayoría con los Marines, recibiendo varias medallas de la Marina y de los Marines, con reconocimientos.

Catalina y yo nos mudamos a San Diego para estar con su hermana, Toñi, mientras buscábamos trabajo en California. Estábamos en San Diego cuando Catalina obtuvo su nacionalidad americana.

Después de ser ciudadana americana

Después de convertirse en ciudadana americana, consiguió un trabajo con el Departamento de Defensa, como Agente Especial, en San Diego, haciendo investigaciones federales de seguridad nacional y de antecedentes, para los militares y contratistas que necesitaban tener acceso a informacion clasificada del Departamento de Defensa. Más tarde, fue aceptada en la Marina de los Estados Unidos como reservista del Estado Mayor, con la graduación de Alférez. En menos de cinco años en Estados Unidos llegó a ser ciudadana americana, Agente Especial, y Oficial de Marina.

Durante la mayor parte de su carrera como reservista Catalina estuvo destinada la mayoría del tiempo en la Base Naval de Rota, España, trabajando para el Servicio Naval de Investigación Criminal (NCIS). Uno de los casos criminales de Catalina con el NCIS fue una investigacion sobre una violación en Rota, España. El NCIS tenía información de la policía local española sobre un marinero americano de color que había violado a una chica española en Rota. Los agentes del NCIS no podían conseguir que la víctima testificase contra el marinero americano. La víctima no quería ser reconocida en la comunidad española.

Los agentes del NCIS sabían que Catalina era española y que había trabajado con la Marina Española en Rota, antes de nuestra boda. Los agentes del NCIS le pidieron a Catalina que entrevistase a la chica violada. Después de hablar con la víctima, la chica estuvo de acuerdo en identificar al violador. El soldado americano fue sentenciado y condenado a prisión militar en los Estados Unidos. Catalina estaba muy contenta por ayudar a condenar a un violador y por hacer justiciar.

Después de 27 años de servicio en la reserva activa, se jubiló como Oficial Naval con graduación de Capitán de Corbeta.

Soy un indio Cherokee de Kentucky

Cuando dejé el servicio militar, no había móviles, buscas, o internet. Las ciudades tenían guías telefónicas con páginas blancas con listados de nombres y negocios por orden alfabéticos, y las páginas amarillas con los nombres de empresas por categorías. Debido a mi empleo militar anterior, decidí mirar las páginas amarillas del condado de San Diego, buscando números de teléfonos de fuerzas policiales. Llamé al Servicio Secreto de San Diego para ver si contrataban personal.

A las pocas semanas, conocí a un agente del Servicio Secreto en su oficina en el centro de Diego en el edificio federal. Le expliqué al agente mis títulos de educación y mi experiencia laboral mientras trabajé en la Marina y en el cuerpo de Marines. Le dije al agente, "Mi esposa es española; tiene un título universitario y es ciudadana americana."

El agente dijo, "¿Está su esposa buscando trabajo con el gobierno federal?"

Asentí, luego el agente me dijo, "¡Mire! su experiencia en educación y laboral le cualifican para trabajar en el servicio secreto, pero necesitas cambiar su apellido por el de su esposa."

Por un momento, pensé que el agente estaba bromeando. Le pregunté, "El apellido de mi esposa es Gómez. ¿Por qué tenía que usar su apellido?"

"El Congreso quiere que el Servicio Secreto y otras agencias federales contraten a minorías," dijo el agente.

"Soy americano de nacimiento, cumplí el servicio militar con honores, y tengo dos másteres. ¿Qué debería hacer? ¿Cree que debería cambiar mi apellido de Hardin a Gómez? ¿Me está diciendo que tengo que cambiar mi apellido al español para conseguir un trabajo con el Servicio Secreto y con el gobierno federal? Esto no es correcto," dije enfadado.

"Lo siento;" dijo el agente, "Puedo coger su solicitud a ver qué pasa."

Abandoné la oficina del Servicio Secreto decepcionado al presionar el Congreso de los Estados Unidos a los cuerpos policiales federales para contratar solo minorías. Mientras paseaba por la Agencia Federal de Investigación (FBI), vi un un cartel en la puerta delantera que decía que el FBI estaba contratando personal.

Ahora, estaba digustado y pensaba; el *FBI probablemente quiera también minorías*. Entonces, recordé que mi mamá me decía que su bisabuelo era un indio Cherokee de pura sangre de Kentucky. ¡Guau! Puede que yo sea una minoría.

Entré en la oficina del FBI y rellené una solicitud de empleo. La solicitud quería saber mi raza y color. Marqué en la casilla que era blanco y escribí en el espacio que era indio americano de la nación Cherokee.

En dos semanas, recibí una carta del FBI para presentarme en la oficina de San Diego a una entrevista de trabajo. ¡Guau! *Tengo una entrevista con el FBI porque soy un indio Cherokee, y eso me convierte en minoría.*

Días después, entré en la oficina del FBI vestido con un traje gris que había comprado por cinco dólares en la tienda del Ejército de Salvación en Oceanside, California. La Sra. del FBI sentada detrás del escritorio preguntó, "Sí, ¿puedo ayudarle?"

Le di la carta del FBI y dije, "Estoy aquí para una entrevista de trabajo."

La señora me miró un poco confusa y luego dijo, "Entre en la sala y espere instrucciones."

Al entrar en la sala de espera, rapidamente vi solo personas de color sentadas. Yo era la única minoría blanca de la habitación.

Me fijé en dos hombres con trajes oscuros de pie delante de la habitación. Alguien dijo, "Los dos hombres son instructores del FBI."

Me senté felizmente, pensando; la solicitud del FBI donde marqué indio americano ha funcionado. Tengo una entrevista con el FBI porque soy Cherokee.

En unos minutos, uno de los instructores de la habitación, me miró y dijo, "¿Cómo te llamas?"

"Larry Ray Hardin."

"¿De dónde eres?"

"Taylorsville, Kentucky."

"¿Marcaste en la solicitud que eres indio americano?"

Dije, "Sí, señor."

"¿Qué clase de indio eres?" Preguntó el instructor del FBI.

Le dije al instructor, "Indio Cherokee. Mamá siempre decía que tengo sangre Cherokee porque su bisabuelo era un indio Cherokee de pura sangre."

Ambos instructores sonrieron, y uno de ellos preguntó, "¿Tiene documentos tribales indios?"

"¿Qué son documentos tribales?" Pregunté.

Luego el instructor dijo, "¿Sabes hablar español?"

Pensé, ¿Por qué el FBI piensa que se hablar español? ¿Hablan los indios Cherokees español? Catalina es española y me habla en español. Pero no es india.

Miré a ambos instructores del FBI y dije, "Sí, sé hablar español."

Luego, uno de ellos me acompañó a otra habitación. La habitación era muy pequeña y no tenía ventanas, un hombre hispano estaba sentando allí solo en una pequeña mesa cuadrada de metal. El instructor dijo, "Ambos tenéis que escuchar la grabadora de la mesa para las instrucciones en español. Después de escuchar la cinta, apuntad las respuestas en español en los papeles que os doy. Tenéis una hora para el examen." Luego dijo, "¿Va todo bien?" Y se marchó de la habitación.

En segundos, empecé a escuchar la grabación en español. Estaba decepcionado; no entendía las palabras de la grabación.

Miré al tipo hispano y le pregunté, "¿Cómo llevas el examen de español?" dijo, "Hombre, es difícil. No entiendo algunas cosas de esta grabadora."

"¿De dónde eres?" le pregunté.

"Vivo en San Diego, pero mi familia es de Tijuana, México."

"!Qué! Tijuana, ¿México?" dije.

Después de aproximadamente una hora, el instructor del FBI entró en la sala y dijo, "El examen de español ha terminado. En unas pocas semanas, recibirán noticias del FBI sobre los resultados del examen de español."

Más tarde, recibí una carta por correo del FBI. La carta decía que no aprobé el examen de español. ¡Qué sorpresa!"

¿Ha sido alguien de tu familia arrestado alguna vez?

Después del examen de español del FBI, busqué en el listín telefónico y vi la Administración de Control de Drogas (DEA) en la lista. No sabía qué era la DEA; Entonces, llamé al número de teléfono y hablé con un encargado. El encargado de la DEA me contó su historia cuando le dispararon en el cuello y la cadera, cuando fue herido y casi le matan durante un caso encubierto de narcóticos en Chicago.

Pensé en lo que dijo el encargado de la DEA cuando casi lo matan, pero lo que me dijo no me disuadió. Su historia me llevó a pensar que podría querer ser agente de la DEA. Le dije, "Tengo dos maestrías y acabo de salir del ejército. ¿Podemos vernos?"

Unos días después, conocí al encargado, un tipo llamado Gus, en la oficina de la DEA en National City, California. Gus llevaba vaqueros ajustados, una gran hebilla de cinturón de color dorado, botas vaqueras marrones y un sombrero vaquero beige.

Gus dijo, "Hola, déjame enseñarte mi oficina y así te presento a algunos de los agentes que están trabajando en el caso de Kiki Camarena."

Estaba verdaderamente impresionado con Gus y los otros agentes de la DEA que conocí en la oficina; cómo iban vestidos, cómo llevaban sus armas; y cómo actuaban. Pensé; ¡Guau! Si vas a hacer trabajos contra delincuentes en las calles, de esto se trata.

De repente sentí una voz interior diciéndome que esto era lo que quería hacer.

"Gus preguntó, "Quiero que revises algunos documentos de reclutamiento y que comprendas cuál es la misión de la DEA.

Luego, me pidió que volviese para una entrevista.

"Espero verte de nuevo. ¿Qué tal la semana que viene?," le dije.

Después de aproximadamente una semana, llamé a Gus sobre la entrevista. Me dijo, "¿Puedes reunirte mañana en mi oficina?"

Al día siguiente estaba en la oficina de Gus para la entrevista. Él preguntó, "¿Alguien de tu familia ha sido arrestado alguna vez?"

Le dije, "Sí, el abuelo Johnson. Mi mamá dijo que los policías arrestaron al abuelo. Estaba haciendo whisky ilegal dentro de una cueva en algún lugar de New Haven, Kentucky, cuando los policías le arrestaron. Necesitaba ganar algo de dinero para comprar comida y ropa para los hermanos y hermanas de mi mamá. Mamá dijo que su padre estuvo en prisión durante cinco años por fabricar alcohol ilegal."

Gus preguntó, "¿Alguien más fue arrestado en la familia de tu mamá?"

"Bueno, mamá dijo que su hermano fue a prisión por robo a mano armada. Mamá dijo que su hermano menor realmente nunca robó un banco; solo conducía el coche para sus amigos cuando salieron del banco." Estuvo cinco años en prisión por el robo a un banco que según él nunca cometió."

"¿Alguien más fue arrestado y enviado a prisión por parte de tu madre?"

"No. Creo que no."

Gus preguntó, "Y la familia de tu padre. ¿Han arrestado a tu padre alguna vez?"

"Mi papá fue arrestado y fue a prisión varias veces cuando era niño por beber y pelearse en público, por conducción temeraria y por participar en carreras en Taylorsville, Kentucky."

"¿Y los hermanos y hermanas de tu padre?,"dijo Gus. Dije que no. Pero si mis tíos y tías hicieron algo mal, nunca los atraparon."

Gus se rio.

"¿Y tú? ¿Alguna vez te arrestaron?" Preguntó Gus.

"Sí. Me arrestaron por correr desnudo en un partido de sóftbol de las chicas de la iglesia de Taylorsville. Estuve detenido en Taylorsville por unas horas y luego le pagué al juez de la ciudad una multa por conducta indecente. Pagué varias multas en efectivo a los policías de la ciudad por exceso de velocidad y conducción temeraria en Taylorsville, pero nunca fui a la cárcel. A veces los policías me detenían y registraban mi coche. Si encontraban alcohol ilegal o cerveza debajo del asiento de mi coche, los policías lo requisaban sin acusarme.

Entonces Gus dijo, "Voy a llamar a tu madre para que me hable sobre tu arresto y lo que sucedió en el partido de sóftbol de la iglesia. No le digas nada a tu madre mientras estoy hablando con ella por teléfono."

Cuando llamó a mamá por teléfono, dijo. "Hola, señora Hardin"

Después de que Gus se presentase y explicase por qué estaba llamando sobre mi mal comportamiento anterior con la ley, mamá inmediatamente le dijo, "Larry Ray es un buen hijo. Su papá y yo nunca tuvimos ningún problema con él. Estamos orgullosos de Larry Ray. Mi otro hijo Jeffrey es el que tiene problemas con la policía de

Taylorsville. Jeffrey fue arrestado por cultivar marihuana y fue a la cárcel por unos días."

Gus dijo, "Está bien, señora Hardin. Gracias por su tiempo." Gus colgó el teléfono y me sonrió, "Hemos terminado con la entrevista."

Ese mismo día llamé a mamá sobre su charla con Gus. Ella me dijo, "Estaba muy nerviosa, y me preguntaba por qué el encargado de la DEA quería hablar conmigo sobre tí y no sobre Jeffrey."

Le dije, "Mamá, lo hiciste bien, pero, por qué mencionaste a Jeffrey?"

"Es la verdad, Larry Ray, sobre Jeffrey."

Hablé con Catalina sobre la entrevista con Gus. Ella me dijo, "Nunca conseguirás un trabajo con la DEA por tus antece-dentes y el de tu familia."

"Dije la verdad. No me da verguenza."

Me reuní con Gus durante los siguientes meses y nos hicimos buenos amigos.

Avanzando con la DEA
Tráfico de drogas y prostitución

Mientras esperaba entrar en la DEA, conseguí un trabajo como oficial de prisiones en la Oficina Federal de Prisiones en San Diego, California. Luego, con el Servicio de Inmigración y Naturalización (INS siglas en inglés) revisando documentos de inmigración en Escondido, California. Aproximadamente un año después, recibí una llamada telefónica de Gus ofreciéndome un trabajo con la DEA. Catalina se sorprendió, al igual que yo.

Estaba muy emocionado de poder trabajar con la DEA. Fui a la Academia de la DEA en Quantico, Virginia durante 13 semanas. Tuve mucho entrenamiento con armas de fuego, trabajo encubierto, cómo desarrollar informadores, defensa personal, conducción táctica y comprensión del aspecto legal de las garantías procesales. Estaba feliz y pensaba; ¡Qué bendición trabajar con la DEA!"

Luchando Contra mi Mayor Enemigo, Yo Mismo

Después de terminar mi entrenamiento con la DEA en la academia en Quantico, regresé a National City como Agente Especial y fui destinado al Grupo de Fuerzas Operativas para el Control de Drogas y Crimen Organizado (OCDETF). Después de un día de trabajo, mi supervisor de grupo me dijo, "Que no te cojan bebiendo ni manteniendo relaciones sexuales en el vehículo del gobierno, en especial con los confidentes." Los supervisores hablaban solo de mujeres y de beber, no de lo que aprendí en la academia de la DEA.

Estaba emocionado, estoy preparado "para salir a la calle" para que mi primer confidente compre cocaína, heroína y meta.

Trabajé alrededor de una semana en la oficina de la DEA de San Diego con otros agentes y policías. Realicé entrevistas para comprobar quién vendía drogas. Desarrollé informadores y observé a los tipos malos vender droga en las esquinas, en las estaciones de autobuses y trenes, en los aparcamientos de las iglesias; en cualquier sitio donde los traficantes podían vender su veneno a la gente por toda la zona del condado de San Diego.

Después de varias semanas trabajando en la calle, empecé a darme cuenta que contaba con bastante poder, por parte de la DEA, para arrestar a la gente que cometía delitos. Tenía como primer objetivo a los narcotraficantes pero podía detener y arrestar a cualquiera por cualquier razón: drogas, atraco a bancos, escupir en la acera, o lo que fuese. Intimidaba un poco porque el poder y la autoridad que poseía eran muy amplios.

Graduado de la academia

Un año después, me pasé al grupo especial de narcóticos y empecé a trabajar con el equipo de calle en el condado de San Diego. En días, compré por fin metanfetamina (meta) e hice mi primera detención.

Mis compañeros del NTF (agentes y policías) observaban como me reunía con una chica blanca y delgada que estaba en una esquina cerca de una parada de autobús en el bulevar del Cajon. Esta esquina era conocida entre los oficiales de la policía local por el narcotráfico y la prostitución.

Caminé hacia la chica delgada, "Soy oficial de policía. Agente Federal de Narcóticos," dije, mientras abría rapidamente mi mano para mostrar mi placa de la DEA.

La chica sonrió con nerviosismo y me dijo, "¿Me va a detener por estar en la esquina?"

Dije, "¿Por qué debería detenerte? ¿Eres menor de edad? ¿Eres prostituta?"

Le expliqué lo peligroso que era para ella estar sola en la calle porque era muy jóven. Le pregunté la edad, y me dijo "Tengo dieciocho."

"¿Tienes documentación?" pregunté.

Dijo, "¡No!"

Entonces, le pregunté, "¿Estás drogada?"

La chica contestó, "En realidad no."

"¿Dónde conseguiste la droga?" le pregunté.

Mientras empezaba a llorar, señaló una casa al otro lado de la calle y dijo, "compro la meta en esa casa vieja. Por favor, no me detenga."

Le di el número de mi trabajo por si necesitaba hablar conmigo después. También le di mis últimos cinco dólares para que comprase algo de comer.

Luego, caminé hasta la casa donde ella conseguía la droga, seguido de mis compañeros del NTF. Era una casa de escayola de una sola planta. Llamé a la puerta y en unos minutos, un viejo blanco abrió la puerta. Observé heridas en su cara, y tenía los dientes picados; signos de ser consumidor de meta. Le pregunté, "oiga, hombre, quiero comprar droga."

El viejo dijo, "¿Qué?"

Le mostré mi placa de la DEA y dije, "Soy agente de narcóticos."

Miró mi placa y con esfuerzo dijo "¿Qué? ¿Quién es?"

Saqué de inmediato la pistola de mi cintura y apunté al pecho del viejo gritando, "No se mueva, o le mato."

Era demasiado tarde, el viejo salió pitando por el corredor como un perro de tres patas.

Para la seguridad de los oficiales, sin saber si el viejo podría estar cogiendo una pistola o corriendo por la puerta trasera, le seguí cuidadosamente por el pasillo hasta que desapareció en la oscuridad. Los otros agentes y oficiales del NTF estaban dentro de la casa, detrás mía, y buscando en las otras habitaciones. Seguí caminando lentamente por el pasillo, buscando al viejo.

Cuando entré en una habitación, solo vi a una adolescente blanca, acostada desnuda en la cama, gritando y tratando de levantarse de la cama. Sin saber dónde fue el anciano o quién más podría estar en la casa, inmediatamente salté sobre la cama, cayendo encima de ella.

Apunté mi pistola automática Sig Sauer de 9 mm entre los ojos de la niña y le dije: "Soy un agente de narcóticos," gritó: "Deja de gritar. ¿Dónde está la droga? ¿Dónde está el arma? ¿Dónde está el viejo?

De repente, ella bajó las manos hacia su vagina.

Inmediatamente le agarré una mano mientras con la otra intentaba coger algo u ocultar algo cerca de su vagina.

Es estúpido, y pensaba; ¿está buscando esta chica una pistola? Su desagradable "cosa sin pelo" olía a pescado podrido.

Le apunté con mi arma de 9 mm a la cara y grité nuevamente, "No te muevas o te mato". ¿Dónde está la pistola? ¿Dónde está la droga?"

Comencé a apretar lentamente el gatillo de mi pistola. La chica me gritó, "La metanfetamina está debajo de mi culo."

Alejé sus manos de la vagina y encontré una tapa de plástico transparente con polvo blanco que trataba de esconder dentro de su culo. Luego, la agarré por el cuello, y cuando la apreté, ella dejó de respirar. Tenía sus ojos marrones desorbitados. Sus labios se estaban poniendo azules. Sus ojos se estaban volviendo negro oscuro. Inmediatamente la solté.

Me asustó muchísimo saber que podía haberla matado tan rápido.

El viejo fue detenido por los otros oficiales. No se encontró ninguna otra droga en la casa.

Mientras los oficiales vigilaban al viejo, le dije a la adolescente, "Ponte la ropa."

Ella no tenía identificación. Estaba seguro de que era menor de edad, pero no tuve tiempo de demostrarlo. Le dije, "No te arrestaré si me ayudas a encontrar dónde se hizo la metanfetami-na."

Ella dijo, "Sí, puedo ayudarte."

La dejé ir después de que decidiese trabajar como fuente de información para el Grupo de Trabajo sobre Narcóticos (NTF).

Más tarde, en el bar de la policía local, mis compañeros me preguntaron. "Hola Blue, perseguiste a ese anciano por el pasillo como el perro de tu abuelo corriendo tras un mapache. Saltaste a la cama y encima de esa adolescente desnuda como si realmente disfrutases."

Anteriormente, estuve en un bar local con los oficiales. Después de beber bastante cerveza y hablar sobre el perro de mi abuelo Hardin, el viejo Blue, le dije a algunos de los oficiales del NTF. "Blue era un perro de ojos azules que perseguía a los mapaches toda la noche, bajando y subiendo colinas y valles en la granja del abuelo en su hogar de Taylorsville, Kentucky."

Los oficiales del NTF se rieron e inmediatamente me apodaron "Azul" después de escuchar esa historia.

Un oficial dijo, "¿Qué opinas, Blue? ¿Tuviste motivos fundados para entrar en esa sospechosa casa de drogas sin una orden de registro? ¿Se incautó legalmente la metanfetamina como prueba desde el interior del culo de la adolescente? ¿Puedes arrestar a la chica? Ya sabes Blue, esa niña probablemente tenía entre 12 y 14 años."

¡Guauu! ¡Me alegro de haber dejado ir a la chica!"

En otra ocasión, cuando estaba trabajando con el NTF, uno de los oficiales incautó dinero y varios kilos de metanfetamina de un agente de la Patrulla Fronteriza en un puesto de control de los Estados Unidos en California.

El oficial de NTF no quería que contase el dinero con él, pero me dio la metanfetamina. Se llevó el dinero y me dijo. "Contaré el dinero más tarde en la oficina del NTF."

Yo tomé la metanfetamina y la guardé como prueba en la oficina del NTF.

Después de unos días, un agente de la Patrulla Fronteriza desde el puesto de control me llamó y dijo: "Detuve a un narcotraficante mexicano con metanfetamina e incauté mucho dinero en efectivo escondido dentro del coche del mexicano. Conté 75,000 dólares. El oficial del NTF informó que solo se hizo cargo de la mitad de esa cantidad."

Sabía a lo que se refería el agente de la Patrulla Fronteriza.

Antes de que el agente pudiese continuar, le paré y le dije: "No me digas nada sobre el dinero que falta. Tomé la metanfeta-mina como prueba y para almacenamiento en la oficina del NTF. No me hice cargo del dinero. ¡Necesitarás hablar con el oficial del NTF!"

Quería dejarle claro al agente de la Patrulla Fronteriza que yo no estaba metido en ningún tipo de corrupción. Es increíble, y pensaba enojado, si el agente de la Patrulla Fronteriza o el oficial del NTF cogen parte del dinero, ¿Qué podría hacer yo? No quería volver a trabajar solo con ese oficial del NTF.

Más tarde ese año, en el Día de Acción de Gracias, el mismo oficial del NTF me llamó, "Larry Ray, necesito tu ayuda. Un fugitivo de la DEA buscado por tráfico de narcóticos va a recoger dinero en una casa de seguridad en Oceanside, California. Tengo un confidente vigilando donde está el fugitivo."

El oficial quería que fuese con él para arrestar al fugitivo de la DEA. ¿Por qué yo otra vez?

Fui con el oficial del NTF al lugar donde el fugitivo debía recoger el dinero de la droga. Después de detectar al fugitivo en su automóvil, el oficial contactó con el departamento de policía local para ayudar a detener el automóvil del fugitivo por una infracción de tráfico. Observé que un policía que conducía un coche patrulla detenía el automóvil del fugitivo. Cuando el fugitivo salió del coche, me acerqué a él con mi pistola apuntándole al pecho y grité: "No te muevas. Si intentas huir, te mataré. Estás arrestado."

Después de esposar al fugitivo, le pregunté: "¿Tienes armas o dinero dentro del coche?" Él dijo, "No tengo armas, pero tengo dinero en el maletero." El oficial del NTF buscó dentro del coche armas, drogas y dinero en efectivo. Luego el oficial abrió el maletero.

¡Guau! Había una gran cantidad de dinero tirado en el maletero.

Le pregunté al fugitivo, "¿Cuánto dinero crees que tienes aquí en el camión?"

Él dijo, "Alrededor de 245,000 dólares."

El oficial del NTF me dijo sin dudarlo. "Ve y llévate de vuelta al fugitivo a la comisaría de policía, yo cogeré el coche y contaré el dinero."

Al día siguiente, cuando la historia salió en el periódico local, decía que el coche fue incautado con 37,000 dólares. Estaba molesto y pensaba; esa no era la cantidad que el fugitivo dijo que tenía en el maletero. No dije nada al respecto a mi supervisor del NTF ni a nadie más de la oficina.

Aprendí rápidamente después de un año trabajando con el NTF a no preguntar ni a decir nada al supervisor sobre la honestidad de otro oficial del NTF.

No sabía que era habitual que algunos de los oficiales que trabajaban para el NTF cogiesen dinero sin contarlo delante de otros testigos. No todos los oficiales, pero sí que había algunos. Era difícil ignorar cómo alguien podía ser sospechoso de robar, y eso tambaleaba mi confianza trabajando con algunos de los oficiales del NTF.

Escuché de algunos agente y confidentes que las drogas y el dinero tomado de "policías corruptos" desaparecerían. Nunca me involucré con rumores si pensaba que el agente u oficial era corrupto.

Varias semanas después, en el juzgado del condado de San Diego, un oficial del NTF que viajaba conmigo recogió a dos jóvenes auxiliares judiciales casadas. El oficial invitó a las auxiliares a almorzar. Estaba decepcionado y pensaba. ¿Por qué invitó a estas mujeres casadas a almorzar con nosotros?

Mientras me sentaba en el asiento del conductor hablando con una de las mujeres, el oficial del NTF estaba tratando de tener relaciones sexuales con la otra mujer en el asiento trasero. Por mucho que intenté desconectar, no pude evitar escuchar lo que estaba sucediendo allí.

Después de dejar a las mujeres en el juzgado, le pregunté al oficial, "¿Cómo puedes meterte en el asiento trasero con una mujer casada y tratar de tener relaciones sexuales? Tienes una bella esposa y dos niños pequeños."

El oficial del NTF simplemente rio y me preguntó por qué no intenté tener relaciones con la otra mujer.

Le dije, "Estoy casado y la mujer está casada."

Estaba decepcionado con el comportamiento del oficial, pero a él no le importaba lo que yo pensaba.

Vi a algunos oficiales del NTF aprovecharse de las mujeres por sus cargos. Me negué a participar en relaciones sexuales con mujeres en las calles, en los juzgados, con mis fuentes de información, informadoras o las mujeres con las que trabajaba, aunque estaba dispuesto a salir para tomar algo.

Algunos agentes y oficiales del NTF se emborrachaban después del trabajo. Yo también lo hacía a veces. Hubo una vez que me pararon junto al bar después de trabajar en las calles. Después de beber varias cervezas y comer perritos calientes de queso con los oficiales, decidí irme a casa. Mientras conducía a casa borracho en la carretera interestatal 5, viajando dirección norte a Oceanside, casi colisiono contra un coche con niños dentro. Tuve mucha suerte de no herir ni matar a ninguno de los niños. Le agradecí a Dios por ayudarme a llegar a casa a salvo. Esa fue la última vez que conduje a casa borracho.

Recordaba una vez cuando bebía con otros agentes y oficiales del NTF en un bar, antes de irme a casa, una joven bien vestida se sentó a mi lado. Comencé a hablar con ella y le pre-gunté, "¿En qué trabajas?"

Ella dijo, "Soy maestra de escuela."

El oficial del NTF Paul susurró algo al oído de la mujer. Supuse que debía conocerla. De repente, la maestra se levantó el vestido sin bragas y enseñó la vagina.

Dije en voz alta, "¿Está loca? Me está mostrando su "cosa sin pelo.""

El oficial Paul susurró y dijo, "No, ella no es maestra. Ella es una prostituta."

Rápidamente me alejé de la mujer mientras los demás se reían.

Creí que una vez que un agente o un oficial se involucraba con el sexo, las drogas y el dinero sucio, cruzaban a la "oscura batalla" de la corrupción. El autocontrol es la única forma de evitarlo. El sexo y el dinero sucio siempre estaban al alcance de cualquier agente u oficial que quisiese aprovecharse.

Todos tenemos defectos, y vi muchas cosas locas trabajando con el NTF. Dependía de mí decir, "No." No tuve tentación de tener relaciones sexuales con otras mujeres o coger dinero de gente mala. Me mantuve alejado de la corrupción.

Unos meses más tarde, en el polígono de tiro, uno de los oficiales del NTF mencionó que el oficial Paul se disparó accidentalmente en el trasero en el polígono, cuando sacó deprisa la pistola de su funda.

El otro oficial del NFT dijo, "No te pares al lado de Paul. Podría dispararte en el trasero. Miré a Paul que estaba a mi lado y le pregunté, "¿Vas a poner sin querer una bala en mi trasero? ".

Regresé a la oficina de NTF después de disparar en el polígono de tiro con otros oficiales y agentes. Noté que Paul estaba limpiando su pistola en su escritorio.

¡Guau! Tenía un petardo dentro del cajón de mi escritorio. De repente, recordé cuando mi hermano Jeffrey arrojó un petardo debajo del asiento del Sr. McGee en el viejo autobús escolar. Con el petardo en la mano, pensé, Paul fue quién le susurró a la prosti-tuta en el bar que después se levantó el vestido y me mostró su "cosa sin pelos". Voy a tirar el petardo debajo de la silla de Paul mientras limpia su arma. ¡Por qué no!"

Encendí la mecha y rápidamente lo tiré debajo de la silla de Paul. Se escuchó un fuerte ruido en todo el edificio de la Fuerza Especial de Narcóticos. Las secretarias gritaron, agentes y oficiales saltaron con sus armas en las manos buscando de dónde venía el disparo. Pero Paul, ni se movió. Estaba inmóvil en su silla. Todos miraron a Paul que dejó de limpiar su arma y levantó la vista lentamente de su escritorio, luego miró su pistola. Otro oficial gritó, "Hardin arrojó un petardo debajo del escritorio de Paul."

Ni Paul ni otro oficial del NTF me buscaron más citas con una prostituta.

Mientras servía en el ejército, aprendí que las personas son diferentes en todo los Estados Unidos, y el mundo, con diferentes niveles de honestidad. Cuando hablo de la "batalla oscura" de mi trabajo, me refiero a los pocos agentes y oficiales que conocía que tuvieron falta de ética.

Y yo, le pedí a Dios mantenerme fuerte en personalidad, integridad, fe, lealtad, honestidad, verdad y familia. La mayoría de los agentes de la DEA compartían mis valores. Y la mayoría de los oficiales del NTF con los que trabajé también tenían el mismo carácter íntegro.

Le di gracias a Dios. Confié en el Señor con todo mi corazón y me recordé a mí mismo que necesitaba alejarme del Camino del Diablo y continuar luchando contra mi mayor enemigo: yo mismo.

Traslado a Yuma, Arizona

En 1990, Catalina tuvo la oportunidad de trasladarse al Servicio de Investigación del Departamento de Defensa (DIS siglas en inglés) en Yuma, Arizona. La DEA tenía una pequeña oficina en Yuma con solo tres agentes y una secretaria.

Catalina y yo habíamos vivido en Yuma durante unos años cuando me trasladaron a la Estación Aérea del Cuerpo de Marines (MCAS siglas en inglés). Yuma era una pequeña ciudad desértica a solo dieciséis kilometros al norte de la frontera mexicana, fácil de recorrer y sin mucho tráfico.

Decidimos mudarnos a Yuma si nuestros departamentos estaban de acuerdo.

Pensé que sería un excelente lugar para vivir como agente de la DEA.

Estaba feliz y pensaba, puedo relajarme y no trabajar largas horas persiguiendo narcotraficantes. Puedo pasar más tiempo en casa con Catalina.

Catalina fue la primera en mudarse a Yuma. Luego le solicité a mi supervisor traslado a Yuma también.

No te muevas o te vuelo la cabeza

Antes de trasladarme a Yuma, decidí ir a casa a ver a mi familia en Kentucky. Regresaba como agente especial de la DEA.

Después de unos días de pescar con papá y trabajar en su huerto, decidí pasar un tiempo con mamá. Era ya de noche, y mamá solía acostarse antes de que el sol desapareciese, ya entrada la tarde.

Estaba sentado en el sofá con mamá. Papá estaba tumbado en su desgastado sillón reclinable masticando su último trozo de tabaco del día, todavía no se había quitado sus botas, pero cuando lo hacía, solía seguir a mamá a la cama.

Escuchaba a mamá hablar de que algunas de sus tías, tíos y primos murieron de enfermedades renales y cardíacas. Entonces mamá dijo, "Larry Ray, la vida pasa para todos tan rápido. Tu trabajo es muy peligroso. ¿Cómo evitas que alguien te haga daño?"

Antes de que mamá pudiera decir algo más, me levanté, la señalé con el dedo y grité, "No te muevas o te volaré tu jodida cabeza."

Me senté y dije, "Mamá, así es como evito que la gente mala me haga daño. No es como lo que ves en la televisión."

Mamá me miró como si estuviera en estado de shock. Entonces ella dijo, "Oh, Dios mío."

Miré a papá. El no se movía de su sillón reclinable y ya no masticaba tabaco.

Mamá comenzó a llorar y dijo, "Larry Ray, me asustas. Me voy a la cama."

Inmediatamente abracé a mamá y le dije, "Lo siento, mamá por asustarte." Le dije, "Mamá, es violento y repugnante trabajar en las calles. Las calles son muy peligrosas y su basura habla. No puedes ser amable y gentil con la mala gente. Ellos te harán daño y te matarán si pueden."

Mamá se levantó lentamente del sofá y dijo, "Me voy a la cama." Caminó hacia el dormitorio con la cabeza mirando hacia el suelo. Luego, de repente, se dio la vuelta y dijo, "Tu papá y yo estamos muy preocupados por tí. ¿Por qué ese trabajo, Larry Ray?" No pude darle una respuesta a mamá de por qué elegí la DEA.

Le dije, "Te quiero, mamá. Siento haberos asustado." Mientras papá se quitaba los zapatos, luego los calcetines, me miró y dijo, "me voy a la cama. te quiero. Te veré por la mañana."

Más tarde esa noche, fui a su habitación y me senté en la mecedora de mamá al lado de la ventana grande, mirando a mamá y a papá dormir. Le susurré a Dios; "tengo que irme pronto para volver a mi trabajo en las calles. Quiero mucho a mamá y a papá. Dios, por favor cuída de ellos." Luego besé a mamá y papá en la frente como lo hacía todas las noches cuando estaba en casa.

Fue nuestro último baile juntos

Varios días después, celebramos un picnic familiar en el parque llamado Mi Vieja Casa de Kentucky. Papá y yo llegamos temprano para preparar las mesas y los utensilios de cocina. En unos minutos llegóo el hermano de papá, Joe Luis, y su esposa Helen. De inmediato, el tío Joe Luis empezó a freir pescado y carne de tortuga para la familia y amigos que llegaron más tarde esa mañana para desayunar.

Luego tío Charlie apareció sonriendo como una zarigueya lista para comer pescado frito. Papá y Charlie cogieron el pescado y las tortugas en el lago de Charlie.

Joe Luis fue el primero en probar el pescado frito para ver si estaba bien hecho. Después de que Joe Luis lo probase, sonrió de oreja a oreja como un bebe listo para llenar su estomago, prueba de que el pescado y la carne de tortuga estaban listos para comer.

Grité yo primero antes que papá, "El desayuno está listo."

Papá, tío Charlie, y yo nos unimos a tío Joe Luis y tía Helen para un temprano desayuno caliente con pescado frito. A veces, los tíos de papá Jessie Lee y Edison Lee Hardin (los hermanos del abuelo) solían unirse también.

Luchando Contra mi Mayor Enemigo, Yo Mismo

Vi por fin que la musica de karaoke llegó al picnic. Papá and Joe Luis continuaban friendo pescado y carne de tortuga, mientras Charlie continuaba entreteniendo a la familia y amigos. Estaba emocionado y pensaba; ¡guau! nuestra familia y amigos llevan comiendo, cantando y bailando todo el día que bien que estamos todos juntos de nuevo.

Después de comer, el hermano de mamá, Ernie Johnson, fue hasta el karaoke para cantar algunas de sus canciones favoritas de música country. Cuando el tío Ernie empezó a cantar, le pedí a mamá que bailase conmigo. Sentí con extrañeza que este podía ser el último baile mío y de mi mamá.

Cogí las manos de mamá cuando se acercó a mí. Estaba triste y pensaba, mamá tenía las manos duras y ásperas de tanto coser, cocinar y limpiar.

Mientras bailábamos lentamente, miré a mamá a los ojos y le dije cuánto la quería a ella y a papá.

Mama respondió, "Nosotros a tí también." Miré alrededor para ver quién más bailaba. "Mamá, nada más que nosotros. La familia, parientes, y amigos están sentados mirándonos." Mamá sonreía y reía mientras seguíamos bailando.

Nuestro último baile juntos. Tío Ernie Johnson cantaba la cancion de mamá

Despues de bailar, mamá dijo, "Te queremos, Lawrence Raymond. Tu papá y yo estamos muy orgulloso de tí."

Fue nuestro último baile juntos.

Como agente de la DEA en Yuma, Arizona
Frontera mexicana con Arizona

Normalmente, había solo dos agentes en la oficina en todo momento. Mi tarea era trabajar en investigaciones sobre drogas, en primer lugar, en la frontera de México con Arizona. La oficina de la DEA de Yuma se encargaba de toda la droga incautada de México, en los puntos de control de la patrulla fronteriza que rodeaba a Yuma, autopistas

DEA e IRS en el 2º piso.
El piso primero era otra oficina federal

interestatales, incluyendo el puerto fronterizo de San Luis (POE).

Bloque de 4,5 kilos de marihuana
marijuana in Yuma desert

La secretaria me dijo, "Yuma es un desierto caluroso y seco pero húmedo en verano con una temperatura media de 47 grados centígrados a primera hora de la tarde. Asegúrate de beber mucha agua y de llevar botellas en tu coche. No querrás sufrir un golpe de calor en el desierto."

En una semana, confisqué varios kilos de marihuana, un bloque de casi 5 kilos, a traficantes mexicanos, cerca de la frontera de San Luis, Arizona y México.

No pude arrestar a los traficantes de drogas porque corrieron de regreso desde el puerto fronterizo a México. Mi fuente me dijo, "Es la marihuana de los hermanos García."

Luchando Contra mi Mayor Enemigo, Yo Mismo

Eso me hizo sentir curiosidad acerca de quiénes eran estos hermanos García porque seguía escuchando sus nombres en la comunidad policial de Yuma. Necesitaba saber más de estos hermanos.

Quería saber cómo entraba la droga en los Estados Unidos, desde México por el puerto fronterizo de San Luis, Arizona. Otra de mis funciones adicionales, semanalmente, era quemar la marihuana que era abandonada en el desierto por los contrabandistas mexicanos y hallada por los agentes de la patrulla fronteriza. Recordé un día caluroso en Yuma cuando tenía alrededor de 1,800 kilos de marihuana que quemar en algún lugar del desierto.

Quemando más de 1,800 kilos de marihuana

El agente Saúl Morales llenó el recipiente de plástico rojo de gasolina y compró cerillas al empleado de la gasolinera. Compré una caja de 12 cervezas frías para beber y luego usé las botellas vacías como objetivos para disparar mientras la marihuana ardía.

Le dije a Saúl, "Tienes la gasolina y las cerillas. Yo tengo la cerveza. Vamos a quemar la marijuana junto a la Prisión Estatal de Arizona cerca de la frontera con México." "Vamos," dijo.

Nos llevó a Saul y a mí unas horas abrir los paquetes de marihuana y arrojarlos en una gran pila en la arena del desierto. Le miré y dije, "Vale hermano, echa gasolina a la marihuana y enciéndela. Estoy listo para practicar con botellas de cervezas vacías." Saúl arrojó la gasolina sobre la marihuana. De repente, me miró y dijo, "¡Guau!" he perdido las cerillas.

Le dije, "No te preocupes, hagámoslo como lo hacen los actores en las películas; cuando el actor dispara contra el tanque de gasolina de un coche o los surtidores de gasolina." Le dije, "Bien,

¿quién es el más rápido en sacar la pistola y disparar al montón de marihuana?"

Saul y yo rápidamente sacamos nuestras pistolas y disparamos a la marihuana hasta que nos quedamos sin balas.

La gasolina en la marihuana no explotó como en las películas. Saúl dijo, "¿Qué vamos a hacer con toda esa marihuana?"

En cuestión de minutos, llegaron dos agentes de la Patrulla Fronteriza para ver quién estaba disparando. Rápidamente reconocieron que Saúl y yo éramos agentes de la DEA. ¿Quién más podría estar en el desierto disparando sus armas contra un montón de marihuana?

Les pregunté. "¿Queréis una cerveza?, tengo nachos pero sin salsa picante."

Después de beber otra cerveza, miré a Saúl y a los agentes. Sonreí, me levanté y caminé lentamente hacia mi todoterreno. Llegué a la parte de atrás y saqué una bengala de emergencia.

La marihuana mexicana tenía un olor dulce y ardiente que disfrutaba inhalando mientras tomaba mi última cerveza fría. Me preguntaba ¿están los agentes de la Patrulla Fronteriza inhalando el olor de la hierba como yo?

Terminamos de beber cerveza y luego disparamos a las botellas vacías. Me reía y pensaba; me pregunto si los reclusos de la prisión estatal disfrutan del dulce olor que sopla hacia allí.

Después de un día de quemar marihuana y trabajar en el caluroso desierto cerca de la frontera, me encontraba empapado y pegajoso por el calor y la humedad. Todo lo que quería era llegar a casa y meterme en la ducha. Tuve que quitarme la ropa antes de sacudirme la arena.

A veces, no estaba seguro de haber tomado la decisión correcta de trasladarme a Yuma. El trabajo se estaba volviendo muy exigente, y escuchaba a otros agentes de la DEA hablar de la corrupción en la comunidad policial local de Yuma y en el puerto fronterizo de San Luis.

Era aún peor para la carrera de un agente de la DEA porque podría estar atrapado en Yuma durante años. Era mucho tiempo para pasar cerca de la frontera de México en el turbulento, salvaje oeste del sur de Arizona.

Después de casi cuatro meses en Yuma, Le solicité a la dirección de la DEA en Phoenix si podían destinarme a Puerto Rico. Pero mi petición fue totalmente denegada.

Traficantes mexicanos transportando drogas

Pocos días después de llegar a Yuma, estuve en una casa segura jugando al póker con un agente de la DEA y tres agentes locales. La DEA tenía una casa de seguridad cerca de la frontera mexicana utilizada como base para los agentes y oficiales que trabajaban toda la noche en la vigilancia de los principales casos de drogas.

Un oficial estaba en la cocina, haciendo perritos calientes y chile picante mexicano. Otros oficiales estaban tumbados en los sofás y en el suelo esperando oir que un vehículo cargado de dro-gas viajaba desde una residencia específica en Yuma o entraba desde la frontera mexicana.

Uno de los jugadores de póker, el agente de la DEA, Pete, mencionó a tres hermanos García; Jaime, Javier y Joselito García. Pete dijo: "Larry, eres un nuevo agente en Yuma. Voy a explicarte quiénes son los hermanos y sus vínculos con los oficiales corruptos."

Pete explicó que no había droga que llegase a los Estados Unidos desde México a través de los puertos fronterizos que no contase con la aprobación de los hermanos García.

Esa noche en la casa de seguridad, Pete recibió una llamada telefónica de un confidente de la DEA informando que uno de los traficantes estaba trasladando cocaína a una residencia en Yuma. Algunos de los oficiales fueron a investigar. Seguí jugando al póker con Pete. Quería quedarme y escuchar más historias sobre los hermanos.

Después de escuchar acerca de los hermanos García en la casa de seguridad, comencé a buscar todo lo que pude encontrar e hice muchas preguntas para tener más información de estos tres hermanos. Tomé notas sobre el tráfico de drogas y otros crímenes que los hermanos cometieron por lo que escuché de mis fuentes y entrevistas con policías que tenían como objetivo la organización.

Me sorprendió; había muchos casos criminales de narcóticos en el condado de Yuma relacionados con los hermanos.

Descubrí mucho sobre la familia de los hermanos García: cómo los hermanos se afianzaron en la comunidad de Yuma y sus fuertes lazos en los puertos fronterizos de San Luis y Algodones, y en un punto de control fronterizo de Baja California. Seguí escuchando rumores de otros agentes de la DEA, agentes de aduanas y del Departamento de Policía local. Pensaba con curiosidad; ¡guau!, voy a investigar esto. ¿Por qué nadie quiere trabajar para arrestar a los hermanos?

Supe que inicialmente la familia García la componían cuatros hermanos. Uno había sido asesinado anteriormente en algún lugar de México. No se supo cómo sucedió. Los otros tres hermanos todavía vivían en San Luis, México y Yuma, Arizona.

Joselito era el más jóven y el más peligroso porque a menudo reaccionaba sin pensarlo. Estaba implicado en el paso de cocaína y heroína por los puertos fronterizos y en asesinatos de policías en México u otros que intentasen detenerles.

Javier, el segundo hermano mayor, era probablemente el más listo. Javier heredó una compañía de langostinos en El Golfo, México, de un socio del cartel de drogas conocido por la DEA como un capo de la droga mexicano. Javier también era dueño de una tienda de comestibles en San Luis, México, y un restaurante en El Golfo, México. Siempre era muy educado e iba bien vestido cuando se reunía con los ciudadanos de la comunidad empresarial de Yuma. Su esposa participaba en asociaciones benéficas de la comunidad de

Yuma, y era muy activa en la iglesia católica; organizando ayudas para los pobres y niños desnutridos.

Los confidentes y nuestras fuentes decían que Javier transportaba a los Estados Unidos heroína asiática y mexicana, en sus camiones de langostinos.

El hijo de Javier, Leonardo, fue seleccionado y apoyado por un senador de Arizona para ir a una academia de la Fuerza Aérea en Colorado Springs, Colorado, para hacer carrera como oficial. Más tarde, Leonardo fue arrestado y liberado el mismo día por los inspectores de inmigración en el puerto fronterizo de San Luis por contrabando de marihuana en Arizona. No se supo por qué fue liberado el mismo día en el puerto fronterizo. Más tarde, Leonardo abandonó la academia de la Fuerza Aérea.

Según los confidentes, las fuentes y los investigadores privados, Javier conocía muy bien al senador de Arizona Ed Pastor. El senador Pastor era hispanoamericano y apoyaba el comercio agrícola en México. Estaba familiarizado con el negocio agrícola de Jaime en México.

Jaime, el mayor, era un agricultor de productos agrícolas en México y un conocido criminal que trabajaba con los cárteles de México y Colombia. Los traficantes de drogas llamaban a Jaime "Lobo." Los confidentes y las fuentes de información decían que Jaime era extremadamente peligroso cuando estaba furioso, especialmente cuando la DEA incautaba su cocaína y heroína mexicanas.

Según los funcionarios mexicanos y los confidentes, los hermanos García eran muy ricos. Pero los hermanos tenían debilidad por las drogas y las chicas. Siempre estaban de fiesta, esnifando cocaína y manteniendo relaciones sexuales con jóvenes mexicanas que acudían a casa de Jaime para divertirse.

El cartel mexicano y los narcotraficantes solían enviar a menudo chicas a la casa de los hermanos García para que ellos disfrutasen. Esta fue otra razón por la que me comprometí a verlos a todos en prisión en los Estados Unidos.

Un confidente de la DEA, bien relacionado con los García, decía, "Cuando uno de los traficantes perdía algo de droga en el puerto fronterizo de San Luis hacían que el traficante pagase la droga perdida. Recientemente, un traficante tuvo que renunciar a su hija a cambio de las drogas que faltaban."

La hija del traficante tenía solo 12 años y fue explotada sexualmente por los hermanos García.

El confidente me pidió que ayudase a la niña a escapar de los hermanos García. Hice todo lo posible por ayudarla. No tuve mucha suerte con mi supervisor de Grupo (GS), Juan Antonio Moreno, y con la oficina del ayudante del Fiscal Federal (AUSA) en Phoenix.

Aunque los agentes de la DEA en Yuma intentaban continuamente infiltrarse en la organización de los hermanos García, los agentes y sus confidentes fracasaban continuamente. Los hermanos tenían fuertes lazos en la comunidad policial y eran muy activos en Yuma y en los puertos fronterizos de San Luis y Arizona. Los hermanos operaron con impunidad durante más de 20 años. Supe de ex agentes, confidentes y fuentes de información que los oficiales de policía en el puerto fronterizo de San Luis eran terriblemente corruptos.

"El Señor es mi luz y mi salvación; ¿a quién temeré? El Señor es el baluarte de mi vida; ¿quién podrá amedrentarme?" (Salmos 27:1 Versión Rey Jacobo).

Filtrado a la prensa
Por la administración Reagan-Bush

Según las fuerzas policiales en la década de los 80, la organización contrabandista de drogas de los hermanos García era probablemente el tercer cartel de drogas más grande de México. El 16 de marzo de 1986, el presidente Ronald Reagan habló en la televisión nacional solicitando la restauración de la ayuda del

Congreso a la Contra Nicaragüense. Más tarde, los Estados Unidos suministraron armas a la Contra. Las armas eran transportadas a través del puerto fronterizo de Arizona desde México a Nicaragua. Barry Seal fue uno de los pilotos que transportaba armas a cambio de drogas.[5]

Seal trabajó con la CIA en la década de 1980, cuando era piloto en las Fuerzas Especiales del Ejército de Estados Unidos. Fue arrestado por la Oficina de Aduanas de los Estados Unidos mientras trabajaba como piloto comercial para Trans World Airlines por intentar pasar, de contrabando, explosivos a México, para un grupo de cubanos en contra de Castro. Perdió su trabajo con la aerolínea, pero fue protegido por sus contactos con la CIA.[6]

Seal comenzó a pilotar sus aviones privados. Era conocido como uno de los principales contrabandistas y traficantes de drogas del Cartel de Medellín de Pablo Escobar, en Colombia. Comenzó sus operaciones en Luisiana traficando con cocaína y marihuana. En 1982, con la ayuda de la CIA, trasladó su aeródromo y sus operaciones a Mena, Arkansas.[7]

La DEA le capturó a principios de los 80 y le obligó a trabajar para ellos. Le permitieron seguir traficando con drogas y dinero, solo para ver a dónde iba todo y de dónde venía. Seal fue conocido como "el testigo más importante en la historia de la Administración de Control de Drogas de los Estados Unidos (DEA)."[8]

Esta fue una de las maneras de cómo la DEA supo del tráfico de drogas de Manuel Noriega. La carrera de Oliver North se hizo famosa por el escandalo Irán-Contra que implicaba a Noriega en Panamá. La DEA estaba en una posición única para ver cómo encajaban muchas piezas del rompecabezas. Los agentes de la DEA pudieron unir muchas, pero no pudieron juntarlas todas.

En la década de los 80, Seal "se convirtió en unos de los más importantes y atrevidos agentes encubiertos, infiltrádose en las operaciones de drogas más importante de Colombia. Estaba previsto que Seal fuera testigo clave contra Jaime Ochoa, el más importante jefe de la droga en Colombia encarcelado en España,

a punto de ser extraditado a los Estados Unidos."[9] Seal fue entonces relevado por sus contactos con la DEA.

Seal pilotaba sus aviones privados desde Mena a los aeródromos de Colombia y Venezuela, con suministros y armas para las operaciones de la CIA. En el viaje de vuelta a Mena, solía repostar en Panamá y Honduras. Mientras pilotaba por encima de las granjas en las propiedades de Seal, solía arrojar paracaídas sujetos a bolsas de cocaína para los distribuidores del cartel colombiano en los Estados Unidos.[10]

Dos de los miembros del cartel con los que trabajaba eran Jaime Ochoa y Federico Vaughn, que eran colaboradores cercanos del violento cartel de la droga de los Sandinistas en Colombia. El primo de Vaughn, Barney Vaughn, trabajaba para el Banco Popular y Trust Company. Este era el banco utilizado por la CIA y Oliver North cuando trabajaban con la Contra.[11]

Barry Seal vivía en una propiedad en Arkansas que estaba gestionada por Rose Law Firm, bufete de abogados donde Hillary Clinton trabajaba. Fue Bill Clinton quién llamó a alguien de los juzgados del condado para liberar a Seal de prisión. Según los policías locales, el hermano de Clinton, Roger, era un conocido consumidor de drogas y tenía trato con la multinacional Tyson Chicken, también en Arkansas.[12] Antiguos acusados y confidentes informaron a la policía que Roger y algunos de sus empleados de Tyson Chicken eran sospechosos de contrabando de drogas para los colombianos.

Funcionarios estadounidenses arrestaron a Seal y fue condenado a cinco años en una prision de Florida.

En 1986, después de cumplir solo tres años, Seal fue trasladado a una residencia de transición en Baton Rouge, Luisiana. "Le habían dicho sus amigos que el cartel de Medellín, dirigido por los capos colombianos y Pablo Escobar, ofrecían por su cabeza una recompensa de 500,000 dólares después de que su condición como informador para el gobierno americano hubiese sido filtrada a la prensa por la administración Reagan-Bush."[13]

Seal fue asesinado en 1986 por cinco hombres con ametralladoras, por orden de Jaime Ochoa y Pablo Escobar, cuando esperaba prestar declaración para el gobierno. Seal formaba parte del programa de protección de testigos y estaba sentado en su coche fuera de la casa cuando lo asesinaron.[14]

Seal "fue víctima de sospechosas filtracciones de prensa de Oliver North."[15] Seal tenía buenos contactos con la CIA, y lo utilizaron. Seal pagó el precio con su vida, no la CIA ni otros implicados. Los agentes de la CIA continuaron con sus carreras.

Los hechos comprobados por los confidentes y las fuentes de información exponían que los hermanos García estaban ayudando al gobierno de Nicaragua con el contrabando de armas a través del puerto fronterizo de San Luis hacia México. Los herma-nos usaban a funcionarios corruptos de inmigración y aduanas en el puerto fronterizo. Una vez que las armas de contrabando llegaban a México, los corruptos funcionarios mexicanos trasladaban las armas más al sur hasta que eran entregadas en Nicaragua.

Agente de la DEA asesinado en México

Enrique (Kiki) Camarena fue un infante de Marina condecorado varias veces y veterano de Vietnam. Agente de la DEA, que trabajaba y vivía en Guadalajara, México, con su esposa y tres hijos. Kiki nació en México y se convirtió en ciudadano americano a temprana edad.

"Kiki empezó a golpear fuerte a gente importante, que no sabían de dónde obtenía la información," recordaba un antiguo agente de la DEA y amigo de Kiki.[16] "Atraía mucho la atención y fue asesinado a la edad de 37 años."[17]

Kiki había descubierto un gran campo de marihuana, de 10 kilometros aproximadamente, en una propiedad perteneciente a un cartel de droga mexicano. Este cartel mexicano utilizaba otras organizaciones criminales mexicanas para trasladar marihuana de la frontera sudeste hacia Arizona y California.[18]

Kiki y su confidente fueron secuestrados en Guadalajara. El confidente fue asesinado de inmediato. Kiki no tuvo tanta suerte. Fue desollado vivo. Un médico del cartel le drogó para mantenerlo vivo para que los secuestradores pudiesen torturarle aún por más tiempo. El cartel grabó una cinta de audio del brutal asesinato. Los agentes de la DEA oyeron a Kiki gritar y chillar antes de morir de un dolor inenarrable.[19]

El cartel quería conocer lo que sabía el gobierno americano. Como la policía mexicana no ayudó a localizar a Kiki, Estados Unidos cerró temporalmente la frontera. Fue la única vez en la historia de Estados Unidos que eso sucedió.

La DEA descubrió por confidentes que un familiar íntimo de los hermanos García en San Luis, Sonora, México; una mujer sin identificar, estuvo presente durante la tortura de Kiki y grabó todo el suceso. Los agentes de la DEA recuperaron la cinta que resultó ser una valiosa prueba durante el juicio.

Fue una organización del cartel mexicano la que secuestró y torturó a Kiki. La organización de los hermanos García formaba parte de ese grupo. Un primo de los hermanos era importador de langostinos en Mexicali que usaba el puerto fronterizo de San Luis. El primo de Javier García fue arrestado por el caso de Kiki. Javier entonces tomó posesión del negocio de langostinos de su primo después de que fuese arrestado por la muerte de Kiki.

Muchos de los implicados en el secuestro y tortura fueron llevados a juicio. Tres hombres fueron condenados, pero ninguno de ellos pertenecía a la organización de los hermanos García. Sin embargo, algunos miembros del cartel que fueron arrestados por la muerte de Kiki estaban relacionados con los hermanos.

Los expedientes judiciales incluían tantos documentos y grabaciones que llevó al investigador privado, Randy Torgerson, tres meses, ocho horas al día y cinco días a la semana para revisarlos en los archivos del palacio de Justicia de Los Angeles. "Había de cinco a siete montones de archivos apilados del suelo al techo.¡ Así de grandes eran los archivos del caso, con innumerables páginas! ¡De locura! Había grabaciones telefónicas, anotaciones, y controles de vigilancia que relacionaba a la gente con el caso de los hermanos García en los años 90."[20]

A través de registros telefónicos desde enero 1986, se descubrió en el caso de Kiki, que dos de los acusados de asesinatos habían hecho llamadas a una de las casas de los hermanos García en San Luis, México.

Una de los guardianes del cartel de drogas más poderoso de Guadalajara fue condenado a 40 años de prisión, según el *Huffington Post*[21] (30 años según Los Angeles *Times*).[22] Otros también fueron arrestados en relación con el caso de Kiki Cama-rena. Según un reportero de *Los Angeles Times* y otro del *Huffington Post*, nos enteraríamos después que el caso de Kiki tenía relación con el escándalo Irán-Contra. Uno de los amigos policías mexicanos de Kiki que ordenó el secuestro y tortura fue liberado después de cumplir solamente 28 años, por detalles técnicos.[23] [24]

Me empeñé en esta tarea pensando en la participación de los hermanos García en el tiroteo de Don y Roy así como el secuestro, tortura y asesinato del agente de la DEA, Kiki Cama-rena.

A través de mi investigación sobre los hermanos García, seguía sabiendo más detalles de la relación de los hermanos con la muerte de Kiki en México el 9 de febrero de 1985.

Un antiguo supervisor de grupo de la DEA fue galardonado con el prestigioso premio de director de la DEA por su trabajo en la gestión y resolución del caso de Kiki. El antiguo supervisor dijo, "hace veintisiete años, el secuestro, tortura, y asesinato de un agente de la Agencia Antidrogas estadounidense por narcotraficantes de drogas mexicanos provocó una de las mayores persecusiones que jamás haya puesto en marcha el gobierno de los Estados Unidos en

America del Norte. También hizo una inquietante advertencia de lo que vendría."[25]

Un ex-funcionario presidencial y un profesor

En la oficina de la DEA de Yuma, el agente de Aduanas de los Estados Unidos Billy Winter de la fuerza especial contra el narcotráfico en la frontera suroeste de Arizona (NTF) me pidió que trabajase con él en una investigación conjunta que tenía como objetivo un antiguo funcionario político corrupto relacionado con el cultivo de marihuana en Arizona, California, y Hawái. Según el agente Billy Winter, sus fuentes tenían información sobre el cultivo de marihuana y sus distribuidores que operaban en la zona de Yuma, Arizona y Bard, California.

Le dije al agente Winter, "Sabes que estoy muy ocupado contra la organización de narcotráfico de los hermanos García en San Luis, México."

Me dijo, "Si trabajas conmigo en este caso, te ayudaré en el caso de los hermanos."

"Agente Winter, estoy ocupado con otros casos también. Me quiero centrar en el de los hermanos," le dije.

Entonces me dijo que no quería trabajar con ningún otro agente de la DEA en la oficina de Yuma. Dijo, "Uno de los tipos malos era un antiguo funcionario presidencial de Reagan. El otro es un profesor de la Universidad de California en Berkeley."

"De acuerdo agente Winter, vamos a conocer tus fuentes."

En unos pocos días, me encontré con el agente Winter y su fuente de información, Freddy Lost, en Yuma.

Según Freddy, Earl Lick era un antiguo empleado de la Casa Blanca siendo presidente Ronald Reagan. En 1987, mientras proporcionaba seguridad para el presidente en Bonn, Alemania, Lick fue a Amsterdam y a otros países europeos a comprar semillas de marihuana. Por su status diplomático del Departamento de Estado estadounidense, Lick pudo introducir de contrabando las semillas en los Estados Unidos y Arizona. Freddy me dijo más tarde que sabía que Earl Lick escondía marihuana en sus propios campos de algodón y que trabajaba colaborando con Pat Weed.

Pat Weed era profesor de la Universidad de California en Berkeley. Freddy proporcionaba sus campos de cosecha de algodón para esconder la marihuana y las instalaciones para cosecharla y procesarla para Earl Lick y Pat Weed. Freddy decía que Lick y Weed continuaron cultivando marihuana utilizando los campos de algodón y cítricos en Yuma, Arizona, y Bard, California. Bard era un pequeño pueblo en el extemo sur de California, a lo largo de la frontera de Arizona con México. Freddy le dijo a la DEA que los agentes podían encontrar a Earl Lick en Yuma o en Bard, en un campo de algodón o de cítricos. También, los agentes podían encontrar a Pat Weed en la Universidad de California en Berkeley.

El agente Winter le preguntó a Freddy, "¿Qué relación tienes con Earl Lick?"

"Earl Lick era un vendedor legítimo que me ayudaba con la distribución de mi algodón."

Freddy me dijo que Lick sabía mucho del negocio agroquímico. Lick perdió una gran suma de dinero en una inversión anterior. Para recuperarse de su pérdida por su mala inversión, Lick solicitó ayuda a Pat Weed. Earl Lick proporcionaba las semillas de Amsterdam y Pat Weed aportaba mano de obra de California del Norte para cosechar y distribuir la marihuana.

El agente Winter le preguntó a Freddy, "Explícanos al agente Hardin y a mí quién es Pat Weed."

"Pat Weed es un profesor que enseña matemáticas en la Universidad de California en Berkeley, posee tierras en los condados de Mendocino y Humboldt y una casa en Captain Cook, Hawái."

"Weed ofrece su experiencia en el cultivo de marihuana y la mano de obra de sus propiedades en los condados de Mendocino y Humboldt. Su mano de obra era viejos "hippies" que cosechaban y cortaban la marihuana." Freddy dijo que podía identificar a 36 de los socios de Pat Weed en la distribución de marihuana.

"¿Puede enseñarnos al agente Hardin y a mí los campos de algodón de Yuma y Bard en los que Earl Lick y Pat Weed cultivaban sus plantas de marihuana?" preguntó el agente Winter.

A la semana siguiente, Freddy le mostró al agente Winter la ubicación de los campos de algodón. Freddy dijo, "Earl Lick suministra a las granjas de cítricos, el cultivo de algodón, vehículos, y agua de riego para que Pat Weed cultivase la marihuana en los campos de algodón y cítricos."

Más tarde, las semillas de marihuana de Amsterdam se cultivaron dentro de los campos de algodón y cítricos.

Cantó como un cerdo

Cuando Earl Lick se enteró después que su amigo Freddy estaba hablando con la DEA y con los agentes de Aduanas, decidió que hablaría con la DEA, si lo detenían. Cuando finalmente fue detenido por los agentes de la fuerza especial contra el narco-tráfico (NTF) de Yuma, mientras se encontraba en su campo de algodón, empezó a hablar con los agentes de Pat Weed. Earl Lick cantaba como un cerdo a los agentes de la DEA y Aduanas sobre su negocio delictivo. Lick dijo, "Quería hablar con los chicos de la DEA de Yuma antes de que Pat Weed tuviera oportunidad."

Earl Lick proporcionó información al agente de Aduanas Winter y a mí sobre Pat Weed y su mano de obra. Los empleados de Pat Weed cosechaban y distribuían la marihuana por todos los Estados Unidos.

Earl Lick dijo que Pat Weed pagaba a sus hijos, a los podadores y los gastos del cultivo. Luego, Weed repartía el resto del dinero con él (Lick). Lick recordó que Weed le dio 750,000 dólares de su primera cosecha de marihuana cultivada en una granja de algodón cerca de El Centro, California.

Luchando Contra mi Mayor Enemigo, Yo Mismo

Los agentes le preguntaron a Earl Lick, "¿Cómo puedes cultivar marihuana en los campos de algodón sin que los aviones policiales viesen la plantas?"

Lick explicó que podría hacer que las plantas de marihuana creciesen en el suelo, debajo del algodón. Este método era menos arriesgado ante la DEA y la vigilancia de otros aviones. Sin ver la DEA las plantas en el suelo, pudo tener ganancias más sustancia-les.

Con la información de Lick, el agente Winter y yo corraboramos las pruebas para las ordenes de registro y entrevistamos a acusados colaboradores que trabajaban para Pat Weed. Más tarde, después de que Weed fuese arrestado, coordiné a agentes de la DEA para identificar residencias y granjas en Arizona, California, New Jersey, Pennsylvania, y Hawái. En Kona, Hawái, el agente Winter y yo identificamos tres residencias pertenecientes a Pat Weed con un valor aproximado de 1 millón de dólares y encontramos 170,000 dólares escondidos en una cueva volcánica subterránea.

Con la ayuda de Earl Lick, Aduanas y la DEA procesaron con éxito en el juzgado del estado de Arizona, en Phoenix, a treinta y seis cultivadores y distribuidores que trabajaban con Pat Weed. Más tarde, pude identificar a 20 miembros más de la organización de Weed en California para un posible procesamiento. Después de que finalizase la investigación de 37 meses, ya estaba en condicio-nes para centrarme en los hermanos García y en la corrupción en el puerto fronterizo de San Luis.

Estaba feliz y pensaba; Guau. Fui a Hawái dos veces durante dos semanas. Lo pasé bien allí con los policías locales, y con la ayuda de Pat Weed localicé varias propiedades y una gran cantidad de dinero para los contribuyentes.

La Mafia y los Ángeles del Infierno

El supervisor de grupo, Juan Antonio Moreno, me dijo, "Sé que estás ocupado con la investigación de los hermanos García y trabajando en el caso de marihuana con el agente de Aduanas Billy Winter. Necesito que trabajes con el oficial de las fuerzas antinarcóticos de la frontera suroeste de Arizona (NTF) Daniel Blackman. El oficial Blackman tiene como objetivo la mafia y la organización de

Pescando en Hawái

tráfico de metanfetaminas (meta) de los Ángeles del Infierno (un grupo de moteros famosos). El ha solicitado tu ayuda y de nadie más en la oficina de DEA."

Expliqué al supervisor Juan Antonio que trabajar con el agente de Aduanas Billy Winter en el caso de la marihuana re-quería estar mucho tiempo fuera de la oficina y de casa.

Juan Antonio dijo, "Necesito que ayudes en la investigación del estado de Arizona al oficial Blackman. Blackman necesita un agente federal de la DEA, y solo quiere trabajar contigo en la oficina de la DEA de Yuma."

El Oficial Blackman y yo habíamos trabajado juntos en otros casos sobre drogas – así que confiaba en él, y él en mí. Le dije a mi supervisor, "Juan Antonio, estoy muy ocupado, pero déjame pensar en ello."

Juan Antonio dijo, "Los hermanos García también están relacionados con el caso del oficial Blackman."

Más tarde, el oficial Blackman confirmó que los hermanos García tenían contactos con Joe Cactus. Joe Cactus tenía a su vez relación con la mafia y con los Ángeles del Infierno en la organización criminal de distribución y fabricación de meta. También supe que la DEA y la fuerza especial antinarcóticos (NTF)

93

de la frontera suroeste de Arizona tenían identificados a Joe Cactus y a sus traficantes desde 1977. Cactus era conocido por el FBI y otras fuerzas del orden como un sospechoso consejero del submundo criminal de Las Vegas y de los Ángeles del Infierno en California. Cactus estaba también relacionado con la organizacion de contrabando de drogas de los hermanos García en el puerto fronterizo de San Luis.

Le pregunté al agente Stone del FBI si quería colaborar en el caso del oficial Blackman, pero me dijo, "No."

El agente Stone dejó claro que no quería trabajar con el oficial Blackman y otros oficiales de la fuerza especial a causa de la corrupción. De repente dije. *¿Qué sabe el FBI que yo no sepa de la corrupción dentro de la fuerza especial antinarcóticos?*

Inicié entonces otro caso federal contra el importante traficante de metanfetaminas llamado Joe Cactus y su compañero Nick Star, in Yuma, Arizona. El oficial Blackman dijo que se centraría en conseguir una intervención de comunicaciones del estado de Arizona en la residencia de Cactus en Yuma.

Yo era el único agente de la DEA que trabajaba con el Oficial Blackman en Yuma. Tenía la responsabilidad, como agente federal, de coordinar y dirigir los equipos de vigilancia de la DEA y del estado de Arizona. Varias veces seguí a los traficantes de Joe Cactus y Nick Star que viajaban de Arizona a California.

Hice que los técnicos de la DEA de la oficina de Phoenix instalasen dispositivos de escucha y grabación dentro de las casas de Cactus y Star. Después de instalar los aparatos dentro de las casas, el oficial Blackman y yo vigilamos las actividades de Joe Cactus y Nick Star durante tres meses en Yuma, en el puerto fronterizo de San Luis, y por todos los Estados Unidos.

Identificamos la red criminal de Joe Cactus y Nick Star, con la que distribuían cada mes más de 22 kilos de metanfetaminas (meta) a la Mafia y a los Ángeles del Infierno. También supe por confidentes y mis fuentes del negocio de enfriamiento de productos agrícolas en San Luis y su relación con los hermanos García.

Analicé datos financieros, ingresos personales y listados de transacciones entre Star y el negocio agrícola de los García. Los informes financieros de Cactus le implicaban con los Ángeles del Infierno que operaban en San Francisco, California.

En una ocasión, el oficial Blackman y yo fuimos a Nueva York para recabar información sobre los socios delincuentes de Joe Cactus. Pudimos descubrir información valiosa de las escuchas electrónicas y las ordenes de registro estatales de la casa de Joe Cactus en Yuma y el negocio de enfriamiento de productos agrícolas de Nick Star en los puntos de entrada de San Luis. Supe que los hermanos y su organización criminal en México abastecían a Cactus y a Star de cocaína, y a veces metanfetaminas, para su distribución en los Estados Unidos. Según confidentes y las fuentes de información, los hermanos usaban oficiales policiales corruptos en los puertos fronterizos.

Más tarde, un confidente nos dijo al oficial Blackman y a mí que Jaime García y sus hermanos estaban transportando grandes cantidades de cocaína a través del puerto fronterizo de San Luis hasta el negocio de enfriamiento de productos agrícolas de Nick Star, cerca de la frontera.

El confidente nos dijo, "Hay oficiales de Inmigración y de Aduanas corruptos en el puerto fronterizo de San Luis trabajando con los hermanos García."

Por fin, cuando el caso de Joe Cactus y Nick Star finalizó, los oficiales de las fuerzas especiales antinarcóticos de la frontera suroeste de Arizona y yo arrestamos a Cactus y a Star en sus residencias de Yuma. También arrestamos a 11 socios cercanos de Cactus y Star con cargos de narcotráfico del estado de Arizona. Cactus y Star fueron liberados más tarde de la prisión del condado de Yuma con una fianza de 140,000 dólares que inicialmente envió Jaime García.

Con la investigación de Cactus y Star, trabajé una media de 16 horas al día durante 60 días llevando a cabo vigilancia en el caso de Cactus y Star. Continué centrado en los hermanos García y en la corrupción en el puerto fronterizo San Luis.

Los hermanos García no fueron acusados por sus sospechosas actividades criminales con Joe Cactus y Nick Star. El oficial Blackman y yo estuvimos de acuerdo de que no había pruebas suficientes contra los hermanos; solo muchos rumores. Sin lugar a dudas, yo creía que los hermanos sí estaban implicados en la investigación sobre las anfetaminas de Cactus y Star.

Le pregunté al oficial Blackman, "¿crees que los hermanos García tienen contactos con la CIA?"

"Sí. Los hermanos tienen contactos con la CIA."

Estaba aturdido y pensaba; tengo que tener cuidado si los hermanos están trabajando con la CIA. Me voy a centrar en los hermanos García y la corrupción de las fuerzas del orden en los puertos fronterizos del suroeste. Arrestaré a los hermanos y acabaré con la corrupción en los puertos fronterizos de Estados Unidos y México.

245 kilos de cocaína

Poco después de que las investigaciones de Pat Weed y Joe Cactus fuesen llevadas a juicio por delitos estatales y federales de narcóticos en Arizona, me centré, otra vez en los hermanos y en la corrupción del puerto fronterizo de San Luis.

Varios días después, me informaron por la mañana temprano, sobre un coche que llevaba cocaína oculta en el asiento e iba a entrar por San Luis. Mi fuente me dijo que los hermanos García tenían a alguien trabajando en el puerto fronterizo para dejar pasar al coche con cocaína en los Estados Unidos sin ser inspeccionado.

Más tarde ese día, llegué a la zona y aparqué en una pequeña colina que daba al puerto fronterizo de San Luis. Quería asegurarme que los oficiales de Inmigración y Aduanas que trabajaban en el puerto fronterizo no me viesen de cerca.

Con la descripción del coche que llevaba la cocaína de contrabando y la información de mis fuentes, pude ver con mis prismáticos el coche sospechoso que llevaba la droga entrando en los Estados Unidos. Pedí ayuda a la oficina de la DEA de Yuma para que siguiesen al coche cargado de drogas. Vi al coche entrar en un aparcamiento público junto al puerto fronterizo. El conductor aparcó e inesperadamente salió y se alejó del coche. Desapareció con rapidez del aparcamiento.

Estaba confundido y pensaba; ¿Por qué se alejó el conductor del coche? ¿Pudo entrar en unas de las tiendas? ¿Vio el conductor que alguien le seguía? ¿Le dijo un oficial corrupto del puerto fronterizo al conductor que yo le estaba vigilando desde la colina?

Una vez que entré en el aparcamiento, me fue imposible buscar al conductor a pie porque estaba solo. Necesitaba quedarme donde podía ver el coche abandonado con la cocaína. Esperé la ayuda de la oficina de la DEA y de un perro detector de drogas de la patrulla fronteriza. Con suerte, el perro alertaría de la presencia de drogas en el coche.

Después de unos minutos, el adiestrador canino llegó al aparcamiento. Noté que el perro estaba irritado, saltando y tirando de su adiestrador antes de empezar a caminar alrededor del coche abandonado. Inmediatamente, el perro alertó de la presencia de drogas dentro del coche. Más tarde, encontré 245 kilos de cocaína dentro del asiento trasero del coche abandonado. La ayuda de la oficina de la DEA llegó por fin al aparcamiento.

245 kilos de cocaína

Esperé que el conductor volviese al coche abandonado porque quería que él le dijese a los hermanos García que la DEA incautó su cocaína y que yo sabía

97

quién era el oficial corrupto del puerto fronterizo. Fue increíble; *el conductor nunca volvió al coche. Creo que se marchó de vuelta a México.*

La organización de los hermanos García tenía contactos como los tentáculos de un pulpo, que alcanzaba y buscaba a gente en la comunidad de Yuma para ayudarles en el contrabando de drogas a través de la frontera. Parecía que los hermanos eran intocables para las fuerzas del orden. Pero tenía idea de lo que necesitaba para procesarlos.

Todo empezaba a cuajar. Todo estaba allí –marihuana, cocaína, heroína, corrupción, y lavado de dinero que llegaba a los Estados Unidos a través de los puertos fronterizos. Parecía que cada vez que un agente o un oficial de las fuerzas del orden se acercaba a la organización de los hermanos, el caso de los García solía cerrarse antes de que las acusaciones federales y estatales estuviesen terminadas.

Sacerdotes españoles llamaron a la montaña
"El Camino del Diablo"

No tuve la oportunidad de conocer personalmente a Don Ware, cuando él vivía en Las Vegas, Nevada. Sabía que podía proporcionar mucha información sobre la implicación de los hermanos García en su secuestro e intento de asesinato. Le llamé y me presenté. "Voy a atrapar a los hermanos García en San Luis, México por lo que intentaron hacerte a tí y a Roy."

"¡Eso sería estupendo!" respondió Don.

Dijo que vivía en Las Vegas y todavía trabajaba para la DEA. Había sido operado varias veces y tenía dolores continuos.

Don me dio detalles de lo que sucedió en San Luis, México. Algunas cosas que supe por Don no estaban en los informes que yo había leído.

No había nadie en quién pudiera confiar en la oficina de Yuma o en la fuerza especial antinarcóticos de la frontera suroeste

(NTF) sin arriegarme a que los hermanos García supiesen que eran mi objetivo por lo que le hicieron a Don y a Roy. *N*o quería que algún policía corrupto supiese que hablé con Don sobre los hermanos. Ni siquiera mi supervisor supo que hablé con él.

Con Don y Roy siempre en mi cabeza, me esforcé por concentrarme en la organización de los hermanos García. No conocí ni a Don ni a Roy en toda la investigación, pero formaban parte de mi familia de la DEA. Esto me hizo decidirme por arrestar a los hermanos, aunque estaba trabajando con otros buenos casos de narcotráfico al mismo tiempo. El caso de los hermanos era uno de los que tenía pendiente de resolver mientras continuaba luchan-do contra mi mayor enemigo: yo mismo.

Decidí ir tras los tres hermanos lentamente y con cuidado. Tenía que tener cuidado y estar muy callado en mi oficina y con la comunidad de las fuerzas del orden de Yuma. Incluso aunque trabajaba con policías buenos y malos, nunca olvidé que tenía que tener cuidado. Yuma era una pequeña y calurosa ciudad fronteriza cerca de la frontera de México, y no estaba seguro en quién confiar dentro de las fuerzas del orden. Verdaderamente sentía que estaba solo.

Encontré información de una variedad de fuentes en la organización de los hermanos García. Descubrí años de registros telefónicos de los sicarios tras el intento de asesinato de Don y Roy. Las llamadas iban a una de las casas de los hermanos García en San Luis, México. Esto ocurrió en 1985, cuando Kiki y su confidente fueron torturados y asesinados.

Luchando Contra mi Mayor Enemigo, Yo Mismo

A menudo hacía vigilancia en la frontera de Arizona y México en San Luis desde las Montañas Rocosas con vistas a Yuma.

Camino del Diablo

Un día fui al puerto fronterizo de San Luis con un agente de la patrulla fronteriza destinado en la oficina de la DEA. Mientras volvíamos a Yuma, conduciendo hacia el norte desde el puerto fronterizo, miré hacia las montañas en la parte este de Yuma. Le pregunté al agente, "¿a qué distancia descienden esas montañas de allí a Mexico desde Arizona?" "Esa cordillera se extiende desde la región de Sonora en México a través del condado de Yuma," me dijo el agente de la patrulla fronteriza. "A principios del siglo XVIII, los misioneros franciscanos españoles nombraron a la cordillera "Camino del Diablo."

Los misioneros españoles usaron el pie de la cordillera para guiarlos desde el norte de México hacia Arizona y luego hasta las iglesias misioneras del sur de California. Los misioneros y otros viajeros hablaban de que el camino a lo largo de la montaña era más devastador que ir a través del Valle de la Muerte en aquella época. El agente fronterizo dijo, "hay muchas tumbas sin marcar a lo largo de las montañas del Camino del Diablo."

Pensé que la investigación de los hermanos García era como las montañas del Camino del Diablo y decidí nombrar el caso criminal de los hermanos "Camino del Diablo." Los hermanos y sus sicarios viajaron por el Camino del Diablo, y ahora yo viajaba solo por el mismo camino, intentando apresarlos. Pero tenía que luchar contra mi mayor enemigo: yo mismo, si quería tener éxito para acabar con la corrupción.

Mientras avanzaba la operación sobre el contrabando de narcóticos de los hermanos, surgieron varias causas interinstitucionales y jurisdiccionales. Estas causas requerían de la coordinación con el Fiscal General de los Estados Unidos en el distrito de Arizona y con las oficinas de la DEA fuera de la zona del condado de Yuma y México.

Sospechosos en el intento de asesinato de agentes de la DEA

Unos de los agentes de la oficina de la DEA, el agente Saul Morales, de origen hispano, recibió una llamada del fiscal de San Luis, Sonora, México. El fiscal mexicano tenía información de sospechosos en el secuestro e intento de asesinato de Don y Roy.

Más tarde ese día, fui con Saul a reunirme con el fiscal mexicano en su oficina de San Luis, México. Le pregunté al fiscal sobre la organización de los hermanos García. Me dijo, "actualmente estoy trabajando en varios casos criminales relacionados con los hermanos y sus familias."

Cuando el fiscal dijo eso, señaló cuatro cajas marrones apiladas en el suelo de su oficina. Sin mencionar a los hermanos García, explicó, "aquellas cajas contienen informes de investigaciones criminales escritos por el FBI, la DEA, Aduanas y el Servicio de Inmigración y Naturalización."

¿Puedo mirar los documentos de las cajas?", dije.

Me permitió echar un vistazo a los informes escritos por los oficiales de las fuerzas del orden estadounidenses. Me sorprendió no ver nada redactado en los informes de investigación; como los nombres de los agentes de la DEA, del FBI, agentes de Aduanas, oficiales de Inmigración, y oficiales de las fuerzas del orden envueltos en casos de investigación actualmente en los Estados Unidos y México.

Los informes de investigación también incluían las técni-cas de cómo la DEA y otras agencias de orden supieron de la droga y quién la introdujó de contrabando en los Estados Unidos por acusados mexicanos que traficaban para los hermanos García. Incluso vi números de investigación de la DEA, de confidentes y nombres de testigos en los informes.

Le pedí al fiscal si podía llevarme las cajas. Me dijo, "esas cajas pertenecen a otras personas."

"¿Quiénes son otras personas y cómo las conseguiste?" le pregunté.

"Las recibí de las oficinas del fiscal estadounidense en los Estados Unidos cuando estaba comprobando otros casos relacionados con ciudadanos mexicanos arrestados en los Estados Unidos. Creo que vosotros los estadounidenses lo llamáis descubrimiento".

Miré a Saul y dije, "Los cárteles de la droga leerán los informes escritos del descubrimiento para saber como nuestra agencia, el FBI, y otras fuerzas del orden operan en los Estados Unidos, México, Colombia, y otros muchos países de Centroamérica, Sudamérica, Europa y Asia. Los cárteles y los hermanos están usando nuestro *descubrimiento* para trasladar su droga y esconder el dinero. La DEA nunca puede ganar la guerra contra la droga. Nuestro Departamento de Justicia lo sabe."

Así que, los cárteles de la droga conocen los nombres de nuestros agentes, confidentes, y testigos de los informes de investigación del descubrimiento revelado. Es increíble. No es de extrañar que la DEA y la policía no puedan ganar la lucha contra la droga. Los criminales van un paso por delante.

Conduciendo de regreso a la oficina de la DEA de Yuma, pensé; ¿Cómo podían las cajas de los informes de investigación de las fuerzas del orden *y los fiscales mexicanos pasar por alto los enormes esfuerzos que los hermanos hicieron para encubrir la emboscada de los dos agentes de la DEA? Don y Roy fueron secuestrados, golpeados, disparados y dados por muertos cerca de la casa de los hermanos porque la DEA había dado con la mayor operación de drogas de los hermanos en San Luis como se describía en los informes escritos.*

Una vez que regresamos a Yuma, informé a mi supervisor y al asesor legal jefe de la DEA en Washington, D.C. de lo que vi en las cajas en la oficina del fiscal mexicano en San Luis, México.

Varios días después, fui a Phoenix para reunirme con el ayudante del fiscal estadounidense (AUSA siglas en inglés) Jonah Goodwill y le expuse lo que sabía hasta la fecha sobre la organización y las cajas de informes de investigación en la oficina del fiscal mexicano. El ayudante del fiscal Goodwill ya sabía por sus escritos de acusación que los tres hermanos García estaban tras el intento de asesinato de los agentes de la DEA en 1975, y había órdenes de arresto estadounidenses en México. Por alguna razón, los hermanos nunca fueron arrestados en México.

Le di explicaciones a Goodwill sobre la reunión con el fiscal federal mexicano en San Luis, Sonora, el fiscal me dijo que México estaba muy interesado en lograr el arresto de los hermanos García. Estaba impaciente por capturarlos por el intento de asesinato de los agentes de la DEA Don Ware y Roy Stevenson.

Me animó y dijo, "¡la DEA tiene que perseguir esto otra vez!"

Luego añadió, "Larry, vamos a proceder a abrir una investigación criminal contra los hermanos."

Negociamos el lugar, la extradición, y la acusación para obtener pruebas de un país extranjero (México). Me explicó que la oficina del fiscal estadounidense en Phoenix coordinaría cualquier asunto legal con la oficina del fiscal federal mexicana de San Luis, Sonora, referente a la extradición de los hermanos a los Estados Unidos y los informes publicados del descubrimiento.

Dije otra vez, "los informes del descubrimiento relacionados con delitos de drogas conocidos por los acusados en México y por todo el mundo tienen que parar. La DEA nunca puede ganar la guerra contra las drogas."

Moviendo la cabeza con disgusto, dijo, "lo miraré."

Como yo estaba preocupado por la corrupción de las fuerzas del orden en Yuma, me aconsejó que tuviera cuidado con las investigaciones. Sabía que la frontera de Arizona con México era un sitio peligroso para trabajar a causa de la corrupción. Le dije, "me preocupa más que me dispare un oficial de Aduanas o Inmigración, que un policía mexicano o uno de los hermanos García."

Soy de Bogotá, Colombia

Los líderes de los cárteles de la droga nunca hablan de drogas con policías infiltrados o confidentes; solo con familiares cercanos o parientes. Necesitaba una manera de entrar en la organización de los hermanos García, empezando desde lo más alto. Un agente infiltrado o un confidente no pueden entrar en la organización y pedirles drogas a los hermanos. Estos pueden hacerlo en la calle, pero no hay forma de llegar a la cima de una organización de drogas.

Sabía que todo era cuestión de dinero para los hermanos y los oficiales corruptos de Aduanas e Inmigración. El dinero jugaba un papel clave a ambos lados de la frontera de Estados Unidos y México, y alguien en las fuerzas del orden, o quizás nuestro gobierno, mantenían a los hermanos fuera de prisión en México y los Estados Unidos.

Decidí buscar un confidente que no fuese de Yuma, Arizona, o San Luis, México. Necesitaba a alguien que no fuese mexicano pero supiese hablar español. Tenía que ser un negociante o confidente para que me ayudase a descubrir lo que estaba ocurriendo con la organización de drogas de los hermanos, y que me ayudase también a identificar la corrupción de las fuerzas del orden en el puerto fronterizo de San Luis.

Llamé a la oficina principal de la DEA de Phoenix y le dije al agente, "necesito preparar un confidente que no viva ni en Yuma ni en México. La mayoría de los policías locales y federales y sus fuentes conocían a todo el mundo en la zona del condado de Yuma.

Tenía que encontrar a alguien con su propio negocio agrícola legí-timo o cualquier otro negocio, con suerte fuera de Arizona."

"¿Qué clase de confidente necesitas?"

"Alguien elegante y bien vestido que no parezca drogadic-to. Tiene que tener su propio negocio. Preferiblemente en los Estados Unidos."

Mientras esperaba un confidente de Phoenix, empecé a reunirme habitualmente con investigadores privados y fuentes de información, cuando los investigadores estaban en Yuma. Me proporcionaron mucha información sobre las operaciones de movimiento de drogas de los hermanos en camiones de productos agrícolas y sobre las fuerzas del orden corruptas que les ayudaban con el contrabando de drogas por el puerto fronterizo San Luis.

Varias semanas después, me llamó un agente de la DEA de Phoenix. El agente me dijo, "he encontrado a un confidente que posee un negocio de langostinos en Hermosillo, México. Fue arrestado por la DEA por tráfico de cocaína en los Estados Unidos y cumplió cinco años en una prisión federal. Después salió de prisión y tiene antecedentes penales por tráfico de drogas. Este hombre es una fuente solvente que ha ayudado a la DEA en buenos casos de cocaína en los Estados Unidos y en el sur de la frontera. Sin embargo, tiene un problema con la cocaína y debilidad por las mujeres. Esnifa cocaína y se tira todo lo que se parezca a una mujer."

El agente dijo, "el confidente es colombiano."

Les dije, "de acuerdo, ¡perfecto!" Es lo que estoy buscando. Quiero conocerlo. Que me llame."

Pensaba se necesita un ladrón para atrapar a otro ladrón. ¡Guau! ahora, puedo tener a un confidente solvente que posee un negocio de langostinos en México y que trabaja en el mismo territorio que los her-manos García.

El confidente me contactó unos días después, y le invité a Yuma, para vernos en persona. Quería ver cómo era y cómo ves-tía. Era fundamental para mí que me dijese quén era y lo que hizo por la

DEA. Era la forma de saber lo sincero que era y si podía confiar en él.

Cuando nos encontramos por primera vez en Yuma, llegó al restaurante en un Lexus gris muy bonito. Llevaba pantalones negros y un polo rojo. Tenía el pelo negro, corto, por encima de las orejas, e iba afeitado; era elegante y hablaba inglés con un fuerte acento. Podría decir que era educado y de buena familia de Colombia.

Dije, "no pareces mexicano."

"No lo soy, soy colombiano."

"¿colombiano?"

"Sí, de Bogotá, Colombia."

Todo iba estupendamente, intentaba no emocionarme mucho. Este confidente es muy educado y de trato fácil, todo lo que me decía confirmaba lo que ya sabía de él.

"¿Cuál es tu pasado? ¿Por qué quiere trabajar para mí?"

"Esnifé mucha cocaina y gané mucho dinero hace varios años vendiéndola. Una vez llamé a un agente de la DEA que trabajaba infiltrado. La DEA me arrestó, y fui a prisión durante cinco años por conspiración y tráfico de cocaína," dijo el confidente.

Me dijo, "vivo en Phoenix, pero poseo mi propio negocio de langostinos en México. Tengo que trabajar aquí y allá para controlar mi negocio de langostinos."

De repente pensé; Sí, *aquí hay algo más comprometido*, pero me guardo las sospechas.

Le dije, "pero ahora estás fuera de prisión y trabajas para la DEA. Mira, esto es lo que quiero que hagas. Quiero que trabajes para mí, quiero ver lo que sabes hacer."

Luego, le dije, "Hay otro tipo que puedes que conozcas que vive en México y posee un negocio de langostinos. ¿Has oido hablar de Javier García?"

El confidente no lo conocía.

Dije, "de acuerdo, si quieres trabajar para mí, te pagaré, pero estás a mis ordenes y de nadie más. Mientras trabajes para mí, no puedes ni esfinar cocaína ni tirarte a ninguna mujer, en especial jovencitas. ¿Sabes la diferencia entre una mujer y una chica? Si te hieren mientras trabajas para mí, tendrás garantizada la discapacidad para el resto de tu vida. En otras palabras, formas parte de la familia de la DEA. Lo digo muy en serio. Te voy a llamar Santo. ¿Estás de acuerdo con el nombre?"

"Ya lo creo."

"Esto es lo que tenemos entre manos, Santo."

Luchando por nuestras vidas

Estaba trabajando con el agente del Servicio de impuestos internos (IRS siglas en inglés) Tony Cash, teniendo como objetivo los registros financieros del negocio agrícola y de langostinos de los hermanos García en los Estados Unidos. El agente Cash demostró que los hermanos estaban ganando millones de dólares vendiendo productos agrícolas y langostinos en los Estados Unidos. Debido a mi estrecha relación laboral con el agente Cash, y a que yo confiaba en él, decidí mudarme a la oficina del (IRS) de Cash, al lado de la oficina de la DEA. Ambas oficinas estaban en el mismo edificio, en el segundo piso, al lado de la del FBI.

Tony me dijo que averiguó por sus fuentes que el almacén de productos en San Luis, México, sufrió graves daños en un incendio una mañana temprano.

Dije, "oye Tony, vamos a echar un vistazo al almacén. Irémos a México."

Después de unos minutos de cruzar a México desde el puerto fronterizo de San Luis, llegamos al almacén de productos quemados. Mientras salíamos del coche y caminábamos hacia lo que era la estructura del almacén, busqué alguna prueba criminal en el deteriorado suelo. Noté varias abejas negras volando cerca de cientos de panales rotos y quemados.

Recordaba que una vez cuando cortaba tabaco en la granja de Carol Ray, me peleé con grandes abejorros negros. Estos me picaron en el trasero varias veces, me di cuenta de que perdía la pelea. Empecé a alejarme de los abejorros, pero me seguían hasta que corrí a casa. En unos minutos, tenía ronchas rojas en la piel y apenas podía respirar. Mamá inmediatamente me llevó a la consulta del doctor Skaggs en Taylorsville. En la consulta, supe que era alérgico a las picaduras de abejas.

Inmediatamente grité, "oye Tony, ten cuidado al pisar los panales rotos. Hagas lo que hagas, no luches con las abejas si te intentan picar." De mi experiencia como granjero luchando con los abejorros, pensé; estas abejas se han vuelto locas por un incendio que ha destruido sus panales dentro del almacén. *Yo también soy alérgico a las picaduras de abejas.*

Llegué muy tarde. Cuando miré a Tony, estaba agitando ambas manos intentando deshacerse de las abejas. Le grité, "Tony, deja las abejas en paz."

De repente, Vi miles de abejas atacando la cabeza de Tony. Gritaba, "¡ayúdame! ¡ayúdame!"

Sabiendo que soy alérgicó a las picaduras, me alejé con rapidez de Tony y de los panales. Iba a meterme en el coche, pero le oí gritar, "¡ayúdame!"

Sin pensármelo, me di la vuelta y lentamente caminé hacia Tony. Le toqué el pelo cogiendo un puñado de abejas con mi mano izquierda, aplastándolas hasta morir. Podía sentir como me picaban en la mano. Luego agarré su mano con mi mano derecha, y lo llevé a un edificio vacío.

Después de que las abejan desaparecieran, Tony y yo fuimos al coche inmediatamente. "Tenemos que ir al hospital de Yuma ahora. Soy alérgico a las picaduras de abejas," le dije.

No dijo ni una palabra.

Después de entrar por San Luis a Arizona, conduje a gran velocidad al area de urgencias del hospital de Yuma. Allí nos dijo el médico, "os han picado varias veces por todo el cuerpo. Habéis tenido suerte de que no eran las mortales abejas marrones."

Al día siguiente, Tony me dijo que tenía problemas con su supervisor del servicio de impuestos (IRS) por no haber tenido la aprobación para abandonar Estados Unidos y entrar en México. "Necesito la aprobación de un supervisor del (IRS) para entrar en un país extranjero (México)."

Le dije, "no lo entiendo, Tony. Yo no necesito la aprobación de la DEA para trabajar en la frontera mexicana. Solo le digo a alguien de la oficina que voy a México. Ya en México, me tomo varias cervezas Corona y como algo a la parilla. A veces, echo un vistazo a las casas de los tipos malos y anoto las matrículas, en especial las estadounidenses."

"Larry, tu eres de la DEA. Puedes ir donde quieras pero yo, yo tengo problemas con el (IRS)," me dijo."

Una explosión dentro de la oficina del IRS

Varios días después, encontré algunos petardos en mi escritorio que me dio mi sobrino, Jorge. Algunos eran muy pequeños, pero hacían mucho ruido, como el sonido de un disparo.

Jorge, oficial de la patrulla de carreteras de California (CHP siglas en inglés) en San Diego, California, había incautado varias cajas de petardos y cohetes en botellas durante un control de tráfico cerca de la frontera de San Isidro. Cuando vino de visita a Yuma, llevaba los petardos y los cohetes consigo.

Le dije, "vamos a comprar cerveza y a recoger a nuestro amigo, Ramón. Vámonos al desierto a divertirnos con los petardos y los cohetes."

Cogí el pequeño Mazda verde de Catalina, y todos fuimos al desierto de noche a encender los petardos y los cohetes. Recuerdo que Ramón tenía un enorme cohete en su mano izquierda y una botella de cerveza en la derecha. Jorge encendió la mecha y le dijo a Ramón en español que lo soltase para dejarlo volar al oscuro cielo.

De repente, a Ramón se le cayó la cerveza al suelo. Al agacharse para cogerla, el cohete salió disparado de su mano

109

izquierda y entró por la ventana trasera del Mazda. Explotó en el asiento de atrás del coche que se llenó de chispas y humo blanco.

"Las cajas de los petardos van a explotar. Corred.", grité.

Tuve suerte que las cajas no se incendiasen y explotasen.

Con uno de los petardos en mi mano, recordaba cuando mi hermano Jeffrey lanzó un petardo bajo el asiento del Sr. McGee en el autobús escolar. También, cuando puse un petardo debajo de la silla de un oficial de narcóticos mientras limpiaba su pistola en su mesa.

Me preguntaba en la oficina del agente Cash: ¿va a sonar como un disparo este petardo cuando lo encienda dentro del edificio del servicio de impuestos?

¡Guau! ¡Sí que fue una gran explosión!" Algunos de los empleados de la oficina pensaron que yo disparé mi pistola accidentalmente.

Le dije después al agente Cash que fue un petardo, y no le hizo nada de gracia.

Después de este incidente, me mudé de nuevo a la oficina de la DEA. Creo que al agente Cash y a su supervisor no les gustó el incidente del petardo en su oficina.

Filtraciones y corrupción en las Fuerzas del Orden

La DEA creó una fuerza especial antinarcóticos contra el crimen organizado (OCDETF) en 1982 estableciendo una ofen- siva completa contra el tráfico de drogas organizado" y el lavado de dinero. Los agentes de la DEA dirigían esa fuerza y la mayoría de los agentes eran ayudantes del Sheriff, bajo juramento con poderes para arrestar a personas con cargos estatales.[26]

Los miembros de la fuerza local (OCDETF) pertenecían a oficinas regionales de la DEA, el servicio de Aduanas, el FBI, el IRS, la oficina del fiscal estadounidense, la oficina del fiscal del condado de Yuma, el departamento del Sheriff del condado de Yuma, el departamento de policía de Yuma, el departamento de policía de San Luis, la policía tribal india, la patrulla de fronteras, la fuerza antinarcóticos de la frontera suroeste de Arizona, y otras cuerpos policiales en la zona del condado de Yuma.

Con la aprobación del ayudante del fiscal estadounidense Goodwill, en Phoenix, inicié un elaborado complot contra los hermanos. Pude crear un grupo local de agentes especializados en Yuma para que trabajasen conmigo centrándose únicamente en la investigación de la organización de los hermanos García.

La investigación era única, ya que incluía a los hermanos García y a la organizacion de tráfico de drogas de sus familiares con México, Colombia, España, Sudeste de Asia, y los Estados Unidos. Los hermanos tenían un complot para introducir grandes cantidades de narcóticos en los Estados Unidos y lavar enormes cantidades de dinero estadounidense de vuelta a México.

Según mis confidentes y mis fuentes, los hermanos eran poderosos traficantes de drogas y eran objetivos en los Estados Unidos y México de varias investigaciones policiales estatales y federales desde mitad de los años 70.

Los hermanos eran los principales organizadores y participantes en la importación y distribución de grandes cantidades de drogas a los Estados Unidos utilizando camiones de langostinos y agrícolas con la ayuda de agentes del orden corruptos en el puerto fronterizo de San Luis.

Según los confidentes, las fuentes, y las fuerzas del orden, la organización de los hermanos transportaba marihuana, cocaína, meta, y heroína a los Estados Unidos, usando a familiares que trabajaban con oficiales corruptos de Aduanas e Inmigración, agentes de la patrulla fronteriza, oficiales de policías locales, y políticos. Casos previos de investigación de la DEA se habían cerrado antes incluso de llevar a juicio a los hermanos a causa de las filtraciones internas de los cuerpos policiales.

La corrupción policial en el puerto fronterizo de San Luis me creaba muchos problemas para incautar drogas a los hermanos. La mayoría de los agentes federales y los oficiales policiales locales sabían como evitar la corrupción en el puerto fronterizo de San Luis. No querían ninguna relación conmigo al tener yo como objetivo a los hermanos García.

Los policías corruptos de San Luis permitían que la organización de los García introdujese droga de contrabando en los Estados Unidos a través de túneles, coches, camiones, y tráilers.

No mencioné la corrupción a ningún otro agente u oficial de la (OCDETF); solo a mi supervisor. Todavía no estaba seguro en quién confiar o de dónde venían las filtraciones.

Los hermanos estaban bien protegidos y aislados por la familia y los policías corruptos en los puertos fronterizos.

Mis fuentes y confidentes continuaban proporcionándome información de que la organización de los García controlaba otros puestos de control fronterizos a lo largo de la frontera de Estados Unidos con México.

No comprendía como un caso de investigación era desestimado por la oficina del ayudante del fiscal de Phoenix cada vez que un agente o policía se acercaba a las actividades criminales de los hermanos. Era posible que hubiese alguien corrupto de más rango en la comunidad policial. Estaba más que decidido a atrapar a los hermanos y a cualquier agente de orden vinculado con sus operaciones de tráfico de drogas.

Solo unos pocos oficiales del orden sin identificar de la zona estadounidense de la frontera conocían los túneles de los hermanos, y eran los pocos corruptos.

Estaba desilusionado y me preguntaba; ¿cómo es posible *que la policía no supiese de los túneles?*

Sentía que nunca iba a tener éxito debido a la corrupción. Supe que los confidentes y las fuentes proporcionaban informa-ción a otros agentes de la DEA sobre funcionarios corruptos en México y los Estados Unidos que daban protección y cooperaban con la organización de los García. Descubrí que los presuntos fun-cionarios corruptos en el puerto fronterizo de San Luis eran, muy probablemente, el factor primordial del éxito del narcotráfico de los hermanos.

Trabajaba solo pero a veces con investigadores privados, confidentes y fuentes de información. Para evitar filtraciones y corrupciones, solo me comunicaba con el ayudante del fiscal, Sr. Goodwill, en Phoenix, y el Departamento de Asesoría legal principal de la DEA en Washington, D.C.

No quería verme envuelto con la corrupción en la frontera o en Yuma, así que no presioné a los agentes y policías corruptos. La vida es demasiado corta, y no podía arriesgarme a que me dispa-rase un agente u oficial corrupto.

No voy a parar

Recibí una llamada de un confidente de San Diego que necesitaba verme en relación con los hermanos García. Catalina me dijo, "Quiero ir a ver a mi hermana a San Diego."

Dije, "de acuerdo, pero no paramos para que hagas pipí o caca hasta que llegue a San Diego. No quiero llegar tarde para la reunión con el confidente."

Después de conducir alrededor de dos horas hacia el oeste por la Interestatral 8, Catalina dijo, "tengo que orinar."

"¡Qué! Llegamos a San Diego en menos de una hora."

Dijo otra vez, "No puedo aguantar."

"Aquí tienes mi taza de coca cola vacía, porque no voy a parar para que orines."

Catalina cogió la taza.

Después de terminar, dijo, "¿Cómo tiro el pipí?"

"No voy a parar el coche, pero iré más lento. Tíralo por la ventana."

Tiró el pipí por la ventana pero no la taza. El viento hizo que el pipí entrase en el coche dándome en la cara y los labios.

Grité, "¡se suponía que ibas a tirar la taza con el pipí!"

Con mi cara y labios humedos del pipí de Catalina, decía enfadado; la próxima vez que tenga que orinar, *voy a parar. Especialmente, si tiene que hacer caca.*

Mi pequeño tesoro. Revólver del 38.

Seguí a los familiares de los hermanos García durante todo el caluroso día en San Luis, Arizona, y al otro lado de la frontera de México. Recibí una llamada telefónica de mi supervisor, Juan Antonio Moreno, para que le ayudase a identificar un delito grave. Me dijo que había una orden de arresto federal por delito grave para Poncho Gato, un presunto asesino. Según una hermana del delincuente, Poncho, se estaba quedando en la casa de sus padres en Yuma.

Mi supervisor Juan Antonio dijo, "Poncho Gato está armado y es extremadamente peligroso. La hermana no quiere que los agentes de la DEA vayan a la casa y arresten a Poncho porque sus padres son mayores y están enfermos. Ella dijo, "Poncho se va mañana temprano. Quiere que los agentes de la DEA esperen hasta que Poncho salga de la casa de sus padres mañana."

De regreso a Yuma desde San Luis, México, el nuevo agente, Carlos López, conducía su coche. Estaba sentado en el asiento del pasajero pensando en llamar a Catalina para decirle que quería estar en casa por la noche. Noté que había una docena de ovejas blancas delante nuestra que salían lentamente de un limonero por el camino, seguidas por un chico mexicano.

Le grité al agente López, "ve despacio, vas a atropellar a las ovejas y al chico."

Le grité de nuevo, "¡vas a matar a las ovejas y al chico!"

Derrapó el coche justo delante de las ovejas.

Era ya demasiado tarde. Algunas ovejas empezaron a saltar por todas partes, incluso encima del capó. El agente López rapidamente dio un volantazo y sacó el coche de la carretera. Después de pasar por una acequia y evitar varios limoneros, finalmente pudo volver a la carretera.

Le dije, "No creo que hayas matado a ninguna oveja. Vi al chico en la acequia. ¡Acelera! tengo que llegar a la oficina ya, y poder bajarme en la casa de los padres de Poncho Gato y arrestarle antes de que se marche de Yuma."

Cuando volví a Yuma, con la información de mi supervi-sor Juan Antonio, les dije al agente Saul Morales y al agente López que me acompañasen a la casa de los padres de Poncho. Los agen-tes Morales, López, y yo llegamos en coches separados. El agente López llevaba menos de un año en el trabajo. Llegamos en tres coches sin distintivos y establecimos vigilancia de incógnito cerca de la casa de los padres de Poncho Cato.

Después por la noche, supe por mi oficina que según mi supervisor Juan Antonio, la hemana del delicuente se quedaba por la noche con sus padres. Ella contactaría con la DEA por la mañana temprano cuando Poncho estuviese a punto de dejar la casa.

Sin duda, ésta iba a ser una noche especialmente larga. No podía dejar que Poncho Gato dejase la casa, armado, y pensaba; si no arresto a este tipo, *puede que Poncho hiera a un policía duran-te un control de tráfico. Poncho es un asesino que va armado y tiene orden de arresto federal de la DEA. Este "tipo malo" es un peligro público y también para la comunidad policial.*

Le pedí al agente López que aparcase junto a mí, y al a-gente Morales por seguridad le dije, "no quiero que Poncho me sorprenda mientras estoy relajado o durmiendo. Si lo hace, lo va a lamentar. Quiero que te centres en la casa de Poncho como un buho nocturno que ha encontrado su primera rata."

Le dije al agente López que vigilase la entrada delantera de la casa y el coche de Poncho y que no se preocupase. "Me llamarán de la oficina si Poncho abandona la casa."

Me preguntaba; ¿puedo confiar en el agente López que no se quede dormido mientras el agente Morales y yo dormimos?

Me dijo, "Vigilaré la casa, y si veo algún movimiento, te despertaré."

Cerré los ojos durante unos minutos. De repente, abrí un ojo y eché un vistazo al coche del agente López. Pude ver su ca-beza sobre el volante. Vaya, *el nuevo agente está durmiendo.*

Era entre las 02:00 am y 03:00 am., Salí del coche y entré de un salto en el asiento del pasajero del agente Morales y le toqué el brazo.

Se despertó y me preguntó, "¿Qué pasó?"

"¡Este maldito nuevo agente estaba durmiendo! pero no hay que preocuparse, el coche de Poncho está todavía en la casa. No he recibido ninguna llamada de mi supervisor Juan Antonio informándome que Poncho abandona la casa de sus padres."

Revólver del 38

Lentamente bajé la ventana del pasajero y saqué de mis pantalones mi revólver del 38 de cañon corto especial nocturno.

El agente Morales dijo, "¿Qué vas a hacer con la pistola?"

Le dije, "observar como el agente López salta pidiendo ayuda."

El agente Morales pudo ver que yo apuntaba al coche del a-gente López. Se sorprendía de que disparase" mi amorcito" sobre la cabeza del agente Lopez.

Saqué el revólver por la ventana y disparé una bala al aire en la oscuridad.

El agente López saltó del asiento del coche con su pistola en la mano derecha, gritando, "¿Qué ha pasado? ¿Qué ha pasado?"

Le grité al agente Lopez, "se supone que tienes que vigilar la casa."

No dijo nada.

116

Parece que el sonido de la bala de mi revólver del 38 resonó en la oscuridad de la mañana durante breves segundos. En unos minutos, un patrullero del Sheriff del condado de Yuma llegó despacio a la zona, con la luz de la tulipa, la cual se reflejaba sobre nuestros coches camuflados.

El oficial del Sheriff se dio cuenta pronto que agentes de la DEA estaban por el vecindario. Inmediatamente apagó las luces y abandonó la zona. En seguida, después del fuerte ruido de mi revólver, la hermana llamó a mi supervisor Juan Antonio desde la casa. Le dijo, "Poncho y yo oímos un disparo, Poncho ha visto un coche de policía pasar por nuestra casa. Mi hermano abandona la casa ya."

Poncho salió corriendo hacia su coche por la puerta principal descalzo y sin camisa. El agente Morales y yo estábamos ya en posición junto al coche de Poncho apuntándole con nuestras pistolas. Grité, "oye Poncho, somos de la DEA. No te muevas, o te disparo."

Poncho casi me arrolla intentando llegar a su coche. En unos segundos, el agente López ya tenía a Poncho en el suelo comiendo tierra y esposado. Pensé, el a*gente López ha hecho un buen trabajo, pero lo podía haber hecho mucho mejor estando despierto.*

Oficiales antinarcóticos camuflados de Los Angeles

Le dije a mi supervisor Juan Antonio, "me ha llamado un investigador privado que trabaja con dos oficiales antinarcóticos del departamento de policía de Los Angeles (LAPD siglas en inglés). Los oficiales de los Angeles y el investigador querían hablar conmigo sobre los hermanos García y sobre la corrupción de las fuerzas del orden en Yuma. Me voy a reunir con ellos en San Diego y veré lo que me cuentan sobre los hermanos y los oficiales corruptos en los puertos fronterizos."

Mi supervisor me dio el visto bueno.

Mientras preparaba las cosas para partir hacia San Diego, me llamó mi supervisor Juan Antonio. Me dijo, "Me he reunido con el supervisor de Aduanas y me ha hablado de tu trabajo en el caso de los hermanos García. Le he dicho que te vas a ver con oficiales de narcóticos del departamento de policía de Los Angeles y un investigador privado para obtener más información sobre los contactos criminales de los hermanos en los puertos de entrada."

¿Por qué haría eso mi supervisor?

Me dijo que el supervisor de Aduanas le pidió si yo podía llevarme a San Diego a uno de sus nuevos agentes de Aduanas. La oficina del supervisor de Aduanas también observaba las actividades relacionadas con las drogas de los hermanos en los puertos fronterizos. Estaba desolado.

Luego pensé; recordé una vez estando en una barbacoa en el aparcamiento del NTF de Yuma que el supervisor de Aduanas me presentó a su esposa. Después de tomar varias cervezas con los agentes de Aduanas, la esposa me dijo que ella era la confidente de su esposo. ¡Vaya! un supervisor de Aduanas casado con su confidente.

No podía creer lo que estaba oyendo. Había trabajado mucho para mantener un perfil bajo en Yuma, y ahora todos mis esfuerzos eran en vano. Le dije a Juan Antonio, "¿me estás di-ciendo que lleve a San Diego a un agente de Aduanas?"

"Sí, porque Aduanas también tiene a los hermanos como objetivo."

"Pero Aduanas no está trabajando en el caso de los García conmigo. No trabajo bien con los agentes de Aduanas, y yo por lo general, no comparto información con Aduanas, en especial lo que se refiere a los hermanos."

"Pero Larry, Aduanas está trabajando en la organización de narcotráfico de los hermanos García. Esta nueva agente de Aduanas vino de Florida, y no sabe nada sobre los hermanos. Solo va a acompañarte a la reunión en San Diego para ver lo que la DEA ya sabe para contárselo a su supervisor."

Me preguntaba; ¿por qué confiaría un supervisor de Aduanas en una joven agente para que fuera conmigo a San Diego? Lleva menos de un año en el trabajo y no tiene experiencia trabajando en este tipo de casos. No pasaba nada malo con ella, pero si me das un agente dame a alguien que tenga experiencia; en especial por la gravedad de todo lo que ocurre aquí con la corrupción en los puertos de entrada.

No tenía opción. Acepté a mi nueva compañera temporal, una agente de Aduanas.

La nueva agente y yo fuimos a San Diego. Observé a un hombre de traje negro andando entre dos tipos blancos que pare-cían que eran indigentes. Pensaba con curiosidad; sin duda, *es el investigador privado que camina hacia mí entre dos típicos oficiales de narcóticos camuflados del departamento de policía de Los Angeles (LAPD).*

¡Parecía que los oficiales vivían en la playa! Uno llevaba pantalones cortos bombachos, una camiseta, y tenis gastados. El otro llevaba pantalones vaqueros, camisa de cuello abierto, y tenis blancos. Los oficiales de narcóticos sonreían mientras se acerca-ban a mí.

El primero se presentó como el investigador privado Harry Fresno. Luego miré a los tipos de narcóticos del departamento de policía de Los Angeles. De inmediato confié en los oficiales, cuando estoy cómodo con alguien de la comunidad de las fuerzas del orden, son parte de mi familia. Y yo cuido a mi familia.

"Hola, soy Larry Ray Hardin."

Les di la mano a los oficiales y al investigador Fresno. Este inclinó la cabeza hacia la chica y preguntó, "¿quién es está?"

"Es una agente de Aduanas de Yuma," dije.

"No, no quiero hablar contigo. Quiero hablar con el agente Hardin," dijo el investigador Fresno.

"¿Qué?" pregunté, "¿Por qué no quieres hablar con ella?"

"No quiero hablar con un agente de Aduanas," dijo Fresno, "no comparto información con Aduanas sobre nada de Yuma ni de los puertos de entrada." Luego se dio la vuelta y se marchó.

Los dos oficiales de narcóticos cogieron al investigador Fresno por el brazo. Le dijeron, "Mira; has venido hasta San Diego. Ve y habla con Larry." Los oficiales finalmente le convencieron para que diese la vuelta y hablase conmigo.

Entramos todos en una cafetería, nos sentamos y empezamos a hablar sobre los hermanos García. Me di cuenta que el investigador miraba por encima a los oficiales. Lo siguiente que supe es que, uno de los oficiales, con pantalones cortos bombachos y camiseta, comenzó a filtrear con la agente de Aduanas.

Entonces le dijo, "¡déjame que te invite a un cucurucho! Venga. Vámonos." Y ¡ella le siguió a la salida de la cafetería!

¡No podía creer que fuera tan ingenua de seguir al agente de narcóticos! Me pregunté; ella puede pensar que él la va a invitar a un helado, *pero planea llevarla a su coche. ¿Quién sabe lo que va a hacerle?*

Podía decir que el investigador Fresno estaba feliz de tener a la agente fuera de alcance.

Fresno dijo, "mi cliente, que es el propietario, oyó de uno de los gerentes en su empresa maquiladora de muebles en San Luis, México sobre el uso de sus camiones para el tráfico de drogas. ¡Quiere poner fin a esto inmediatamente! El gerente de la empresa maquiladora también le dijo que era un agente de la DEA que buscaba los camiones de muebles. No quería que su empresa de muebles estuviera relacionada con nada de esto."

Le pregunté, "¿mencionó su cliente el nombre del agente de la DEA que buscaba los camiones?"

Fresno me dijo, "que el apellido del agente de la DEA era Hardin."

Me preguntaba; ¿quién le dijo al gerente de la empresa maquiladora mi apellido? ¿Alguien de mi oficina o en los puertos fronterizos ha filtrado mi nombre a los hermanos?

Fresno explicó, "Un agente de Aduanas de Las Vegas me dijo, "no trates con agentes de Aduanas de Yuma. Pero el agente de la DEA Hardin parece un tipo íntegro. Puedes hablar con Hardin. Tiene un caso activo en estos momentos con todos los hermanos García. No hables con agentes de Aduanas ni con cualquier otra persona de la comunidad policial de Yuma. Solamente con Hardin."

Le expliqué, "una cosa sobre mi trabajo es que no hablo con ningún civil ni investigador privado sobre mi caso. Tú me das información sobre las actividades de drogas de los hermanos García y de corrupción policial. Si me das informacion, la compruebo. Si es verdadera, te digo que es correcta. Te dejaré saber si la cosa se pone fea. Si veo que algo va mal o te acercas demasiado, te lo diré."

"No estoy aquí para darte información sobre lo que estoy haciendo, pero dime qué información tienes," le dije a Fresno.

Añadí, "ten mucho cuidado porque estás en Yuma hacien-do preguntas sobre los hermanos. Tienes que saber que hay gente mala a ambos lados de la frontera, en Yuma y San Luis, México."

Luego escuché lo que él y los oficiales de narcóticos de la policía de Los Angeles sabían sobre la relación de los hermanos con los policías corruptos en los puertos fronterizos de Yuma y San Luis. No ofrecí nada a cambio.

Hablaron de cómo usaban los camiones de muebles en las actividades delictivas de los hermanos García.

Fresno dijo, "Sé que los hermanos García utilizan los camiones de muebles del propietario para el transporte de narcóticos a los Estados Unidos en el puerto fronterizo de San Luis. Creo que alguien de las fuerzas del orden les protege."

Fresno no pudo hablar por más tiempo, porque el otro oficial de narcóticos y la agente de Aduanas volvieron a la reunión. Después de eso, Fresno no quiso continuar hablando delante de la agente de Aduanas.

Le dije al investigador, "ven a Yuma, te veré en uno de los hoteles. Allí puedes hablar más de los hermanos García y de lo que sabes de la corrupción en Yuma."

Pensaba; el investigador Harry Fresno sabía ya de la corrupción dentro de la comunidad de las fuerzas del orden en Yuma. El también había hecho sus deberes. Sabía que los her-manos estaban implicados en el contrabando de narcóticos, y que algo estaba pasando con el negocio de muebles del propietario en México.

De vuelta de San Diego a Yuma, la agente de Aduanas empezó a llorar.

Dije, "¿qué pasó contigo y con el oficial del departamento de policía de Los Angeles?"

Dijo, "no me gustó cómo el investigador me trató en la reunión. No me dejó ser parte de la conversación sobre los her-manos."

Sabía que el investigador no la quería en la reunión.

"Mira, no estoy aquí para protegerte. Eres una agente de Aduanas de los Estados Unidos. Tienes placa y pistola y estás destinada en la fuerza especial de narcóticos de la frontera de Arizona en Yuma. Podías haber parado esa estupidez del inves-tigador de inmediato. Llevas el control, eres agente federal."

Le pregunté, "¿por qué te fuiste con el oficial? ¿Te invitó a un helado o te llevó a su coche? Sabes qué, eres mujer, muchos policías van a intentar ver hasta tus bragas, afróntalo. Eres joven y de la manera que actuas, la gente querrá ligar contigo, en especial los policías."

Sentí que le di buenos consejos sobre la policía. Ella em-pezó a llorar de nuevo, así que le pregunté, "¿Qué pasa, ahora?"

Finalmente dejó de llorar y no dijo nada más.

Al margen del drama de la agente de Aduanas, me impresionó el investigador Harry Fresno. Era inteligente y sincero, sentí que podía confiar en él, aunque fuese investigador y fuente de información. Había sido teniente en el departamento del Sheriff de Los Angeles durante muchos años. Tenía buenas vibraciones sobre él.

Me habló en la reunión sobre Joselito García. Joselito estaba utilizando los camiones de muebles de su cliente para el contrabando de drogas hacia los Estados Unidos, desde México, en el puerto fronterizo de San Luis. Joselito era muy peligroso. Le avisé de que tuviese cuidado con él.

Había muchos camiones diferentes que llegaban a Estados Unidos por la frontera de San Luis y que yo sabía que utilizaban los hermanos García. Solo quería coger a un camión con droga.

En menos de dos semanas, organicé una reunión en Yuma con el investigador Harry Fresno.

La Casa Blanca mexicana

Harry Fresno voló en su avión privado a Yuma para reunirse conmigo. Me dijo que se alojaba en el Shiloh Inn, un hotel muy agradable a las afueras de Yuma. Le pedí al agente de la DEA, Saúl Morales, que me acompañase porque no quería ver al investigador y a sus empleados solos. Eso era algo que yo no hacía.

Nos vimos en la habitación de Fresno. Llevaba a dos de sus empleados con él, Jeff Pearce era su investigador jefe.

Le expliqué, "la información que me dais puede ayudar con mi caso sobre las actividades de drogas de los hermanos."

Fresno dijo, "Tengo información de que el negocio de muebles de mi cliente en San Luis, México, está siendo utilizado por los hermanos García y sus familiares para introducir drogas de contrabando en los Estados Unidos."

Me estaba dando toda la información sobre los hermanos, sus familiares y la corrupción policial en Yuma y en el puerto fronterizo de San Luis.

El dijo, "el dueño en Los Angeles no quiere que sus altos directivos sean acusados por la DEA. Por eso quiere que trabaje contigo y con la DEA."

Después de una discusión, acepté que Fresno tuviese la misma información sobre la organización de los hermanos García. También me contó sobre la corrupción en la policía de Yuma.

Era increíble cómo Fresno y sus dos ayudantes obtenían información de los socios criminales de los hermanos. Jeff Pearce me dio el nombre del cuñado de García, Flaco El Pulpo. El Pulpo era uno de los empleados del negocio de muebles en San Luis, México. Según Pearce, El Pulpo era cuñado de Javier García. Más tarde, Pearce me proporcionó el número de teléfono del Pulpo en México.

Cuando terminamos la reunión, me ofrecí a llevar a los dos investigadores de Fresno a través de la frontera para ver las casas de los hermanos García en México.

A la mañana siguiente, el agente Morales y yo nos vimos en la oficina de la DEA, llevamos un Mercedes camuflado, marrón-rojizo, feo, y con golpes, hasta el hotel, para recoger a los dos investigadores de Fresno. Todo muy profesional: "Vamos, venid con nosotros." Ambos se montaron en el asiento trasero. Antes de salir el agente Morales puso una matrícula mexicana en nuestro coche camuflado de la DEA.

Le dije a los investigadores, "lo hacemos siempre antes de entrar en México. Los agentes de la DEA y yo cambiamos las matrículas de Arizona por las de México, por seguridad, cuando hacemos vigilancia encubierta en México y al entrar en San Luis."

En la entrada de San Luis, los oficiales de Aduanas e Inmigración sabían que el agente Morales y yo pertenecíamos a la DEA, pero la Aduana mexicana no. Los cristales de los coches camuflados estaban tintados de color negro, para que nadie pudiese vernos. Los agentes de Yuma y yo con nuestros coches y camio-netas de la DEA cruzabamos la frontera desde Arizona a México, con matrículas mexicanas.

En unos minutos, les dije a los investigadores, "está bien, estamos llegando."

"¿Llegando a donde?" preguntó el investigador Pearce.

"A las casas de los hermanos García."

Las dos casas parecían versiones en miniatura de la Casa Blanca, situadas en diagonal una de otra. Pearce gritó, "Puedo ver una torreta en la parte alta de las casas."

Señalé la casa de Jaime García, justo al lado del almacén. "Es la congeladora (casa de hielo). Pearce dijo, "mis fuentes me dijeron que los hermanos disponían de túneles subterráneos que conectan todas sus casas con la congeladora (casa del hielo)."

Casa blanca en miniatura

El otro investigador en el asiento trasero tenía su camara lista para hacer fotos. Les dije, "tenéis que tener cuidado aquí en San Luis, México. La policía local mexicana protege a los her-manos y a su familia. No es bueno que la policía os vea haciendo fotos de las casas de los hermanos."

No era nada habitual ver dos casas grandes como esas en San Luis, México. Era imposible que los hermanos tuviesen esas casas solo de los negocios agrícolas y de langostinos.

El negocio americano en México – La maquiladora

Los investigadores, las fuentes de información y los confidentes me recordaban a menudo el trabajo que estaban haciendo en la frontera y en México teniendo como objetivo las actividades relacionadas con drogas de los hermanos. Supe un día que iba a encontrar drogas en el camión de productos de Jaime o en el camión de langostinos de Javier. La única explicación era que los hermanos tenían ayuda de las fuerzas policiales corruptas, empleados en el negocio de la maquiladora, y sus familiares que trabajaban como oficiales estadounidenses en los puertos fronterizos.

Cuando un negocio americano estaba situado en México, se conocía como maquiladora. La ley mexicana exigía que el presidente del negocio de la maquiladora fuese ciudadano mexicano. ¡Ojalá pudiera relacionar la droga con el negocio de la maqui-ladora! Podría demostrar como los hermanos García estaban intro-duciendo de contrabando su droga en los Estados Unidos.

Los investigadores, las fuentes, los confidentes y yo sabíamos que las condiciones de las maquiladoras en México eran terribles, las empresas eran deplorables e inseguras, y algunos de sus empleados solo cobraban 50 céntimos la hora. Los hermanos García usaban a algunos de los empleados de la maquiladora que ganaban sueldos muy bajos para el transporte de la droga a los Estados Unidos.

El gobierno de los Estados Unidos y México ganaban dinero con las empresas maquiladoras legítimas que operaban en México. Los hermanos también se beneficiaban de las maquiladoras para la distribución de la droga en los Estados Unidos. Creo que los hermanos sobornaban a los directivos corruptos y a los responsables de las empresas maquiladoras a ambos lados de la frontera para transportar la droga en los camiones de la compañía a los Estados Unidos.

Pensaba; los hermanos son mexicanos, pero cuando vivían en los Estados Unidos y dirigían el negocio de la droga usando las empresas maquiladoras en México, nunca se preocuparon de la policía en los puertos fronterizos.

Casi me dispara un oficial de la patrulla de carreteras de California

Recibí información de un investigador sobre una carga de "droga," junto con muebles, en un camión articulado que salió de Yuma dirección oeste por la Interestatal 8 (I-8). Con la descripción del camión de muebles y el conductor, subí a mi viejo Mercury gris con el agente Saul Morales en el asiento del pasajero.

Aceleré mi viejo Mercury hasta cerca de 200 kms/h con dirección a El Centro, California, hacia el oeste, por la Interestatal I-8. El agente Morales me dijo, "la patrulla de carreteras de California (CHP) y los agentes de la patrulla fronteriza van a perseguirnos."

Grité, "no te preocupes colega, la patrulla de carreteras y los agentes no van tan rápidos como mi viejo Mercury."

Solo pensaba; quiero atrapar ese camión de muebles, al conductor y la droga de los hermanos García.

Bien, estaba equivocado. Mi viejo Mercury no era lo suficiente rápido para dejar atrás a la patrulla de carreteras y a los agentes de la patrulla de fronteras.

Por mi retrovisor, pude ver detrás mia un coche de policía de la patrulla de carreteras (CHP), coches de la patrulla de fron-teras y camionetas que se acercaban con rapidez hacia mí. Le dije al agente Morales, "Tengo que parar. Si no, los policías pueden que pinchen los neumáticos por la carretera."

Decidí aminorar la marcha y me eché al lado de la carre-tera. De repente, pude ver agentes de la patrulla de carreteras y de la patulla de fronteras con sus pistolas y rifles apuntando al coche. Oí una voz femenina decir, "conductor, salga del coche con las manos arriba sobre la cabeza."

Le dije al agente Morales, "Oye hermano, tranquilo, no te muevas. Yo me encargo. Solo mira como lo resuelvo."

Puse mi placa de la DEA en la mano izquierda y lentamente salí del coche. Vi que la agente de carreteras era una mujer. Se veía muy guapa, y estaba de pie detrás de la puerta del conductor, apuntándome a la cabeza con la pistola. Le grité, "Soy agente de la DEA, tengo la placa en la mano."

Continuaba apuntándome, diciendo, "No me mires. De la vuelta y camine hacia atrás hasta que le diga que pare."

Mientras caminaba hacia la oficial, me di cuenta que el agente Morales dentro del coche me gritaba, "Larry, date prisa. ¡Vamos a perder el camión!"

Pensaba; vaya, hay muchas pistolas apuntándome. El agente Morales tiene dejar de chillar.

Por fín, la oficial de carreteras dijo, "pare y de la vuelta lentamente con las manos al aire."

Le dije, "Soy agente de la DEA," mientras caminaba donde estaba ella y esperaban los agentes de la patrulla de fronteras.

La agente cogió la placa de mi mano. Luego dijo, "Lo siento, no sabía que era de la DEA. La matrícula del Mercury es mexicana."

¡Vaya!

Sonreí y les dije a la oficial y a los agentes de la patrulla, "Estoy siguiendo un cargamento de drogas. Olvidé quitar la matrícula mexicana. Siento haberos asustado."

Una vez ya en el asiento de mi viejo Mercury, el agente Morales me pregunto, "¿Qué ocurrió?"

"No mucho. La oficial estaba haciendo su trabajo. Sabes que el camión de muebles estará ya demasiado lejos para encontrarlo. Hace calor aquí en el desierto. ¿Estás preparado para tomar unas cervezas Corona y comer algo antes de volver a Yu-ma?"

Dijo, "de acuerdo."

Pensaba felizmente; Otro gran día de trabajo.

Chicas jóvenes y policías

Aunque los hermanos García vivían al otro lado de la frontera de México, sus familias eran muy activas en la comu-nidad eclesiástica de Yuma. Los hermanos tenían propiedades en Yuma.

Jaime García enseñó a sus hijas jóvenes como espiar a los oficiales de policía. Las chicas jóvenes de los García sabían ya por amigos en la iglesia, escuela, fiestas, y familiares corruptos de las fuerzas del orden, los bares de la localidad donde los buenos poli-cías pasaban el rato en Yuma.

Una vez que las hijas de Jaime seleccionaban a un policía o agente, solían usar el sexo para tener relaciones íntimas con ellos. A las chicas no les importaba si el policía era ya lo suficiente mayor para ser su padre o abuelo. Querían ayudar a su padre a encontrar un punto débil para ayudarle a él y sus hermanos con el negocio de la droga.

Trabajando solo a través de la frontera con México

A causa de la corrupción en las fuerzas del orden en los puertos fronterizos, me vi obligado a trabajar sin apoyo de los o-ficiales de Aduanas e Inmigración. Al principio, confiaba en los agentes de mi oficina. Después, supe por los investigadores que uno de los agentes de la DEA solía salir a hablar con otros agentes de las fuerzas del orden y oficiales de narcóticos en los puertos fronterizos.

También supe por el oficial Blackman, que un agente de la DEA de la oficina de Yuma hablaba con gente de la comunidad policial sobre mis contactos con investigadores y confidentes que trabajaban en México investigando a los hermanos García. Según ellos, la información volvía a los familiares de los hermanos en el puerto fronterizo de San Luis.

No podía confiar en la ayuda de otros agentes u oficiales en Yuma o el ayudante del fiscal en Phoenix. Tenía que trabajar solo con los investigadores y confidentes.

Había algunos agentes con los que podía contar y confiar en Yuma. La única en la que podía confiar en mi oficina era la secretaria, la Sra. Tucker. Mantenía todo mi trabajo administrativo en orden y se aseguraba de que todo lo que yo escribía estaba terminado y fácil de leer para la oficina del ayudante del fiscal de

Phoenix. Me cuidaba y protegía del cotilleo de los agentes de por qué trabajaba solo en las calles y en México. Las otras personas en las que confiaba fuera de mi oficina eran mis confidentes, investigadores privados, y mis fuentes de información.

Otros agentes de la DEA de la oficina se centraban en sus casos de drogas, sus carreras y la posibilidad de llegar a ser supervisores de grupo y así ascender en la organización. Más tarde, todos los agentes de la DEA de Yuma llegaron a supervisores, pero yo nunca llegué a ese nivel. No pensaba de esa forma sobre mi carrera. Ya lo creo que era ambicioso, pero no era algo en lo que elegí centrar-me. Nunca pensaba en el sueldo o en mi status dentro de la DEA. Solo me centraba en los hermanos que intentaron matar a Don y Roy.

A veces, solía trabajar solo a través de la frontera en México, verificando las residencias y negocios de los hermanos. Anotaba varias matrículas estadounidenses, en especial aquellas de los negocios de los hermanos. Muchas de esas matrículas estaban a nombre de conocidos traficantes de drogas de los Estados Unidos.

Cuando los empleados salían del trabajo en el negocio de productos de Jaime o el negocio de langostinos de Javier en México, solía seguirlos de vuelta a los Estados Unidos. Vivían en casas muy bonitas en Yuma. Pero muchos de los empleados de los hermanos en México vivían en casas hechas de madera contrachapada. Esos empleados no estaban relacionados con el tráfico de drogas.

Registré muchos camiones de productos y muebles, la mayoría de ellos camiones articulados, que llegaban a través del puerto fronterizo de San Luis. Cuando recibía información de los investigadores, fuentes, y confidentes, que podía haber droga en un camión, lo paraba y registraba. Quería que los hermanos en Méxi-co supiesen que yo, agente de la DEA Larry Ray Hardin, iba a in-cautar su droga y sus camiones en el puerto fronterizo de San Luis. Y con todo, los hermanos García y sus familiares ganaban millones con el contrabando de drogas.

Supe por mis fuentes, investigadores y confidentes que los hermanos y sus familiares estaban detrás de cargamentos de dro-gas que venían de la frontera en camiones de productos, langos-tinos y muebles hacia almacenes en alguna parte del condado de Yuma.

Me llamó un cliente del investigador, el propietario de una empresa de muebles de fuera de Los Angeles y de San Luis, México. "A-gente Hardin, sé por el investigador Harry Fresno que está parando algunos de mis camiones que vie-nen por la frontera de San Luis y a veces por la entrada de Algodones. Espero que Fresno y sus investigadores le ayuden a encontrar droga en mis camiones."

Puerto fronterizo de Algodones en California

No le dije mucho al propietario solo que Fresno me propor-cionaba toda la información que yo necesitaba.

Como resultó, supe del investigador Fresno, que el pro-pietario no estaba al tanto de la situación en México hasta que se enteró que yo estaba parando sus camiones de muebles cuando entraban en los Estados Unidos.

El propietario y el investigador Fresno sabían que si yo incautaba uno de esos camiones que utilizaban los hermanos para traficar con drogas, yo podría poner fin a sus actividades de con-trabando en el puerto fronterizo de San Luis.

Ten cuidado con esa joven

Después de consolidarme en la oficina de la DEA de Yuma, la dirección de Phoenix incrementó nuestro personal a cuatro agentes. Normalmente, había solo dos agentes en la oficina al mismo tiempo mientras los otros dos estaban de permiso o de entrenamiento. Después, la DEA contrató a una estudiante a media jornada para ayudarnos con el papeleo.

Unos meses después de contratarla, la Sra. Tucker me dijo, "Unos de los agentes estaba muy cerca de la estudiante en la sala de archivos. Creo que estaba frontando sus pechos."

Cuando oí eso, inmediatamente les dije a los agentes, "mucho cuidado con lo que hacéis en la oficina con la estudiante." Todos rieron.

Unos días después, me dijo de nuevo, "Puede que la chica esté teniendo relaciones sexuales con unos de los agentes."

Le dije, "hablaré con los agentes."

La Sra. Tucker dijo, "si no les dices que pare, la chica va a perder el trabajo."

Después de trabajar ese día alrededor de 12 a 16 horas en el caso de los hermanos y otros casos de investigación, me fui a casa. Era ya tarde y le dije a los agentes, "Cerrad con llave la oficina y conectad la alarma cuando os marchéis."

Salí por la puerta delantera, y me di cuenta que tenía que volver a recoger unos documentos. Decidí entrar por la puerta trasera de la sala de archivos. Cuando entré en la oficina, vi a los agentes filtreando con la estudiante.

Grite con énfasis, "¡parad ya!"

La chica me miró.

Pasé junto a los agentes y la chica, y ya en mi escritorio cogí los papeles que necesitaba, me volví y salí. "Esto que hacéis me preocupa," les dije, "¡no volváis a hacerlo más en la oficina!"

Poco después, la estudiante dejó de trabajar para la DEA.

No había nada nuevo con los agentes que mantenían relaciones sexuales con compañeros de trabajo, abogados, auxiliares judiciales, confidentes, mujeres casadas, mujeres que iban a la iglesia, o prostitutas. Era parte del trabajo para unos pocos agentes y oficiales de narcóticos. No llegaba a comprender cómo los agentes y los oficiales amaban a sus esposas e hijos y sin embargo tenían relaciones con cualquier mujer que se bajase las bragas.

Corrupción en la frontera mexicana

Mis fuentes e investigadores me informaron más tarde que los hermanos García tenían un socio, Franco Finca. Finca poseía una tienda de productos agrícolas, a unos metros de la frontera de San Luis, México. Llevaba muchos años en el negocio de produc-tos agrícolas en San Luis, Arizona.

Más tarde, me presenté a Franco Finca en su empresa de productos en la frontera y le pregunté sobre sus tratos comerciales con los hermanos García y sus familiares. Le pregunté si él era el contacto estadounidense de las actividades de tráfico de estupefacientes de los hermanos en Arizona. Negó nervioso cualquier relación pero admitió que estaba al tanto de operaciones de drogas en México.

Le expliqué a Finca, "la DEA puede incautar propiedades de socios de los hermanos García por su relación con el tráfico de narcóticos. Si es necesario Finca, puedo incautar su negocio."

Finca respondió inmediatamente, "Yo no tengo relación alguna con el negocio de estupefacientes de los hermanos." Luego se dio la vuelta y entró en su negocio.

Estaba convencido que Finca estaba relacionado con el negocio de estupefacientes de los hermanos, pero ¿cómo? También estaba convencido que había algunos oficiales corruptos estadounidenses y mexicanos en el puerto fronterizo de San Luis. La información de mis confidentes y mis fuentes así lo confirmaban. Los hermanos más tarde se lo confirmaron a un confidente de la DEA y alardearon que su sobrina trabajaba como oficial de inmigración en la frontera. Ella podía brindar protección y cooperación a algunos de sus compañeros, oficiales estadounidenses y policías mexicanos corruptos ayudando a trasladar la droga de su tío a través de la frontera hacia los Estados Unidos.

Bebieron y tomaron drogas

El investigador Jeff Pearce me había proporcionado el nombre, Flaco el Pulpo, en la primera reunión con su jefe, el investigador Harry Fresno. Pearce dijo, "El Pulpo es gerente en el negocio de muebles de nuestro cliente en San Luis, México. El Pulpo puede estar relacionado con los hermanos García."

Más tarde expliqué a mi confidente, Santo, que necesitaba su lealtad e indiqué algunas cosas sobre los camiones que estaba vigilando en la frontera de Arizona con México. Le dije a Santo, "Tengo el nombre y el número de teléfono de Flaco el Pulpo. El Flaco trabaja en una maquiladora, una fábrica procesadora de muebles en San Luis, Sonora, México. Quiero que le llames para ver si se reune contigo en Yuma o en alguna parte de San Luis, México. Tú y el Flaco tenéis algo en común. ¡Las mujeres!"

Añadí claramente, "Santo, prohibido usar drogas trabajando con la DEA. ¿Lo entiendes?"

Le di a Santo el número de teléfono para que contactase con el Pulpo. "Dile que le ves en el bar Tigre. El bar es un conocido lugar donde se reunen los traficantes de Tijuana, México."

No le mencioné el nombre de los hermanos García a Santo ya que no estaba seguro de qué manera el Pulpo ayudaba a los hermanos en la organización de tráfico de drogas.

No quería que Santo cometiese ningún delito o hiciera algo que pusiese en peligro el caso. En circunstancias normales, Santo podía conseguir algunas cosas en México pero no en los Estados Unidos. ¡Pero éste no era un caso típico!" Sabía lo que le costaba a Santo obtener información y seguir vivo.

Santo llamó a Flaco el Pulpo. En español, Santo dijo, "oye Flaco, nos vimos en el bar Tigre de Tijuana. Estuve allí hace varias semanas y te hablé de mujeres. También de mi negocio de langostinos, y tú mencionaste que conocías a alguien más que tenía un negocio de langostinos en México."

El Pulpo le dijo a Santo, "ven a San Luis, me gustaría verte de nuevo."

Después de hablar por teléfono, Santo me llamó y me dijo, "Tuve una agradable conversación con el Pulpo cuando le vi en el Tigre. Hablé de mi negocio de langostinos y le dije que me gustaría conocer a su amigo, que también posee otro negocio igual."

"Me dio la dirección de su negocio en San Luis Rio Colorado, México."

"De acuerdo, Santo. Buen trabajo. Ve a verle a México, pero ten cuidado. Llámame cuando vuelvas a los Estados Unidos después de reunirte con él."

Pensaba; ¡esto es demasiado bueno para ser verdad! Sabía por el investigador Pearce y otras fuentes que el Pulpo podría conocer a los hermanos García.

Bajo mis instrucciones, Santo fue a San Luis, México, a ver al Pulpo. Bebieron dos tragos de tequila y esnifaron algo de cocaína. Aunque no supe hasta más tarde que Santo esnifó cocaína con el Pulpo. Después de unos minutos, el Pulpo le dijo a Santo, "quiero presentarte a mi amigo, Javier García, que posee un ne-gocio de langostinos en El Golfo."

Santo le preguntó, "de acuerdo. ¿Cuándo puedo conocer a Javier?"

"Ya te responderé a eso," dijo el Pulpo.

Cuando Santo me llamó esa misma tarde, le pregunté,

"¿Dónde viste al Pulpo?"

"En una empresa maquiladora que fabrica muebles en San Luis, México. Me dijo que es uno de los directivos generales en el negocio que coordina con los oficiales de Aduanas e Inmigración en los puertos fronterizos para enviar muebles en lo camiones de la compañía a los Estados Unidos."

Santo dijo que esnifó unas pocas rayas dentro de la oficina. Luego, me dijo que Javier García transportaba muchos langostinos; incluso cocaína y heroína a Los Angeles, California.

Se lo dejé claro a Santo, "no tomes drogas mientras traba-jes con la DEA."

Santo no dijo nada.

Estaba muy emocionado y pensaba,esto es una noticia increíble.

Concéntrate y mantente a salvo en México

Unos días después, Santo me llamó. "Me reuní con el Pulpo en San Luis, cerca de su negocio de muebles. Dijo que Javier transporta muchos langostinos desde El Golfo a través de la frontera con los Estados Unidos. Javier tiene dos hermanos. El Pulpo dijo que el nombre del hermano mayor de Javier es Jaime. El quiere que yo me reúna en la tienda de comestibles de Javier en San Luis, México."

Le pregunté a Santo, "¿Por qué en la tienda de Javier? Por que no en un bar donde hay chicas guapas."

Santo me dijo, "Creo que el Pulpo esta viviendo la "vida padre" en Yuma y México como director general de un negocio de muebles de una maquiladora. Cuánto más bebe tequila y esnifa cocaína, más habla."

Le dije a Santo, "Tú y Javier podéis conversar sobre el negocio de langostinos y nada más."

No podía creer que Santo iba a reunirse con Javier García. Era todo lo que yo esperaba.

Estaba emocionado; el Pulpo quiere que Santo vaya con él a la tienda de comestibles que Javier posee en México. Los hermanos no hablan de drogas con cualquiera, ni siquiera con Santo. Tienes que ser familiar o una persona de mucha confianza antes de hablar de sus actividades con las drogas.

Le dije a Santo, "de acuerdo, vamos a esperar unos días. Entonces vuelve a llamar al Pulpo y dile que te gustaría reunirte con Javier. Que quieres hablar con él sobre el negocio de langos-tinos."

Santo preguntó, "¿Quién es este tipo, Javier? ¿Le conoces?"

Le dije a Santo, "No sé nada de Javier ni de su tienda. Pronto sabrás qué clase de persona es. Concéntrate y mantente a salvo." Le mentí a *Santo por el momento. Pero él averiguará que Javier es un traficante de drogas importante.*

Puse cara de poker y no expresé ni emoción ni alegría en mi voz por teléfono con Santo. Santo no sabía que Javier estaba relacionado con el intento de asesinato de Don and Roy.

Finalmente encontré un punto débil a través de Flaco el Pulpo para llegar hasta la organización de los hermanos García. Hasta ahora, Santo estaba haciendo un gran trabajo entrando len-tamente en el mundo delictivo de los hermanos a través del Pulpo. Mi primer pensamiento fue; gracias, *Jeff Pearce, por haberme dado el nombre de Flaco el Pulpo y su número de teléfono. ¡Ha mere-cido mucho la pena!"*

Dos semanas después, Santo llamó al Pulpo sobre la reu-nión con Javier en la tienda de comestibles en México.

"Javier te verá mañana en su tienda", dijo.

Santo dijo, "os veré a tí y a Javier por la mañana."

Al día siguiente, Santo se reunió con ellos en la tienda de comestibles.

Santo me llamó por la tarde, después de la reunión con el Pulpo y Javier y dijo, "La reunión fue muy corta. Javier y yo hablamos de nuestros negocios de langostinos. Javier quiere reu-nirse otra vez, pero la próxima vez en El Golfo, donde tiene su negocio de langostinos."

Santo dijo, "El negocio de langostinos de Javier está a dos horas de camino al sur desde San Luis. Es un pequeño pueblo de pescadores llamado El Golfo, cerca de la costa."

Santo me dijo, "Creo que puede ser una buena reunión con Javier en El Golfo. Creo que quiere hablar conmigo sobre drogas. Me dijo que conoceré a su hermano, Joselito, en la reunión en El Golfo."

"Santo, Esta es una buena oportunidad para que le digas a Javier y Joselito que te ayuden a trasladar cocaína desde Colombia a Arizona," le dije.

Ilegales creen que agentes fronterizos les dispararon

Después de otro largo día siguiendo a traficantes de drogas por Yuma hasta México, mi supervisor Juan Antonio Moreno y yo decidimos ir a pescar en el canal de Rio Coronado, junto al punto de entrada de Algodones, cerca de la frontera mexicana. En el pasado, pescaba grandes siluros en los canales y ríos mientras trabajaba.

Era ya de noche, y ni Juan Antonio ni yo pescamos nada. Desde allí, podíamos oir a los agentes de la patrulla fronteriza gritándoles a los inmigrantes ilegales que parasen de correr de vuelta a México. De repente, Juan Antonio oyó un ruido detrás de los arbustos. Gritó, "Es un cerdo salvaje."

Rápidamente le susurré, "Puede que sea un inmigrante ilegal escondíendose entre los arbustos de los agentes fronterizos."

Era ya muy tarde. Juan Antonio disparó con su revólver Smith & Weston del 38, cinco veces, al animal grande y salvaje que corría hacia nosotros. Gritó de nuevo, "Guau, ¡Le he disparado a un cerdo salvaje!"

Grité, "¿Qué cerdo?, es un castor grande de pelo negro. El castor no murió. Saltó al río y desapareció en la oscuridad."

En unos minutos, varios inmigrantes ilegales corrían alrededor nuestro, al sur de la frontera mexicana. Creo que se asustaron por los disparos. Los ilegales huían de los agentes de fronteras estadounidenses. Me preguntaba; creo, *que los ilegales creen que los agentes les están disparando.*

Rio Colorado. San Luis. Arizona

Le dije a uno de los agentes de la patrulla fronteriza cuando pasaba delante mía persiguiendo a los ilegales, "Soy de la DEA. ¿Necesitáis ayuda?"

El agente dijo, "No. ¿Habéis cogido algo?"

Le dije al agente, "No. Pero he visto un castor."

No cogí ningún pescado, pero Juan Antonio Moreno sí que le disparó a un castor.

¿Has matado a alguien alguna vez?

Sabía que Santo necesita protección cuando conoció a los hermanos García y a sus socios en El Golfo, México. Santo era uno de los mejores confidentes de la DEA que jamás haya tenido. Tuve que buscar a otro confidente para que llevase y protegiese a Santo cuando se reunía con Javier y sus hermanos en El Golfo. Como propietario de un negocio de langostinos que operaba en México, no parecía correcto que no tuviese guardaespalda.

También ayudaba tener a otro testigo a la hora de testificar contra los hermanos García. Los confidentes típicamente testifican en casos en los que han estado envueltos, pero a los informadores no se les menciona por su nombre en el tribunal para proteger su identidad y mantenerlos a salvo.

Le dije a Santo, "Santo, necesitas encontrar a alguien que te lleve y traiga de México. Alguien que te proteja allí en El Golfo en el que puedas confiar. Si algo te ocurre, no tendría tiempo para salvarte la vida. Por favor, no quiero saber si llevas pistola o quienquiera que te proteja la lleve."

Me dijo, "De acuerdo, creo que conozco a alguien que me puede proteger en México."

139

Tres o cuatro semanas después, Santo llamó, "tengo a alguien, es colombiano. Allí es donde conocí a mi amigo, en Colombia. Confío verdaderamente en él. Creo que cuidará de mi excelentemente."

"Vale, tráelo a Yuma y déjame conocerle."

Conocí al protector de Santo; era muy bajito, un poco más de metro y medio, fornido, y no hablaba mucho; muy callado. Dijo muy poco cuando le pregunté sobre su pasada vida de delincuente. Le pregunté, "¿Has herido alguna vez a alguien?"

"Sí."

Luego le pregunté, "¿Has matado a alguien?"

Me miró y dijo, "¿Si he disparado a una mala persona?"

Si no era delincuente, me engañó.

Dije, "Te voy a llamar Angelito. En español, significa ángel pequeño. ¿Estás de acuerdo con el nombre?"

Angelito sonrió.

Más tarde le pregunté a Santo, ¿Te sientes bien con Angelito?

Santo contestó, "Angelito parece ser muy humilde, sin embargo, puede matar rapidamente si es necesario. Creo que, si no pudo matar al tipo malo, iría por su familia."

Dije, "Angelito, vas a trabajar conmigo. Vas a pegarte a mí, y quiero que estés cerca de Santo. No esnifes drogas ni lleves armas. ¿Me entiendes?"

"Sí," Angelito respondió con una sonrisa.

Santo confiaba en Angelito a muerte y quería que fuese su guardaespaldas y chófer. Santo y Angelito confiaban el uno en el otro. Ambos eran colombianos que trataban con mexicanos, y no había ningún afecto entre los traficantes colombianos y mexicanos. Por alguna razón, a los mexicanos no les gustan los colombianos, pero ellos quieren su droga, especialmente su cocaína. Esto era perfecto.

Miré a Santo y Angelito y les dije, "¡Vamos a por estos hermanos!"

Pensaba; ¿Podría Angelito ir armado cada vez que fuese a México? Si no, sería estúpido.

Las mujeres americanas no llevan vaselina

Santo y Angelito no sabían que los hermanos García estaban detrás del intento de asesinato de los dos miembros de la DEA en 1975, Don and Roy. Los nombres de los hermanos nunca fueron mencionados a Santo y Angelito porque no podía darles a mis confidentes esa clase de información.

Unas semanas después en El Golfo, Javier le enseñó a Santo y Angelito su negocio de langostinos. Después de eso, se reunieron con el Pulpo, Marco Oscuro, mano derecho de Jaime, y Joselito, en el restaurante de Javier, para tomar algo. Santo supo en el restaurante de Javier que la mujer de Oscuro era maestra y dirigía el programa de educación de resistencia al abuso de drogas (DARE siglas en inglés) en el condado de Yuma.

Marco Oscuro también tenía familiares que trabajaban en el puerto fronterizo de San Luis. Estaba muy vinculado con los policías corruptos en el punto de entrada. Javier le dijo a Santo que no se preocupase de la frontera hacia San Luis, Arizona.

Santo dijo, 'Mientras tomábamos tequila en el restaurante de Javier, Joselito compartió muchas historias. El decía que cuando los americanos iban a México, algunos de sus colegas policías mexicanos separaban al marido o novio de la mujer o chica si estaba muy buena. El policía luego la llevaba a la habitación trasera y mantenía relaciones con ella."

Joselito decía que la policía mexicana le indicaba a la mujer americana que no chillase. Si chillaba, el policía les haría daño a los acompañantes. Después de terminar, les decían que no hablasen con nadie de lo que había pasado, o ella y su marido o novio desaparecerían o serían acusados de violación.

"En México, esto es un modo de vida para algunas mujeres y chicas," decía Joselito. "Es sabido que las mujeres mexicanas llevan a veces un tarrito de vaselina como lubricante para la vagina porque no saben si van a mantener relaciones con un policía o dos."

Joselito añadió, "Las americanas nunca llevan vaselina. Eso es por lo que sangran tanto." Luego rio y dijo, "En los Estados Unidos se llama violación."

Santo me dijo más tarde, "Creo que Javier y Joselito son tipos peligrosos. El negocio de langostinos de Javier exporta langostinos tigres muy buenos a Arizona y California. Parece que es un negocio legítimo en El Golfo."

Santo dijo, "Tengo la sensación que de ahora en adelante cada vez que Angelito y yo nos reunamos con Javier, Marco y Joselito estarán con él."

Le pregunté a Santo, "¿Quién es Joselito?"

"No sé nada de él, solo que Javier me dijo que Joselito es su hermano menor."

Estaba emocionado y pensaba; por supuesto, *que sabía quién era Joselito. La* DEA y la comunidad policial de Yuma conocían a Joselito como un tipo muy malo.

Santo nunca me dijo que él y Angelito esnifaron cocaína con los hermanos hasta que me reuní con el ayudante del fiscal, Fly, en Phoenix.

Algo no va bien

Cuando me reuní con Santo unos días después, me dijo, "Sabes, agente Hardin, en el puerto fronterizo de allí abajo en San Luis, algo no va bien. Los oficiales de Aduanas e Inmigración me están preguntando a mí y a Angelito sobre nuestra visita a México."

"¿Qué clase de preguntas?" le dije.

"Los oficiales me preguntaron a Angelito y a mí qué pasaba en México, porque íbamos a Arizona, y que hacíamos en San Luis, México. Les dije a los oficiales que Angelito, y yo vivimos en

Phoenix, Arizona." Mostramos a los oficiales nuestros pasaportes colombianos y nuestros visados. También, nos preguntaron si conocíamos a los hermanos García."

Le dije a Santo, "No metiste la pata. ¿Verdad?"

"No, solo les dije que poseo un negocio de langostinos en México, y vengo y voy. Angelito es mi empleado."

"De acuerdo, de acuerdo. Santo, tú y Angelito tenéis que tener mucho cuidado con la policía en la entrada. En especial con algunos oficiales de Inmigración y Aduanas. No hablo de los mexicanos. Hablo de los oficiales policiales estadounidenses cuando entras en los Estados Unidos."

Traficantes del sudeste asiático

Los confidentes, investigadores y fuentes de información también me proporcionaron los nombres de supuestos socios que eran importantes traficantes mexicanos, del sudeste de Asia y Colombia, relacionados con la organización de los hermanos García.

No quería que nadie supiese en la oficina de narcóticos de Yuma qué camiones de productos o langostinos registraría en el puerto fronterizo de San Luis porque algunos de ellos alertarían a sus corruptos colegas en la frontera. Entonces noté algo importante de cómo los camiones entraban. Empecé a ver algunos camiones de productos soltar sus tráilers a través de la frontera mexicana antes de llegar a la entrada. Más tarde, otro camión cogía el tráiler y lo llevaba a través de la frontera estadounidense. Los hermanos García estaban intercambiando camiones porque daban por sentado que la DEA tenía como objetivo sus camiones.

Tenía autoridad del Departamento de Justicia para incautar camiones que llevasen drogas. Sin embargo, alguien de la comunidad policial se enteró que yo estaba vigilando los camiones de los hermanos en la frontera. Estaba intentando encontrar una forma para atrapar a los narcotraficantes de la organización, sin implicar a otras agencias de las fuerzas del orden y a los oficiales de Aduanas e Inmigración de la frontera.

Pensaba con tristeza; espero que no sea nadie de mi oficina.

También quería proteger el caso para que no fuera rechazado por la oficina del fiscal de Phoenix, por falta de pruebas objetivas. Solo tenía testimonios de oídas de que los hermanos carga-ban cocaína y heroína en los camiones de productos y langostinos en México.

Hablé con el ayudante del fiscal Goodwill, y más tarde con dos nuevos ayudantes asignados a la investigación de los herma-nos, de cómo evitar tales problemas como estrategias, lugar, extra-dición a los Estados Unidos, y procesamiento de los hermanos. Luego, el segundo y tercer ayudante del fiscal se negaron a en-causar a los hermanos solo de conspiración. Tenía que atraparlos y demostrar penalmente que eran culpables, no en México, sino en los Estados Unidos.

Oficial corrupto y 32 kilos de cocaína

Una de mis fuentes me dijo que un coche con cocaína iba a cruzar hoy por la entrada de San Luis desde México. El dijo, "Sé el tipo de coche que lleva la cocaína desde México a Estados Unidos por el puerto fronterizo. Hay un oficial corrupto en la entrada que ayuda con el contrabando de cocaína para los hermanos."

Con la información de mi fuente y la descripción del co-che, pude incautar 32 kilos de cocaína de un coche abandonado en el aparcamiento público de una tienda de comestibles en San Luis, Arizona. Y pensaba; ¿Dónde esta el conductor?

Mi fuente me dijo que el conductor lo dejó aparcado y alguien le dijo que se alejase del mismo.

Le dije a mi fuente, "Esperaba hablar con el conductor sobre los 32 kilos de cocaína y también con el oficial corrupto en la entrada. Pero perdí la oportunidad."

Cámaras de video dentro y fuera

Los investigadores proporcionaron información de que los hermanos García estaban utilizando un almacén propiedad de su cliente para almacenar muebles en Yuma para descargar drogas de contrabando de sus camiones de productos.

Las drogas de los hermanos luego se trasladarían a automóviles y pequeños camiones para su distribución por todos los Estados Unidos.

El almacén era un vasto edificio con una gran sala y un techo alto. Pedí a los investigadores que solicitasen permiso al propietario del almacén para instalar cámaras de video dentro y fuera del almacén. Luego le pedí al oficial de narcóticos de Arizona, Daniel Blackman, ayuda para instalar cámaras en el almacén.

Confiaba en él. Trabajamos juntos y unidos en la investigación conjunta sobre metanfetamina de Joe Cactus y Nick Star.

Más tarde, el domingo por la noche, con la ayuda del oficial Blackman, instalamos dos cámaras ocultas para vigilar los camiones que entraban y salían del almacén. Una cámara se colocó dentro del almacén y la otra en lo alto de la torre de agua que daba al exterior del almacén. Quería comprobar si en este lugar se producía algún intercambio de camión o coche.

Al día siguiente, el oficial Blackman me dijo, "Tienes que ver la grabación de video dentro del almacén."

En el video, uno de los conductores del camión se dirigía directamente a la parte alta del almacén y puso su globo ocular en la cámara de video.

Esta información me hizo preguntarme si hubo filtración de la oficina de la DEA o de narcóticos. ¿Cómo tenía el conductor conocimiento de la cámara escondida en lo alto del techo del almacén? ¿De dónde venía la filtración? *¿Podía venir de mi ofi-cina o de la oficina del oficial Blackman?*

Los hermanos García y sus familiares estaban muy bien relacionados con las fuerzas del orden del area de Yuma y en la entrada de San Luis. Alguno de los policías sospechosos y corruptos que yo conocía en la comunidad podían estar relacionados con los hermanos y la corrupción en la frontera estadounidense. Un agente de mi oficina podía estar inconscientemente compartiendo información con un policía corrupto u oficial en el puerto de entrada que le llegaba de vuelta a los hermanos.

Los agentes de mi oficina empezaron a no prestarme ayuda en la investigación de los hermanos porque la presión de la oficina del fiscal estadounidense de Phoenix estaba disminuyendo con mucha fuerza en todos aquellos relacionados con el caso debido la corrupcion generalizada. Nadie de mi oficina me habló jamás de conversaciones con otras fuerzas del orden fuera de la DEA sobre los hermanos García. Pero sabía que, si trabajaba con estos oficiales o agentes, tarde o temprano descubriría la filtración.

Sabía también que si continuaba trabajando con los inves-tigadores en el caso, mis posibilidades de ascenso eran mínimas ya que ellos estaban identificando a policías corruptos sospechosos.

"El que anda en integridad anda seguro, más el que pervierte sus caminos será descubierto" (Proverbios 10:9 Nueva versión standard americana).

77 toneladas de cocaína en apenas tres meses

El supervisor de la DEA de Yuma Juan Antonio Moreno me empujó a continuar con la siguiente investigación de drogas mientras terminaba otros casos. Pero no iba a darme por vencido hasta acusar a los hermanos García por el intento de asesinato de Don y Roy en 1975. Tenía un trabajo que hacer por Don, Roy, y el resto de la DEA: arrestar a los hermanos.

Yo podía relacionar varias investigaciones sobre marihuana con la organización de los hermanos García. Un familiar de los hermanos fue arrestado en 1989 por su relación con el transporte de varios cientos de kilos de cocaína incautadas por la aduana estadounidense en el puerto fronterizo de San Luis. El chófer que trabajaba para los hermanos escapó de la policía en el puerto de entrada y corrió de vuelta a México. Las autoridades mexicanas más tarde lo arrestaron, pero fue liberado por alguien que trabajaba en la oficina del fiscal federal de México. Más tarde, en 1989, las fuerzas del orden incautaron 20 toneladas de cocaína en la ciudad de Sylmar, California. El investigador proporcionó información de que 77 toneladas de cocaína eran transportadas a la zona de Sylmar, menos de tres meses desde que la DEA incautase otras 20 toneladas. Por entonces, 20 toneladas de cocaína se consideraba el suministro semanal para todo Los Angeles. Este fue el mayor operativo antidrogas hasta la fecha.[27]

Perro rastreador de narcóticos alertó de 100 kilos de cocaína

Recibí una llamada de una mujer no identificada que vivía en San Luis, México. La mujer se negó a dar su nombre y dijo en un pobre inglés que una camioneta entraría por el puerto de San Luis con cocaína dentro. La mujer escuchó a un empleado del almacén de la congeladora de los hermanos García en México que alguien llevaría el "producto" en una camioneta, en los próximos días.

La desconocida mujer no podía dar más detalles para ayudarme, aunque tenía la descripción

100 kilos de cocaína

de la camioneta. Un día después, recibí información adicional de la descripción de la misma camioneta de otra fuente desconocida, una voz masculina, que llamaba sobre la camioneta que iba a entrar por San Luis con drogas.

Unos días después, encontré una camioneta abandonada que coincidía con la misma descripción que me dieron la mujer y el hombre, cerca de la entrada de San Luis, Arizona, en un aparcamiento público. Un perro rastreador de narcóticos alertó que había drogas dentro de la camioneta. Incauté alrededor de 100 kilos de cocaína dentro de la camioneta.

La mujer y hombre desconocidos no volvieron a llamarme. Me preguntaba; ¿Es la mujer sin identificar una amiga enfadada de uno de los hermanos? ¿Era quizás el hombre desconocido un oficial corrupto que me estaba vigilando en la entrada?

224 túneles con drogas descubiertos entre Estados Unidos y México

Los cárteles mexicanos son conocidos como "la mayor amenaza criminal de drogas" a la que se enfrenta los Estados Unidos. Según Edwin Mora de Breitbart, en 2013, 224 túneles con drogas se descubrieron a lo largo de la frontera entre los Estados Unidos y México desde 1990. Las autoridades estadounidenses y la DEA descubrieron y destruyeron estos túneles que se utilizaban para el contrabando de grandes cantidades de drogas ilícitas a lo largo de la frontera entre Estados Unidos y México desde 1990.[28]

Los túneles de los cárteles que transportaban drogas ilegales eran cada vez más sofisticados y continuaban amenazando la seguridad en la frontera entre Estados Unidos y México. Se sospechaba que los túneles iban desde México a casas de seguridad y negocios de producción cerca de la entrada de San Luis, en el area de Arizona. Recibí información de investigadores, confidentes y fuentes que las drogas de los hermanos García iban a Yuma a casas privadas y almacenes.

Mis fuentes y confidentes me dijeron que el cartel mexi-cano y los hermanos usaban túneles subterráneos para transportar grandes cantidades de heroína, cocaína y marihuana de San Luis, México, a San Luis, Arizona. Sospechaba que los hermanos hacían contrabando de cocaína y heroína por los túneles que eran renta-bles para ocultar y transportar grandes cantidades en vez de usar camiones de productos y langostinos. La heroína era secundaria a la cocaína porque no siempre estaba disponible. Aunque la marihuana era rentable y abundante, requería de más mano de obra y trabajo para esconder, pasar de contrabando, y transportar en camiones de productos y langostinos.

163 Kilos de marihuana en paquetes

Después de incautar alrededor de 163 kilos de marihuana de una camioneta abandonada cerca de la entrada de San Luis, Arizona, varias semanas después la misma mujer desconocida que me alertó antes, me llamó sobre otro coche abandonado cerca de la entrada, en San Luis, Arizona. Dijo en pobre inglés, "Es el mismo chófer de la camioneta que llevaba la cocaína. El chófer trabaja en el almacén de la congeladora de los hermanos. El coche es un Ford blanco, y tiene matrícula de California. Oí al conductor decirle a otro empleado que pasó por el punto de entrada ayer sin problema alguno con los oficiales de Aduanas e Inmigración. El coche está aparcado en el mismo aparcamiento público de la última vez." Luego cortó la llamada.

Más tarde ese mismo día, llegué al aparcamiento con otro agente de mi oficina. Un agente de la patrulla fronteriza y su perro antidrogas estaban ya en el aparcamiento, esperándome. Después de verificar la descripción del coche, el perro antidrogas de la patrulla fronteriza, alertó de inmediato de drogas dentro del coche. Al abrir las puertas y el maletero del coche abandonado, encontramos más de 163 kilos de marihuana en paquetes.

Estaba disgustado y pensaba; no puedo creer que alguien en la entrada de San Luis no comprobase la camioneta con los 163 kilos de marihuana. Ahora, este coche tiene toda esta marihuana. ¿Me están tendiendo alguna trampa los hermanos y los oficiales corruptos del puerto fronterizo? ¿Por qué sabe tanto la mujer desconocida del conductor del coche? ¿Quién es?

Camiones de productos agrícolas, langostinos y muebles

Más tarde supe de mis fuentes, investigadores y confiden-tes, que los hermanos García sabían que yo planeaba parar sus camiones de productos y langostinos en la entrada. Por alguna razón, había una filtración de un oficial corrupto de Aduanas e Inmigración que informaba a los hermanos. Sospechaba que la filtración procedía del punto de entrada de San Luis.

Los investigadores creían que los hermanos sabían por oficiales corruptos que yo iba a parar camiones de muebles. Los hermanos intercambiaban los camiones antes de cruzar la frontera a los Estados Unidos.

Ignorando las filtraciones de los policías corruptos, continué registrando camiones de productos, langostinos y muebles relacionados con los hermanos. Recibía de los investigadores información fiable de que los camiones de muebles llevaban droga y estaban aparcados en la frontera cerca del puerto fronterizo.

¡Estaba ansioso por incautar un camión de los hemanos García con droga! Por lo que a mi respecta, no daba con el camión idóneo. Paraba y registraba muchos camiones de productos, langostinos y muebles, especialmente los camiones del negocio de productos de Jaime. Registraba los camiones por dentro y fuera con perros especializados, pero no encontraba drogas. Estaba confuso por no encontrar droga oculta en las cajas de productos o dentro de los mue-bles. Tenía investigadores y confidentes de confianza dentro de la organización de los hermanos en México, que me facilitaban infor-mación de que había drogas en los camiones. ¿Dónde estaba la droga de la que me informaban? *Quería saber cómo los hermanos sabían en los camiones en los que me fijaba.*

Túnel subterráneo cerca de la entrada de San Luis

Como parte del cartel de drogas de Sinaloa, México, el primer túnel del Chapo Guzmán, construido desde Agua Prieta, México, hasta Douglas, Arizona, tenía nueve metros de profun-didad, más de un metro de ancho y un metro y medio de altura, y casi la longitud de un campo de fútbol. Contaba con un completo sistema hidráulico que levantaba el suelo dejando al descubierto una escalera dentro del túnel a ambos lados. Este fue descubierto en 1990 y El Chapo lo usó para su segunda fuga de la prisión. Se le conoce como "el callejón de la cocaína" por traficar con drogas hacia los Estados Unidos[29] [30] [31] [32] y la información con la que contábamos relacionaba la organización de los hermanos García con las actividades del cartel de Sinaloa.

Le pedí al equipo de Investigación Geofísica del Departa-mento de Defensa que me ayudase a encontrar un posible túnel subterráneo cerca de la entrada de San Luis. Después de sobre-volar la entrada dos veces, el personal del Departamento de De-fensa revelaba que había un 95% de posibilidades de que existiese un túnel en la zona del almacén de productos agrícolas de Franco Finca. Mis fuentes en el negocio de productos habían dicho que Finca era un socio comercial cercano a Jaime. Con anterioridad, le mencioné a Finca, que si encontraba droga en su propiedad o en los camiones le arrestaría e incautaría su almacén de productos, su casa, coche y cualquier propiedad suya.

Utilicé dos cámaras fijadas a postes de teléfonos y un vehí-culo de recreo especial para vigilar las actividades cerca del almacén de productos de Finca. Las cámaras y el vehículo estaban en posición donde existía el presunto túnel en San Luis, Arizona.

Más tarde, ejecuté una orden de registro en el almacén de productos de Finca. A Finca no le sorprendió la orden de registro o verme de nuevo. Finca dijo, "Ya te dije antes que no soy socio de productos de Jaime García."

Declinó decirme nada más. Después de inspeccionar el almacén por dentro y fuera, me fue imposible localizar el túnel subterráneo.

Finca más tarde dijo a una fuente que ya sabía que su almacén iba a ser inspeccionado por la DEA. Mientras continuaba intentando localizar el túnel subterráneo, me centraba en las actividades de narcotráfico en el negocio de productos de Finca y en la corrupción de las fuerzas policiales en la frontera.

¿Cómo sabía Franco Finca, socio de los hermanos en el negocio de productos agrícolas, que yo iba a inspeccionar su negocio?

Oficiales mexicanos corruptos y responsables políticos en México y los Estados Unidos

Javier, Jaime, y Joselito García parecían dispuestos firmemente a llevar a cabo operaciones de narcotráfico con fuerte dependencia en familiares y parientes que trabajaban en el puerto fronterizo de San Luis y fuerzas policiales locales de los Estados Unidos. Mis fuentes, investigadores y confidentes declararon que estaban seguros al 100% que oficiales corruptos en México y los Estados Unidos protegían y colaboraban con la organización de los hermanos para pasar drogas a los Estados Unidos.

Con la ayuda de mis fuentes, pude identificar a oficiales policiales corruptos y a responsables políticos tanto en México como en los Estados Unidos. Los oficiales corruptos en la entrada, eran, muy probablemente, el factor primordial de su éxito en el tráfico de drogas.

Sacerdote católico es asesinado

El 24 de Mayo de 1993, el Cardenal Juan Posadas Ocampo, su chófer, y otras cinco personas fueron asesinadas a tiros. Ocampo y su chofer estaban sentados en el coche en el aeropuerto de Guadalajara, México. El asesinato de Ocampo fue uno de los muchos ataques violentos de los narcotraficantes durante las crecientes guerras territoriales entre grupos contrabandistas.[33] Después supe más tarde por mis fuentes, investigadores y confidentes que el tiroteo y asesi-nato de Guadalajara volvía a vincular a la organización de los herma-nos García con otros cárteles de México.

Comercio de armas y estupefacientes

Los investigadores me propocionaron informes que mos-traban a guerrilleros del ejercito popular revolucionario de México consiguiendo armas de cárteles de drogas a cambio de heroína. Los guerrilleros suministraban armas de fuego a los agricultores de amapolas para proteger sus campos en México.[34]

Más tarde, supe que familiares de la organización de los hermanos tenían vínculos con armas de contrabando a Nicaragua a través de México y armas intercambiadas por narcóticos. Mis fuen-tes e investigadores me hablaron del negocio de armas y narcóticos. Y llevaba ya mucho tiempo sucediendo, antes incluso de que llegara yo a la oficina de la DEA de Yuma.

No hay agallas para perseguir a policías corruptos

Un día, me reuní con Santo y Angelito después de que viajar a través de la entrada de San Luis a Arizona. Acababan de volver de una reunión con Javier en su tienda de comestibles en México.

"Santo, ¿Con quién os reunisteis?" pregunté.

"Nos reunimos con Joselito y Marco Oscuro otra vez."

Santo me dijo, "En la reunión, Joselito me pidió varias veces producir coca y traficar con pasta de cocaína desde Colombia a San

Luis, México. Joselito me dijo que podía venderme mucho ácido clorhídrico y éter para la fabricación de cocaína. Joselito dijo que tenía los contactos idóneos en la entrada de San Luis para hacer contrabando con cualquier cosa, ¡Incluso alienígenas a los Estados Unidos! Joselito reía cuando decía que era conocido como el Rey de la Heroína, *y* Jaime como el Rey de la Cocaína de México."

Santo y Angelito dijeron que se iban a reunir de nuevo con Javier en su tienda de comestibles en San Luis para hablar del negocio de langostinos. Santo creía que los hermanos García eran extremadamente poderosos y a la vez peligrosos en México.

Según Santo, Joselito era un criminal que no tenía piedad de nada – corrupcion, herir a personas, lo que fuese. Si Joselito buscaba a alguien, iría trás él y su familia en México o los Estados Unidos.

Los otros dos hermanos eran conocidos por suministrar drogas para sus traficantes, no tanto por asesinar. Los hermanos disponían de sicarios profesionales de los cárteles mexicanos para asesinar en su nombre. Era así siempre cómo los cárteles proporcionaban *sicarios*.

Ahora, con Santo y Angelito dentro de la organización de tráfico de drogas, necesitaba concentrarme en pruebas objetivas y no de oídas o pruebas de inteligencia de mis fuentes, investigado-res o confidentes. Para encarcelar a los hermanos, necesitaba hechos.

Estaba animado porque Santo y Angelito continuaban confirmando los vínculos de Jaime, Javier, Joselito, y sus contactos con policías corruptos para introducir de contrabando droga en los Estados Unidos a través del puerto fronterizo de San Luis. Sabía ahora mucho más de las actividades delictivas en materia de drogas gracias a la ayuda de Santo y Angelito.

En una ocasión, Joselito le dijo a un agente de la DEA en la oficina consular estadounidense en Hermosillo, México, que su hermano, Jaime, era el narcotraficante, no él. El agente de la DEA en Hermosillo me dijo que Joselito se encontraba en la oficina consular solicitando un visado para viajar a los Estados Unidos.

154

Nos aseguraremos que estén muertos

Santo me dijo, "Jaime quiere vernos."

Le dije a Santo, "Tened cuidado tú y Angelito y llámame después de tu reunión con Jaime."

Más tarde, Santo y Angelito se reunieron con Joselito y Jaime en una de las casas blancas más grandes de San Luis, México. Durante dos días, no escuché de ellos. Cuando volvieron a informarme, Santo dijo, "Parece como la Casa Blanca, excepto que más pequeña. Había muchos tipos andando alrededor nuestra, armados, que nos observaban mientras nos reuníamos con los hermanos."

Santo me dijo que Javier vivía al otro lado de la calle en otra casa blanca grande que también se parecía a la Casa Blanca estadounidense.

Santo dijo, "Jaime alardeaba de sus amigos y familiares que trabajan en el puerto fronterizo de San Luis, y también hablaba de sus contactos con la CIA. Nos dijo que su sobrina trabajaba en el puerto fronterizo como oficial de inmigración."

Santo dijo, "Jaime presumía de su familia sin mencionar nombres. Cuanto más esnifaba cocaína, más se iba de la lengua. Como su cuñado el Pulpo. El también presumía de que nunca po-día ser arrestado por su relación con la CIA."

Santo dijo que no podía hablar conmigo porque él y Angelito estaban siendo vigilados muy de cerca por los empleados de Jaime. Más tarde, Jaime apuntó con su revólver del calibre 45 y nos preguntó, "Oye, Santo y Angelito. ¿Sois de la DEA?" Luego Jaime empezó a reir y dijo, "Es broma. La DEA no puede tomar drogas ni mantener relaciones con chicas jóvenes. Está prohibido tener relaciones cuando trabajan."

Ahora era Joselito el que apuntaba al investigador con su revólver del 45 y reía. Joselito le preguntó de nuevo a Santo y Angelito, "¿Sois agentes de la DEA?"

Luchando Contra mi Mayor Enemigo, Yo Mismo

Más tarde, Joselito le dijo a Santo y Angelito que sus hermanos intentaron asesinar a dos agentes de la DEA (Don y Roy). Dijo Joselito, "No habrá duda la próxima vez; ¡Nos aseguraremos que los agentes de la DEA estén muertos!"

Luego él preguntó a Santo y Angelito, "¿Conoceis a Tommy Pescado? Es propietario de un concesionario de vehículos en Yuma. Jaime le compró vehículos por valor de 135,000 dólares a cambio de drogas."

Luego rio y dijo, "deberías comprarle un coche."

Más tarde supe que Tommy Pescado estaba muy vinculado a los hermanos García. Fue una vez alcalde de la ciudad de San Luis, Arizona. También era conocido como un corrupto vendedor de coches usados y sospechoso violador en Yuma.

Santo me llamó y dijo, "Angelito y yo estuvimos encerra-dos en la casa de Jaime que nos obligó a esnifar cocaína con él y Joselito. Mujeres maduras y chicas jóvenes entraban y salían de la casa."

No les pregunté la edad de las chicas.

Santo y Angelito se implicaron en el mundo criminal de los hermanos. Empezaron a recibir muestras gratis de cocaína para esnifar junto a los hermanos. Los investigadores estaban haciendo los contactos que yo necesitaba, y así yo estaba desarrollando mi caso contra los hermanos por el intento de asesinato de dos agentes de la DEA. Estaba ilusionado y pensaba; ¡Esto es así! *Es lo que yo había esperado. ¡Todo está tomando forma!*

En varias ocasiones cuando Santo y Angelito entraban, los oficiales de Aduanas e Inmigración le preguntaban si se habían reunido con Jaime. Por supuesto, no les decían nada. Tenían un presentimiento de que los hermanos gozaban de protección de los agentes corruptos en la frontera.

Santo y Angelito no tenían ni idea por qué era Jaime tan importante en México. Yo estaba ilusionado de que estuvieran dentro de la casa de Jaime, pero les insistí en que no esnifasen cocaína ni tuviesen relaciones sexuales con chicas jóvenes.

156

Ahora, tengo un hermano García más, Jaime. Tengo a los tres hermanos en el punto de mira, gracias a Santo y Angelito.

"No se inquieten por nada; más bien, en toda ocasión, con oración y ruego, presenten sus peticiones a Dios y denle gracias. Y la paz de Dios, que sobrepasa todo entendimiento, cuidará sus corazones y sus pensamientos en Cristo Jesús"(Filipenses 4:6-7 Nueva versión standard americana).

Puertos fronterizos de Estados Unidos y México

Continué desarrollando más información de mis fuentes, investigadores y confidentes de que no solo familiares de los hermanos García, sino también íntimos amigos, trabajaban en la entrada de San Luis. Sospechaba que estos familiares y amigos eran oficiales que informaban a los hermanos cuando la DEA esperaba que sus camiones de productos y langostinos cruzasen por el puerto fronterizo.

Santo dijo, "La organización de los hermanos ha presumido de tener hasta cuatro familiares diferentes trabajando en la entrada de San Luis, Arizona, ayudándoles a cruzar a Estados Unidos con la droga."

Santo y Angelito me informaron que recordaban a una oficial de inmigración de origen hispano en la entrada que solía observarlos con mucha atención.

"La oficial era la que me hizo muchas preguntas sobre mi visita a México," dijo Santos.

Continuó, "Llevaba camisa blanca, pantalones azules oscuros, y pistola al cinto. Tenía un poco de sobrepeso y llevaba placa. La oficial fue muy amable y mencionó a su tío Jaime García."

Una vez más, Santo y Angelito no le dijeron nada a la oficial sobre sus reuniones con su tío Jaime García. Sonreía y les indicaba que continuasen hacia los Estados Unidos.

Santo dijo, "Creo que el nombre de la placa de la oficial de inmigración decía, María García. Los hermanos estaban orgullosos de la sobrina y sobrino que trabajaban en el puerto fronterizo de San Luis."

Santo y Angelito tenían mucho miedo de que los hermanos supiesen por el sobrino o sobrina que ellos trabajaban para la DEA.

La oficial de inmigración podría ser la sobrina de los hermanos, pero los hermanos no mencionaron el nombre del sobrino que trabajaba allí.

En la oficina de la DEA, pregunté, "¿Conoce alguien a una mujer llamada María Garcia, oficial de inmigración? Trabaja en el puerto fronterizo de San Luis."

El agente de la DEA, Saúl Morales, me dijo, "Sí, la conozco. ¿Por qué?"

"Me gustaría conocerla. ¿Me la puedes presentar?"

"Por supuesto. De acuerdo," dijo.

Al día siguiente el agente Morales y yo llegamos al puerto fronterizo de San Luis. Conocí a la oficial de inmigración, María García, sin saber ella ni el agente Morales porqué quería yo verla.

El agente Morales le dió a la oficial García un fuerte abrazo. Ambos hablaron en español y rieron. Noté que continuaron hablando en español mientras sonreían el uno al otro. No tenía ni idea que la oficial García era su amiga íntima ni que supiese que él era agente de la DEA. Era una joven muy agradable, simpática, baja de estatura, y fuerte, aunque no muy guapa.

Confirmé que era la misma oficial de inmigración que trabajaba en la entrada según la descripción de Santo. Santo y Angelito tenían razón sobre la posibilidad de alguna filtración en la oficina de la DEA. Finalmente identifiqué a la sobrina como la ofi-cial de inmigración María García. Estaba sorprendido y pensaba; ¿Sabe el agente Saúl Morales que la oficial de inmigración María García es la sobrina de los hermanos García? ¿Se lo debería contar?

Llamé a un amigo de confianza que trabajaba en la Oficina de Inmigración de Responsabilidad Profesional en San Diego,

California, sobre una oficial de inmigración que trabajaba en el puerto fronterizo de San Luis.

Supe por la oficina de San Diego que la oficial María García tenía acceso a la base de datos de las fuerzas del orden estadounidenses incluyendo los registros de los ordenadores de la DEA en la entrada de San Luis. La base de datos mostraba quién miraba los datos de su familia y de los traficantes de drogas que trabajaban para sus tíos. Ella sabía cuándo la DEA y otros agentes policiales tenían como objeto los camiones y coches de sus tíos en México y podía saber las identidades de los confidentes y fuentes de información que trabajaban para los agentes.

Varios días después, la oficina de inmigración de San Diego me llamó y me dijo que me reuniese con un supervisor de la oficina del Servicio de Inmigración y Naturalización de Yuma. Proporcioné a dicha oficina de Yuma toda la información que sabía sobre los hermanos. Hablé con Asuntos Internos de Inmigración y Fronteras, "Necesito que me ayudéis a trasladar de la frontera a la oficial de inmigración, María García. Ella y cualquier otra persona relacionada con los hermanos tienen que ser retiradas del puerto fronterizo de San Luis. Tengo mucha información sobre ella."

Supe después por un amigo íntimo que trabajaba en la patrulla fronteriza que la oficina de inmigración de Yuma no movió un dedo para trasladar a la oficial García de su puesto de trabajo en el puerto fronterizo. Nunca más volví a la oficina de inmigración. Estaba feliz y pensaba; gracias a Dios que no hablé sobre mis confidentes en la oficina de inmigración ni en Asuntos Internos de la patrulla de fronteras en San Diego y Yuma.

Había una filtración en alguna parte de la comunidad policial en la frontera; su nombre María García. Cada vez era más peligroso para Santo y Angelito reunirse con los hermanos en México. Sospechaba que podría haber otra filtración en la entrada de San Luis y era probablemente uno de los policías o agentes en los que yo confiaba, pero no sabía quién era. Estaba completamente seguro que una de ellas era la oficial de inmigración María García. Los investigadores sospechaban de otro agente corrupto que ejercía como topo dentro de mi oficina.

El ayudante del fiscal retirado del caso

De repente el ayudante del fiscal Goodwill fue sustituido del caso de los hermanos García. Me dijo, "Me han trasladado a otra agencia federal, la CIA. El nuevo ayudante Robin Fly retoma-rá la investigación del caso de los hermanos. Lo siento Larry."

Oí de otros agentes de la DEA que el ayudante Fly era un individuo que no tenía agallas para ir tras los policías corruptos. Nunca había trabajado en casos de drogas antes, solo en delitos sexuales de guante blanco contra niños. Ahora, fue asignado a un caso increíble. Sin ninguna experiencia en casos de drogas, tuve que empezar desde el principio a explicarle al ayudante del fiscal Fly la investigación en curso de los hermanos.

Kilo de cocaína o libra de heroína

Santo y Angelito se reunieron con Marco Oscuro y Ana Blanca, buenos amigos y traficantes de los hermanos García en El Golfo. Los confidentes ya habían conocido a Oscuro y Blanca antes cuando fueron a El Golfo a ver el negocio de langostinos de Javier. Ana Blanca le gustaba Santo, y Santo se aprovechaba de la situación.

Ana Blanca se convirtió en su fuente de información, y Santo inmediatamente empezó una relación sexual con ella. Inclu-so después de saber que ella era narcotraficante, ademas de amiga de Javier. Ella le dijo a Santo. "Tu amigo Angelito parece una mala persona. Me siento incómoda con él."

Ana le dijo a Santo, "Traslado mucha droga de Jaime y Javier desde El Golfo a San Luis, México. Jaime siempre me paga en dólares estadounidenses para llevar la droga hasta la frontera. Pero Javier, me paga poco y en pesos, no dólares, para trasladar su droga. Odiaba a Javier, pero me acostaba con él cuando quería. Cuando

Javier necesitaba que introdujese su droga de contrabando en los Estados Unidos desde los puertos fronterizos de San Luis o Calexico, yo lo hacía porque tengo miedo a decir que no."

Un día cuando Ana estaba con Santo y Angelito en la tien-da de comestibles de Javier en México, Santo le preguntó a ella cómo ganaba dinero tan facilmente con el negocio de langostinos.

Ella dijo, "Javier no gana dinero vendiendo langostinos. Trata con los chinos en el negocio de langostinos. Tú y Angelito tenéis que tener cuidado con quiénes habláis especialmente en la tienda de comestibles de Javier y en la entrada de San Luis. Los hermanos tienen familia y amigos que trabajan en la tienda y en la frontera."

Ella añadió, "Puedo pasar de contrabando un kilo de cocaí-na o una libra de heroína por la entrada de San Luis para los her-manos sin ningún problema por parte de los inspectores de Adua-nas e Inmigración estadounidenses."

Cuando Ana estaba a solas con Santo, ella le decía, "¿Quie-res que pase de contrabando un kilo de cocaína o una libra de heroína para tí por la frontera? No te cobraré por pasar la cocaína o la heroína por la frontera."

Después de que Ana esnifase cocaína, ella dijo, "El Golfo es muy peligroso, no es seguro que tú y Angelito vayáis solos. La policía federal mexicana es muy mala."

Santo me dijo que Ana Blanca era una mujer muy atracti-va.

La conexión asiática

Los investigadores me pasaron información sobre una or-ganización china de Los Angeles que podría estar relacionada con los hermanos García. Lo próximo que supe, es que la palabra "chino" era conocida por Santo, Angelito, Ana Blanca, y otras fuentes como una organización china que trabajaba con los hermanos en San Luis, México.

Santo me dijo, "Cuando se reunió con Javier en El Golfo, Javier hablaba de entregas de langostinos que preparaba y enviaba a una compañía china en Los Angeles y Phoenix."

Al principio, no veía la conexión en la zona de Los Ange-les. Nunca escuché en la comunidad policial que los chinos y mexicanos trabajasen juntos para traficar con drogas a los Estados Unidos. Cuando los chinos traficaban con heroína blanca, trataban exclusivamene para su propia gente. Pero ¿Los chinos implicados con los mexicanos? Esto era nuevo para mí y la DEA.

El cartel de México. O quizás el gobierno mexicano a la cabeza, estaban dándole a los chinos una oportunidad para mez-clarse con la red de tráfico de drogas de los hermanos García allí mismo en San Luis, Sonora, México.

¡El gobierno chino y mexicano tienen que trabajar juntos para que pasen cosas como éstas!

Estaba cada vez más emocionado, y para ser honesto, estaba un poco nervioso. Era impresionante. Solo era un agente de la DEA. ¡Los contactos asiáticos con los hermanos García iban mucho mas allá de mi capacidad para entender por qué los chinos estaban implicados! Pensaba; ¿Son los oficiales corruptos en el puerto de entrada de San Luis la causa de ello?

Más tarde les dije a Santo y Angelito que se centrasen en saber si los contactos entre el negocio de langostinos de Javier y la compañia china de Los Angeles eran verdaderos o falsos.

Pregunté a los investigadores si tenían más información sobre la relación de la compañia china con los hermanos.

Los investigadores dijeron, "No, pero tenemos contacto con un agente de la DEA, Luis Short, destinado en la fuerza especial asiática en Los Angeles, California. Hemos trabajado con el agente Short en otros casos con investigadores en el pasado."

Llamé a Luis Short, agente de la fuerza especial de narcó-ticos de la DEA con pandillas asiáticas de Los Angeles, sobre los contactos de los hermanos García con la compañía de mariscos china. Le dije al agente Short que el investigador Jeff Pearce me había dado su nombre.

Me dijo que trabajaba con las fuerzas especiales en pandillas asiáticas en Los Angeles, teniendo como objeto las actividades relacionadas con las drogas de la comunidad china en Chinatown, en Los Angeles, California.

"Agente Short, eres el agente idóneo de la DEA con el que tengo que hablar sobre los contactos de mi caso con una empresa china en Los Angeles."

Le expliqué que mi confidente podría viajar con un conocido narcotraficante a visitar una empresa de mariscos china en Chinatown o en alguna parte en la zona de Los Angeles.

Su respuesta fue, "¿Me estás diciendo que un traficante de drogas mexicano viene para acá con tu confidente a reunirse con los propietarios de la compañía de mariscos en Chinatown?"

Dije, "No ahora. Pero quizás en los próximos meses. ¡Deséame suerte!"

Agentes de la DEA asesinados en emboscada

Después de hablar con mis confidentes e investigadores, recordé que mientras estaba de entrenamiento en la academia de la DEA, tres agentes nuestros fueron asesinados en Pasadena, California. Los instructores mencionaron que George Montoya, de 37 años, Paul Seema, de 52 años, y Jose Martinez, de 25 años, trabajaban como agentes encubiertos de la fuerza especial de narcóticos en pandillas asiáticas en Los Angeles, y sufrieron una emboscada en Pasadena, mientras compraban heroína blanca por valor de 80,000 dólares a traficantes asiáticos.

Los instructores de la DEA dijeron que los agentes Montoya y Seema fueron asesinados, y el agente Martinez fue herido de gravedad. Agentes de apoyo de la DEA mataron a dos de los miembros de la pandilla asiática y a un tercero, Win Wei Wang, conocidos como William Wang, 18, recibió ocho disparos cuando era perseguido por agentes después de la emboscada. Su Te Chia, conocido como Michael Chia, 21, también estuvo implicado en la planificación de los asesinatos de los agentes de la DEA.

Wang y Chia fueron acusados por un gran jurado federal en Los Angeles por dos cargos de asesinato y un cargo de intento de asesinato, robo, y conspiración por atacar a agentes federales.[35]

El fiscal estadounidense de California, Robert Bonner, solicitó que Wang y Chia se enfrentasen a la pena capital. "Es lamentable. Verdaderamente, es sorprendente que no sea posible aplicar la pena capital bajo la ley federal por el asesinato de los agentes federales. … Solo el Congreso puede poner remedio a este claro defecto de la ley federal." El caso de Chia fue anulado porque Wang declaró que Chia no tomó parte en el tiroteo.[36]

No matas a un agente de la DEA sin tener permiso

Un oficial de la fuerza del orden sabe que cuando un agente de la DEA es herido o asesinado por un narcotraficant, todas las banderas rojas ondean en las fronteras del sur y del norte. Es como en los viejos tiempo del Padrino con la Mafia. No se asesina a un poli-cía o agente de la DEA a menos que se tenga permiso de la Mafia. Los cárteles de la droga a través de Centroamérica y Sudamérica sa-ben que es una regla no escrita no asesinar a un agente de la DEA sin permiso de la organización. Todo el mundo sabe en el mundo de la droga que cuando un agente de la DEA es asesinado, la DEA te bus-cará, si es necesario, con la ayuda de la CIA, la Agencia Central de Inteligencia Nacional y confidentes.

Bob Wiedrich del *Chicago Tribune* declaró en 1975, "En cualquier momento, de día o de noche, los agentes de la DEA arriesgan sus vidas en alguna parte del mundo, llevando a cabo su deber con total profesionalidad y dedicación, a menudo más allá del cumplimiento del deber. No aprecian los comentarios depectivos de Jackson…Tampoco debería hacerlo el pueblo estadounidense que tiene el mayor interés en el mortífero y serio trabajo de luchar contra el tráfico internacional de drogas."[37]

Kiki Camarena confiaba en los policías locales mexicanos, y esa confianza le costó la vida. Era corrupción pura y dura. Los policías corruptos le encontraron y ayudaron a torturarle hasta la muerte. Sus amigos policías mexicanos eran los que supieron que fue torturado.

En 1985, la ciudad de México City sufrió un violento terremoto de 8.0. de manigtud. Graves daños afectaron la mayor zona de Ciudad de México, con un balance de al menos 5,000 fallecidos. Las cintas de la tortura de Kiki Camarena se guardaban en la oficina del Departamento de Estado de la ciudad de México donde, oficialmente, fueron destruidas por el terrremoto.

Pensaba seriamente sobre los asesinatos e intentos de asesinatos de agentes de la DEA en el pasado. Le dije a mi esposa Catalina, "No tengo miedo de los hermanos García o de otros criminales de Yuma o México. Si me hieren o matan, será un policía corrupto, o un oficial de Aduanas o Inmigración los que aprieten el gatillo."

Ya había perdido dos compañeros de la fuerza especial de narcóticos de Yuma que fueron asesinados por un ayudante corrupto del Sheriff del condado de Yuma. El oficial era un policía corrupto, sargento del cuerpo de Marines jubilado, que trabajaba en casos de la fuerza especial de narcóticos. Según mis confidentes, los hermanos pensaron que los dos agentes asesinados pertenecían a la DEA.

Viajando solo a través de la frontera mexicana

Había muchos casos de narcóticos de México a los Estados Unidos que me mantenían ocupado. A menudo solía cruzar la frontera a San Luis, Sonora, México, y pasaba más tiempo allí que en Yuma. Viajaba solo en México siguiendo a los traficantes de drogas en salones de billares y bares, sin saberlo la oficina de la DEA. Mientras estaba en México, vigilaba algunos de los negocios de narcotráfico de los García y sus casas para conseguir sus matrículas, en especial las estadounidenses.

Después de comprobar las residencias y negocios de los hermanos y traficantes, solía parar para tomar una cerveza y co-mer algo. La cerveza Corona y la comida eran baratas en México. Tomaba un par de Coronas y pollo a la parrilla. Prefería comer pollo porque veía cómo lo hacían a la parrilla. Un pollo a la parrilla bien hecho era siempre seguro de comer en México. Pero cada vez que comía pollo, no estaba seguro si comía perro o gato.

Santo me dijo, "Algunos de los familiares y parientes de los hermanos García en Yuma y San Luis, México parece que saben siempre cuando bajas a San Luis, México."

Quizas yo era el único chico blanco que pasaba el tiempo cerca de los negocios y casas de los hermanos.

Supongo que tenía esa clase de rostro reconocido y auto-ridad. Quizás los hermanos sabían por los policías corruptos del puesto fronterizo cuando cruzaba a México.

Nunca tuve ningún problema en la entrada hasta que me centré en los hermanos García y sus actividades ilegales con las drogas en Yuma. No quería trato con los oficiales de Aduanas e Inmigración en la entrada. Ya sabía demasiado de oficiales corruptos que trabajaban a lo largo de la frontera. No quería que nadie sospechase que yo estaba en México investigando las actividades criminales de los hermanos García.

Recordé una vez que tomé un atajo rodeando el puesto fron-terizo de Calexico, California, a través del desierto. Cuando cruzaba a los Estados Unidos varios oficiales de Aduanas e Inmigración me siguieron. Cuando noté que me seguían, paré el coche. Inmediatamente sacaron sus pistolas y rifles, hasta que les mostré mi placa de la DEA. Luego me dijeron que volviese al puesto fronterizo.

Cuando volví al puesto con los oficiales, me preguntó un supervisor de inmigración sobre mi incumplimiento de entrar a los Estados Unidos debidamente a través del puesto fronterizo.

Le dije al supervisor, "Tenéis a oficiales corruptos de Aduanas e Inmigracion trabajando aquí en la entrada. No quería identificarme al oficial equivocado en el puerto de entrada."

Luego el supervisor dijo, "Te puedes ir."

Después de jubilarme de la DEA, solicité la tarjeta "Global entry" de Aduanas e Inmigración para entrar en los Estados Unidos sin muchos problemas en los controles de la Administración de Seguridad en el Transporte (TSA siglas en inglés). En unas tres semanas, recibí una carta de Aduanas indicando que no era idóneo para la tarjeta "Global entry." Inmediatamente llamé al número de teléfono en Washington, D.C. que aparecía en la carta. La mujer al teléfono dijo, "Señor, según nuestros informes, no es idóneo para obtener la tarjeta de la TSA."

Después de varias llamadas a Washington, D.C., supe que los oficiales de Aduanas e Inmigración del puesto fronterizo habían redactado en sus informes que yo entré ilegalmente en los Estados Unidos por el puesto fronterizo y fui arrestado por los oficiales. Los informes indicaban que era un "salteador de fronteras," porque crucé la frontera de México a Estados Unidos ilegalmente sin identificarme.

Le dije a Washington, D.C que no me identifiqué como agente de la DEA hasta más tarde a causa de la corrupción exis-tente en el puesto fronterizo.

Al final sí que recibí la tarjeta de la TSA.

Los agentes de la DEA que querían asesinar

Marco Oscuro y Flaco el Pulpo estaban presentes, junto a mis confidentes, durante una de las fiestas con bandas mexicanas en la mansión de Jaime. Jaime se jactaba ante Santo y Angelito diciendo, "La DEA nunca me pondrá las manos encima por mis contactos con la CIA y lo que he hecho por ellos. La CIA me pide información. Así que estoy bien protegido por ellos."

A la semana siguiente, Santo y Angelito me dijeron que cuando estaban en unas de las fiestas, Joselito presumía de los agentes de la DEA que intentó asesinar. Joselito dijo, "No te preocupes, puedo conseguir cualquier cosa de cualquiera por el puesto fronterizo. Tengo una sobrina y un sobrino que trabajan en la frontera. Puedo conseguir toda la información que necesite para saber lo que está haciendo la DEA y quién esta trabajando para ellos."

Recibí información de mis fuentes de que los hermanos García disponían de un "escuadrón de la muerte" en San Luis, México. Instruían a los sicarios para asesinar a agentes de la DEA.

Le pregunté a mi fuente, "¿Quién instruía al "escuadrón de la muerte" para asesinar agentes?"

Mi fuente no lo sabía.

Los hermanos estaban relacionados con multitud de amenazas y asesinatos, principalmente contra confidentes, fuentes de información, investigadores privados y agentes de la DEA, en los Estados Unidos y México.

Una fuente de la DEA dijo que el fiscal federal mexicano en San Luis, Sonora, México, puso en marcha orden de detención federal contra los hermanos García y sus criminales socios. Esta orden se debía a su implicación en el tiroteo de dos agentes de la DEA en San Luis, México.

Pensaba esperanzado; Ahora quizás pueda introducir en la congeladora (casa del hielo) en México, alguna fuente para saber más de los "escuadrones de la muerte."

El ejército federal mexicano pedía tres millones de dólares

Estaba consiguiendo pruebas concretas para que el ayu-dante del fiscal enjuiciase a los hermanos García, y eso me emo-cionaba de nuevo.

Santo y Angelito me ayudaban a establecer conexiones de drogas con compras encubiertas de traficantes que trabajaban para los hermanos.

168

Para esto he estado trabajando. ¡Todo va tomando forma aquí! Don, Roy, ¡Voy a atrapar a los hermanos!

Si pudiera arrestar a algunos de los traficantes de drogas y poder relacionarlos directamente con el negocio de drogas de los hermanos y sus familiares, entonces podría hacer un análisis de sus vínculos. Había una gran reserva de confidentes que necesitaba preparar para que ayudasen con el caso.

Por suerte, nuevos informadores podrían proceder de la zona de Los Angeles donde se dirigían los camiones de langostinos de Javier. Necesitaba más tipos de negocios de confidentes que viviesen en México y me ayudasen. Ya contaba con Santo y Ange-lito, pero, aún, necesitaba a otro confidente dentro del puesto fron-terizo. ¿Pero cómo podía confiar en el otro confidente?

El agente del FBI Stone contactó conmigo y me dijo, "Una mujer desconocida llamó al FBI para informar que Jaime fue se-cuestrado por el Ejército Federal Mexicano. Jaime no les pagó por permitir éstos que un gran cargamento de heroína llegase hasta la frontera de Arizona. El Ejército Federal pedía tres millones de dó-lares por la liberación."

Le dije al agente Stone que mis fuentes decían que Jaime debía dinero a la Policía Federal Mexicana, no al Ejercito Federal, por proteger el movimiento de drogas hasta el puesto fronterizo de San Luis.

El agente del FBI Stone me mostró un periodico local mexicano con la foto de Jaime y la historia de su secuestro y el rescate a pagar. Más tarde le pidió al socio de productos de Jaime, Franco Finca, si él era el contacto estadounidense de las actividades de narcotráfico de los hermanos García. Finca negó cualquier impli-cación, pero estaba al tanto del movimiento de drogas a través de un supuesto túnel subterráneo hasta los Estados Unidos en el puerto fronterizo de San Luis. El agente Stone y yo ya no trabajábamos conjuntamente en las actividades de narcotráfico de los hermanos ya que Stone tenía miedo de los policías pertenecientes a la fuerza antinarcóticos y la corrupción en el puerto fronterizo. Sin embargo, el agente Stone continuaba ofreciéndome información del secuestro de Jaime.

El agente Stone se centró en el secuestro de Jaime, pero no me facilitaba detalles de los hermanos de Jaime.

Según mis fuentes, Joselito García pagó a la Policía Fede-ral mexicana el rescate para la liberación de Jaime, no al Ejército Federal.

30 kilos de cocaína, 14,500 dólares el kilo

La DEA de Phoenix me proporcionó información sobre un acusado de drogas chivándose a la DEA sobre la organización de narcotráfico de los hermanos García en San Luis, México. El acusado dijo que Jaime era el dueño de más de 500 kilos de cocaína que esperaba trasladar a los Estados Unidos desde el puerto fronterizo de San Luis. También dijo que podía hacer gestiones para que un agente encubierto de la DEA comprase de 15 a 20 kilos de heroína, cada 15 días, a los traficantes de Jaime. El acusado dijo además que no habría problemas para que la droga llegase a Estados Unidos a través de la frontera.

Después de recibir la información, Santo me llamó y me dijo, "Jaime y Joselito están listos para venderme 30 kilos de co-caína por 14,500 dólares el kilo. Joselito decía que sus hermanos tenían mucha más y podría vendérmela muy barata."

Le dije a Santo que comprase una muestra de un kilo antes de negociar el precio por los 30 kilos con Jaime y Joselito.

Me dije a mí mismo: quiero asegurarme de que tengo un kilo de cocaína de los hermanos para que el ayudante del fiscal, Fly, en Phoenix, pueda procesarlos cuando llegue el momento.

El día indicado para la compra de la muestra de un kilo de cocaína, Angelito llamó y dijo, "Santo está en la cárcel por conducir borracho (DUI siglas en inglés)." Añadió, "No puedo hablar con Marco Oscuro, el traficante de Joselito, sin Santo. No puedo reunirme con él solo. ¿Puedes encontrar a alguien que sustituya a Santo y negocie con Oscuro la compra del kilo? Necesito que alguien me ayude con Oscuro."

Dije, "Mira Angelito, no se hablar español con fluidez para hablar con Oscuro de la compra del kilo. Pero sí que tengo a al-guien que te puede ayudar a negociar la compra con Oscuro. Su nombre es Catalina. Ella es de Europa. Catalina sabe cómo nego-ciar el precio de un kilo, los otros 30 kilos, y con suerte los 500 kilos más tarde. Puedes presentarle Catalina a Oscuro, y ella com-prará el kilo de cocaína, incluso si tiene que reunirse con él o Jai-me en México."

Angelito no se sentía cómodo comprando el kilo a Oscuro sin Santo. El confiaba en Santo para tomar cualquier decisión cuan-do se trataba de comprar droga a los hermanos. Santo estaba en la cárcel y solo era un guardaespaldas.

Angelito no conocía a Catalina y no sabía si confiaría en la mujer de Europa. Quería hablar con Santo antes que Catalina ha-blase con Oscuro para hacer la compra.

Unos días después, Santo me llamó desde la cárcel del con-dado de Phoenix. Le dije, "Santo, tengo a alguien de Europa que puede comprar cualquier cosa que esté en venta. Dile a Angelito que no se preocupe, la mujer puede hablar con Oscuro y comprar el kilo sin tener que clavarle un cuchillo a Oscuro en su gorda barriga. Ella tiene el dinero solo para un kilo. Tendrá el resto del dinero para comprar 30 kilos más si el precio es lo suficiente barato para transportarlo a Europa."

Santo me dijo que llamaría a Angelito acerca de la mujer.

Santo le dijo a Angelito por teléfono, "Tienes que hablar con esa mujer porque está detrás de la compra de 30 kilos del agente Hardin. Creo que es una informante de Europa que trabaja con el agente Hardin."

Ese mismo día, le pregunté a Catalina, "¿Me puedes ayudar a comprar un kilo de cocaína y con suerte negociar la compra de 30 kilos más con un traficante de México? Después de comprar los 30 kilos, quiero que hables de los 500 kilos con él."

Ella dijo, "Ya lo creo. Efectuaré la compra para tí y los otros 30 kilos."

"De acuerdo, ven conmigo. Quiero que hables con Ange-lito. Trabaja para mí. Te va a presentar a Marco Oscuro, que quiere venderle a Angelito un kilo de cocaína y luego los restantes 30 kilos."

Al día siguiente en Yuma, Catalina y yo nos reunimos con Angelito en un aparcamiento detrás de una tienda de comestibles. Catalina le dijo, "No actues con miedo cuando hables con Oscuro. ¿Quieres que hable yo con Oscuro, o puedes tú hacer la compra del kilo de cocaina con él?"

Angelito dijo, "No, yo hablo con Oscuro."

Catalina dijo, "Angelito, tienes que tener cojones para comprarle a Oscuro. Quiero que lo arregles todo para comprar el kilo por 14,500 dólares. ¿Lo puedes hacer? ¡Llama a Oscuro!"

Angelito la escuchó y habló con Oscuro. Catalina habló con Angelito sobre dónde podía ella reunirse con Oscuro más tarde para terminar el trato de la compra de una muestra de un kilo.

Catalina instruyó a Angelito sobre qué decirle a Oscuro, Angelito finalmente convenció a Oscuro para que le vendiese a Catalina un kilo de cocaína por 14,500 dólares el kilo.

Angelito habló con Oscuro sobre el trato. Oscuro dijo, "De acuerdo, dile a la chica de Europa que le puedo entregar el kilo de cocaína en Phoenix. Luego, le entregaré los otros 30 kilos cuando esté lista."

Angelito le dijo a Oscuro que Catalina quería los 30 kilos si el precio era menos de 12,000 dólares.

Oscuro dijo, "Tengo que hablar con Jaime."

Más tarde, Oscuro estuvo de acuerdo en vender los 30 kilos y continuar con la venta a la mujer de Europa de los 500 kilos de cocaína después de que ella diese el visto bueno a la muestra del kilo.

Después de terminar la conversación telefónica entre Angelito, Catalina y Oscuro, le dije a Angelito, "Prepara el trato para la compra de la muestra del kilo a Oscuro ahora. Voy a Phoenix a que la DEA me ayude a vigilar la compra de la muestra del kilo una vez que tengas la posición de Oscuro."

Más tarde, me llamó y dijo, "Oscuro tiene el kilo de cocaí-na preparado en Phoenix. Catalina puede reunirse con Oscuro en el restaurante Denny's."

Le dije, "Angelito, me tienes que ayudar a hacer la compra a Oscuro. La mujer no puede ir a Denny's a reunirse con él. Catalina enviará a alguien para la compra."

Al día siguiente en Phoenix, el mismo agente hispano encu-bierto de la DEA no estaba muy seguro de poderle comprar a Oscu-ro la muestra del kilo de cocaína. Le dije al joven agente, "No te preocupes. Angelito te ayudará. Solo deja que él hable."

El agente encubierto de la DEA compró a Oscuro la muestra de un kilo por 14,500 dólares con la ayuda de Angelito.

Más tarde, comprobé sobre el terreno la substancia blanca en polvo, y todo parecía auténtico. Era un kilo de cocaína.

Varios días después, viajé a Phoenix para reunirme con el juez que podría liberar a Santo de la cárcel del condado. Le expli-qué al juez que Santo podía ayudarme a comprar 30 kilos de cocaína a los hermanos García y después 500 kilos, y que los hermanos intentaron asesinar a dos agentes de la DEA.

El juez me dijo, "De acuerdo, Santo será puesto en libertad, pero tu serás responsable si él comete algún otro delito o es mul-tado por conducir borracho."

Una vez que Santo fue liberado, Santo y Angelito dijeron que prepararían la compra de los 30 kilos a los hermanos García cuando yo tuviese el dinero.

Le dije al agente Stone que compré una muestra de un kilo por 14,500 dólares de Marco Oscuro de Phoenix.

"Oscuro le dijo a Santo que el kilo formaba parte de los 30 kilos de cocaína; seguido de los 500 kilos. Está preparado para venderle el resto por un precio menor de 12,000 dólares."

Santo estaba intentando conseguir de Oscuro y Jaime los restantes 30 kilos de cocaína por 12,000 dólares el kilo para dar credibilidad y posiblemente comprar incluso más a Jaime.

Le pregunté al agente Stone de nuevo, "¿Quieres ayudarme a comprar 30 kilos? Necesito 360,000 dólares. ¿Puede el FBI ayudarme a pagar la mitad?"

El agente Stone dijo, "Sí."

También me dijo que me podría ayudar con mi investigación sobre la organización de los hermanos García.

Le pregunté, "¿Cuándo me puedes ayudar a comprarle a los hermanos 30 kilos?"

"Pronto. Necesito hablar con mi jefe."

El agente Stone me iba a ayudar a hacer la gran compra. Después, Santo negociaría otra compra de 500 kilos a Oscuro y Jaime. Empecé a recabar información de cómo los hermanos tuvieron éxito en mover cocaína a través del puesto fronterizo de San Luis a los Estados Unidos.

Trabajé solo, siguiendo a los hermanos García en la comunidad de Yuma, en restaurantes, iglesias, escuelas, y tiendas de comestibles. Seguía sus coches, camiones de productos, y a familiares por toda Yuma y cerca del puesto fronterizo; manteniendo un perfil bajo.

Con la ayuda del FBI, yo compraría 30 kilos a los trafi-cantes de Jaime. Después de comprar 30 kilos, podría negociar la compra de 500 kilos a los hermanos, seguido de una orden de arresto a Jaime y Oscuro.

"Manténganse libres del amor al dinero, y conténtense con lo que tienen; porque Dios ha dicho, 'nunca te dejaré, jamás te abandonaré" (hebreos 13:5 Nueva versión standard americana).

Mexicano traficando con heroína blanca

Los investigadores Jeff Pearce y Randy Torgerson me dijeron que el Pulpo, gerente de la empresa de muebles de la maquiladora, tenía mucha información en el ordenador de la empresa en su oficina sobre supuestas actividades con heroína de los asiáticos y los hermanos.

Unos días después, le dije al agente del FBI Stone que los asiáticos podrían estar implicados junto a los hermanos en el tráfico de heroína blanca. Los investigadores habían conocido la información de sus fuentes que trabajaban en la maquiladora con Flaco el Pulpo. Tenía todo lo que necesitaba del Pulpo.

Era el punto débil de la familia de los García. Ambición por el dinero, mujeres y poder son la perdición de cualquier cultura. Yo supe que ésto era la debilidad del Pulpo.

Supe por los investigadores que el agente Stone contactó con ellos sobre el trabajo conjunto de los asiáticos y los hermanos. El agente Stone dijo a los investigadores, "Nos gustaría preparar un plan para entrar en México contigo para registrar el ordenador del Pulpo en la empresa de muebles de la maquiladora. Queremos entrar en la oficina del Pulpo en la maquiladora para bajar los archivos de su ordenador."

Pensaba; ¿Qué quiere decir el agente Stone cuando dice, "nosotros?" Nunca me lo mencionó.

El agente Stone nunca me explicó por qué quería revisar el ordenador del Pulpo o por qué estaba ahora interesado en los contactos con los asiáticos.

Hasta finales de la decada de 1990s, la DEA podía trabajar en México en determinadas condiciones según el asesor legal principal en Washington, D.C. La DEA podía portar armas y hacer vigilancias en México sin que las autoridades mexicanas supiesen qué estaban haciendo. El FBI no podía trabajar en México sin la asistencia de la policía federal mexicana. Era ilegal que el agente Stone viajase a México sin notificarlo a la policía federal.

Esto era sumamente raro.

Los investigadores estaban dispuestos a trabajar con el agente Stone, pero ellos querían que él les diese una copia de la información del ordenador del Pulpo. Estuvo de acuerdo. Los investigadores se preguntaban por qué el agente Stone era tan amable con ellos ahora. Era mormón y no bebía cerveza ni contaba chistes verdes a otros agentes. Me dejó claro que nunca les gustó los investigadores. Pero ahora quería trabajar con ellos.

Varios días después, fui a la frontera de San Luis con los investigadores. Después de medianoche, nos reunimos con el agente Stone y una agente sin identificar de Washington, D.C., cerca de la entrada de San Luis.

Ella solo se identificó como informática (IT, por sus siglas en inglés) sin dar su nombre. Solo sonrió cuando le hice una pregunta, pero no respondió. No me hablaba.

¿Trabaja con Seguridad Nacional o la CIA?

El investigador Torgerson y yo nos quedamos en la frontera, cerca de la entrada de San Luis. El agente Stone, la informática, y el investigador Pearce entraron en San Luis, México para inspeccionar el ordenador del Pulpo en el negocio de muebles de la maquiladora.

Todo cambió esa noche después de que el agente Stone y la informática volviesen a la frontera estadounidense con el investigador Pearce. Una vez llegaron, acepté reunirme con el agente Stone y la informática en la oficina del FBI de Yuma. En la oficina, solo me reuní con el agente Stone, preguntándome ¿Qué le pasó a la informática? No está aquí para la reunión.

El agente Stone dijo, "Ha bajado un montón de información del ordenador del Pulpo. Distribuirá copias de todos los archivos para tí y los investigadores."

Al día siguiente, los investigadores Jeff Pearce y Randy Torgerson se reunieron conmigo en la cafetería en el hotel Best Western. El investigador Pearce dijo, "Fue increible lo rápido que recuperó la informática la información del ordenador del Pulpo. Vi fotos y correos electrónicos de los asiáticos, con el Pulpo y Javier García, en las manos de la informática."

Después de varios días, pensé que era raro que no tuviese ninguna información del agente Stone sobre los documentos del Pulpo. Nunca más volví a ver a la informática ni recibí las copias que me prometió me iba a dar el agente Stone.

El investigador Harry Fresno habló conmigo sobre la información del ordenador del Pulpo. Finalmente localicé al agente Stone del FBI en su oficina y le dije, "¿Qué pasa, tío? ¿Qué pasó? Tienes que devolverle las llamadas al investigador Fresno. ¿Qué pasa con la información del ordenador del Pulpo?"

Fui otra vez a ver al agente Stone y le pedí las copias del ordenador. Me dijo que la informática tenía las copias. Luego el agente añadió, "Mira, no hay nada allí, y no te puedo decir nada más. Solo muchos números."

Dijo, "El FBI se ha negado a trabajar contigo y con los investigadores en la investigación de los asiáticos y los hermanos García. Además, tampoco quiere ayudarte a comprarle a Jaime García los 30 kilos de cocaína."

Algo pasó la noche en la que registraron el ordenador del Pulpo en la empresa de muebles de la maquiladora.

Más tarde, en la oficina de la DEA en Yuma, el agente Stone me dijo que ya no quería tener ninguna relación con el caso de los hermanos García. Nunca me dio una razón.

"¿Y ese cambio?" pregunté.

Se negó a darme explicación alguna.

Sabía que alguien superior del FBI debía haberle dicho que dejase de trabajar en la investigación conjunta con la DEA.

Le dije al agente Stone, "Dile a tu jefe que necesito vuestra ayuda para comprale a los hermanos los 30 kilos."

Dijo, "Hablaré con él otra vez, pero mi jefe va a decir que no."

No quería hablar de los hermanos ni trabajar con los investigadores Jeff Pearce y Randy Torgerson.

Me reuní con los investigadores en el hotel Skyview en Yuma y les dije lo que me dijo el agente Stone. El investigador Pearce dijo, "Yo vi lo que se descargó del ordenador del Pulpo, ¡el nombre de una empresa de mariscos china! El agente Stone tiene las copias que la informática hizo de los archivos en la oficina. Le di un documento en el que aparecían cargas de langostinos, conta-bilidad, y comunicaciones. Incluso le di una foto que encontré en la mesa del Pulpo donde se veía a Javier reuniéndose con los asiáticos en El Golfo."

Los investigadores pensaron que la informática que obtuvo toda la información era una socia involuntaria en la busqueda con el agente Stone. Este le dijo que la información del ordenador era para algo importante. El investigador Pearce creyó que ella no se dio cuenta que era un tipo de acción encubierta para otra agencia.

El investigador Harry Fresno me dijo, "En la DEA y el FBI hay personas designadas por el gobierno, gente elegida, y agentes. Hay circunstancias voluntarias e involuntarias en la que los agentes saben por qué están haciendo algo, y otras no. Al agente Stone y a la informática se les dijo que hiciesen algo, y lo hicieron."

El agente Stone dejó de hablar con los investigadores, y también conmigo.

Tenía claro que los asiáticos estaban envueltos en el negocio de langostinos con los hermanos. ¡Sabía que esto era importante! La heroína blanca y los mexicanos no se mezclan normalmente. Los hermanos ya distribuían su heroína negra y marrón en los Estados Unidos. ¡Algo no iba bien aquí! Me preguntaba.

A muchos policías de Yuma no les gustaba ni el FBI ni la DEA. El agente del FBI Stone era un gilipollas y no cooperaba con otras agencias de Yuma. Algo de eso podía haber ocurrido, la DEA contra el FBI. Había a menudo muchos roces con las investigaciones entre las dos agencias.

Pensaba, el agente Stone y la especialista informática inspeccionaron el negocio del Pulpo en México, lo que pasó allí cambió la naturaleza del caso y la ayuda del FBI.

Cocaína y heroína con pescado congelado y langostinos

Segun mis confidentes y fuentes de información, la congeladora (casa del hielo) era donde los traficantes de drogas de los hermanos llevaban pescado y muchos langostinos de los barcos de pesca. Los traficantes recogían la heroína con pescado y langos-tinos congelados en El Golfo. La heroína blanca llegaba de un barco chino frente a la costa. Los empleados de los hermanos solían llevar la droga y los langostinos, tamaño gigante, a la Casa de Hielo.

Santo y Angelito me dijeron, "¡Los langostinos eran enormes!, lo suficientemente grandes para esconder drogas en la cavidad con un corte bajo la cola."

Me reuní con Santo y Angelito detrás de una tienda de ropas en Yuma. Le dije a Santo, "Empieza a hablar de chips de ordenadores [jerga de drogas] en tus camiones de langostinos, cualquier cosa para ganar dinero extra. Los hermanos saben que eres colombiano y Colombia es conocida por la cocaína, heroína, y marihuana. Déjales caer de nuevo a los hermanos que estás interesado en ganar dinero extra porque tu negocio de langostinos no va bien. Solo dilo sin mucho interés."

Les llevó tiempo a Santo y Angelito ganarse la confianza de Javier, y también atrapar al "pez gordo." Era hora de hacer justicia por Don y Roy.

Santo y Angelito se reunieron con el cuñado de Javier, el Pulpo, en el comercio de alimentación de Javier en México. Después me dieron una caja de cinco kilos de langostinos tigres de Javier. Santo y Angelito tenían razón sobre las colas. Eran enormes.

La empresa de mariscos china quiere reunirse con Santo

Santo me envió un mensaje diciéndome que le invitaron a ir a Los Angeles con Javier, para visitar la empresa de mariscos china en Chinatown, y conocer a algunos de los propietarios.

Me preguntaba, ¿Por qué los dueños de la compañía de mariscos china quiere conocer a Santo? ¿Le dijo el FBI o la especialista informática a la CIA algo sobre la información del ordenador del Pulpo?

Le dije a Santo, "Tienes una operación en marcha entre los hermanos y los chinos. Quiero que vayas con Javier y te enteres de todo lo que puedas sobre los propietarios de la empresa de ma-riscos china de Chinatown. Quiero tener más información sobre lo que está ocurriendo con Javier y sus amigos de Los Angeles con el negocio de langostinos."

Una semana después Santo tomó un avión con Javier en el Aeropuerto International de Yuma. Yo tenía el aeropuerto bajo vigilancia de la DEA. Tan pronto los vi coger el vuelo y partir hacia Los Angeles, llamé al agente de la DEA Luis Short, el agente de narcóticos de las pandillas asiáticas en Los Angeles, sobre los contactos de los hermanos García con la compañia de mariscos en Chinatown. Dije," agente Short quiero que protejas a mi confidente (Santo) si es necesario y recabe información de la reunión con los asiáticos en Chinatown.

Dijo, "Tengo agentes de la DEA de la fuerza especial de narcóticos de pandillas asiáticas en el aeropuerto de Los Angeles para seguir a tu confidente y a Javier a Chinatown."

Me dijo, "Iré a verte a Yuma cuando todo esto acabe."

El investigador Pearce iba de camino a casa, desde Yuma al aeropuerto de Los Angeles, haciendo escala con otro vuelo a Fresno,

California. Tomó por casualidad el mismo vuelo a Los Angeles que Javier y Santo.

¡El investigador Pearce estaba furioso! ¿Por qué iba Javier en el vuelo a Los Angeles?

Decidió seguir a Javier. Quería saber a qué zona de Los Angeles se dirigían Javier y el otro tipo.

Me llamó el jefe de Pearce, investigador Fresno. "¿Qué haces? ¡Deberías haberme dicho que Javier iba en el avión! Tengo a uno de mis investigadores a bordo."

Dije, "Fresno, cálmate. No va a pasar nada. El tipo que va con Javier es detective."

Santo y Javier llegaron a Los Angeles, y Pearce estaba listo para seguirlos. Inmediatamente vio al agente Short en el aeropuerto. Fue hacia él y le dijo que Javier viajaba con otro tipo en el avión.

El agente Short dijo, "El agente Hardin ya me lo ha dicho. Ven conmigo. Quiero que conduzcas, y tú y yo seguiremos al confidente y a Javier García."

Después de que Javier y Santo se reuniesen con dos varones asiáticos en el aeropuerto, fueron directamente a la empresa de mariscos de Chinatown. Javier le presentó al asiático mayor en la empresa de mariscos. Santo no le cogió el nombre. Santo y el asiático se dieron la mano y se saludaron. La reunión no duró mucho, y luego los dos asiáticos llevaron de vuelta a Santo y Javier al aeropuerto.

Una vez en Yuma, Javier nunca le mencionó a Santo nada de ir a la empresa de mariscos china en Chinatown.

Santo me dijo que nada ocurrió en Chinatown. No habla-ron del negocio de langostinos de Santo con la empresa de maris-cos asiática.

Después del viaje a la empresa de mariscos de Chinatown, Santo notó que el comportamiento de Javier hacia él cambió, no estaba seguro de lo que pasaba.

Sospeché que los dos varones asiáticos podrían haber observado al agente Short, a Pearce, y al equipo de vigilancia de la DEA siguiendo a Santo y Javier del aeropuerto de Los Angeles a Chinatown. Me di cuenta que los asiáticos estaban al tanto de que Santo podría estar trabajando para el gobierno, incluso sin estar seguro.

El agente Short me llamó y me dijo, "No es normal que los asiáticos se reuniesen con traficantes mexicanos en Chinatown. ¿Puedo verte?"

El seguía preguntandose, "¿Cómo los hermanos mexicanos se pusieron en contacto con el grupo de Asia?"

Brevemente le puse al corriente de los contactos de la empresa de mariscos china y de una reunión que Javier organizó para el confidente.

A los pocos días, decidí reunirme con el agente Short. Tomé un vuelo a Los Angeles y me reuní con él cerca del juzgado. Fue una reunión privada y segura. No habló mucho de la vigilancia a Santo y de la reunión de Javier en la empresa de mariscos. El agente Short ni siquiera tenía un informe de la DEA de su vigilancia de ese dia.

Sabía que algo no iba bien.

Esa tarde fuimos a Chinatown a comer. El agente Short le hablaba al encargado asiático y a los camareros en su idioma na-tivo.

Le pedí más información de las posibles relaciones de la empresa de mariscos con la CIA. El agente se centró en él y en su carrera dentro de la DEA, y que esperaba trabajar en Hong Kong o en alguna parte de China. Short, a veces, patrullaba por el condado de Los Angeles con la policía, para recabar información de inteligencia sobre la red de narcotráfico de Chinatown. Eso es todo lo que hizo.

No le interesaba hablar de la empresa de mariscos china. No le hablé de ella mas en toda la noche.

Supe más tarde que un agente de la DEA de la oficina consular de Hermosillo y otro agente de fuera de Washington, D.C.

trabajaban sobre la organización asiática, especialmente la empresa de mariscos china de Chinatown.

Abuso sexual a empleados y chicas jóvenes

En una ocasión, cuando Santo y Angelito no pudieron encontrar a Javier en la tienda de comestibles en México, se reunieron con Ana Blanca en un bar. Después de unos tragos, Santo le preguntó si ella sabía de la relación de Javier con los asiáticos. Ella le explicó a Santo que los barcos pequeños de langostinos de Javier en El Golfo solían salir a encontrarse con barcos más grandes. Una vez, vio que un barco asiático en El Golfo le dio a Javier muchos langostinos. Javier solía llevar los langostinos a la casa del hielo antes de trasladarlos hasta el puerto fronterizo de San Luis.

Ana les contó a los investigadores cómo las chicas, que eran empleadas, ponían un pequeño papel de aluminio dentro de las colas abiertas de los camarones. Una vez, Santo y Angelito vieron eso por accidente, mientras visitaban la Casa de hielo. Vieron a los empleados de Javier cortar la cola del langostino y poner el papel dentro de cada cola. Los investigadores sabían que era heroína blanca pero no podían probarlo.

Santo y Angelito seguían viendo cómo abusaban sexualmente de las jóvenes en la fábrica de langostinos y en los almacenes de la casa del hielo. Santo y Angelito me rogaron que ayudase a escapar a las jóvenes de los hermanos García. Hablé con el ayudante del fiscal Fly, en Phoenix, sin decírselo a mi supervisor, Juan Antonio Moreno, de lo que estaba pasando con las chicas en local de Javier. Fingió que no escuchaba lo que yo le decía y cortó la llamada.

Más tarde, mi supervisor Juan Antonio recibió noticias del ayudante del fiscal en relación a las empleadas de Javier y de mi conversación con el ayudante del fiscal Fly. El dijo que la DEA en Phoenix quería que yo dejase de presionar al ayudante del fiscal para que hiciese algo sobre las jóvenes que trabajaban en la fábrica de langostinos de México. Según dijo mi supervisor, "No debe haber relación con el ayudante del fiscal para que investigue a las chicas por abuso sexual en la familia de los hermanos García en México. ¿Lo entiendes, Larry?"

Ni esnifes cocaína ni tengas relaciones con jovencitas

Varias semanas después, Santo me dijo, "Me reuní con Joselito de nuevo. Me da miedo, y también Marco Oscuro."

Nadie fuera de la oficina de la DEA sabía de las reuniones de Santo y Angelito con Jaime, Javier, y Joselito García en México; solo los agentes de mi oficina estaban al tanto. Los siguientes meses, los confidentes se reunieron con Javier para hablar del negocio de langos-tinos.

Javier le preguntó a Santo, "Mi hermano, Joselito, intentó cul-tivar plantas de coca para su producción, pero no funcionó. ¿Qué mé- todos utilizáis en Colombia para producir coca? ¿Crees que podemos cultivar plantas de coca aquí en México?"

Santo le dijo a Javier, "No sé el método para cultivar coca, pero quizás yo pueda llevarla a los Estados Unidos en mis cajas de langos-tinos congelados por el puerto fronterizo de San Luis."

Javier pensó que era divertido, ya que era una idea sobre la que no se había hablado.

Santo y Angelito resultaron ser los mejores confidentes con los que jamás había trabajado. Cuando trabajaban para mí, los vigi-laba de cerca y les decía que no violasen ninguna ley, como tomar drogas o mantener relaciones sexuales con adolescentes. Santo y Angelito eran confidentes a sueldo y, por tanto, los protegía mientras cumpliesen instrucciones y no violasen las leyes de los Estados Unidos.

¿Confiaba yo en Santo y Angelito?, ¡Qué diablos, no! Pero había muchos funcionarios policiales en los que tampoco confiaba.

Una semana después, Santo y Angelito se reunieron de nuevo con Javier en San Luis, México. Solo hablaron del negocio de langostinos. Después de la reunión de Chinatown, no hubo conversación sobre drogas en relación con los asiáticos, solo hablaron de langostinos con Santo. Javier tenía mucho cuidado en quién confiar sobre la organización de sus hermanos. Los hermanos estaban detrás de varios asesinatos en México, incluyendo el intento de asesinato de dos agentes de la DEA. Los confidentes tenían que tener cuidado.

Santo estaba inquieto sabiendo que los hermanos eran criminales de la droga de alto nivel. Quería poner las cosas en marcha para comprar más drogas a los hermanos.

Colas de langostinos tigres

Mientras esperaban reunirse con Javier en su pequeña casa del hielo en El Golfo, Santo y Angelito fueron testigos de nuevo de cómo dos mujeres ponían una sustancia blanca en polvo dentro del papel de aluminio. Las mujeres fileteaban el langostino, hacían un hueco en medio de las colas del langostino, ponían el papel de aluminio y luego cerraban las colas.

Los langostinos eran cargados en caja de un kilo que eran congeladas y puestas en estanterías. Luego los empleados de Javier cargaban las cajas de langostinos en el camión frigorífico.

Una vez que Santo y Angelito entraron en Arizona desde México por el puerto fronterizo de San Luis, Santo me llamó y dijo, "Creo que los papeles de aluminio contienen heroína blanca puestas en el langostino por los empleados de Javier."

"La heroína era trasladada rapidamente a través de la frontera en los camiones de langostinos de Javier," decía Santo.

Él me proporcionaba toda la información que necesitaba para parar los camiones de langostinos de Javier cuando pasaban por la frontera estadounidense. Convencí a mi supervisor Juan Antonio Moreno que necesitaba registrar los camiones de Javier.

Juan Antonio me dijo, "Larry si no encontramos droga dentro de los langostinos, esto le va a costar a la DEA mucho dinero, porque vas a destruir todos los langostinos."

"La heroína blanca está allí. ¡Santo y Angelito lo vieron con sus propios ojos!" le dije.

Vi el camión de langostinos de Javier entrar por la frontera de San Luis, proveniente de México. Sabía que iba cargado de droga, y yo iba ser el primer agente de la DEA en incautar heroína blanca a los mexicanos. Estaba emocionado sabiendo que los mexicanos y los asiáticos estaban traficando con heroína blanca a los Estados Unidos, e iba a atraparlos.

Vi el camión en la frontera parado para la inspección.

No vi al agente de Aduanas registrar el camión de langostino de Javier. ¿Qué estaba pasando?

Pensaba que tenía control total en quién confiar y ningún oficial corrupto de la frontera iba a impedirme registrar los langostinos de Javier.

El oficial de Aduanas abrió la puerta del camión de langostinos, caminó con su perro antidrogas por el camion ya abierto. El oficial dio la vuelta, cerró la puerta y se marchó con su perro.

¿Por qué el perro no alertó de que había droga dentro del camión?

Más tarde, con agentes de mi oficina, paré el camión de Javier, ya lejos del puerto de San Luis. Contaba con dos agentes fronterizos de mi confianza y sus perros para que me ayudasen en localizar la heroína blanca dentro del camión.

Los perros de los agentes de la patrulla fronteriza alertaron de que podía haber droga cuando buscaban fuera del camión. Solicité otro perro a Aduanas para que ayudase a olfatear cual-quier droga en el camión. Un tercer perro hizo lo mismo y me puso en alerta de que había algo dentro del camión. Le dije al chófer del camión que me siguiese a un centro de refrigeración de Yuma.

Cuando llegamos al centro, disponía de dos perros de la patrulla fronteriza y otro de Aduanas para que me ayudasen a registrar el camión. Una vez más, los tres perros alertaron de la presencia de drogas en el camión.

¿Por qué el perro del oficial de Aduanas del puerto fronterizo no alertó de las cajas de langostinos?

Tenía que estar seguro de que había drogas dentro del camión de Javier García. Si no encontraba nada, la DEA tendría que pagar los desperfectos. Se estaba gastando mucho dinero para abrir las cajas de langostinos congelados y no encontrar drogas.

Los otros agentes de la DEA y yo sacamos bloques de cajas de cinco kilos de langostinos gigantes. Una vez los bloques estaban fuera del camión, los perros se volvieron locos olfateando la supuesta droga dentro de las cajas de langostinos. Uno de los perros daba vueltas alrededor de los bloques, y luego alertó a dos cajas en particular. Los dos bloques estaban al final y en medio del camión.

Chicos, ¡tengo heroína blanca! ¡La tengo, chicos! ¡Finalmente logramos el caso contra los hermanos!

Con la ayuda de mi supervisor Juan Antonio y dos agentes de la DEA de mi oficina, abrimos las cajas congeladas y rompimos las colas de los langostinos. Todos los langostinos gigantes estaban en el suelo. ¡Estos maravillosos langostinos tigres no tenían nada dentro de las colas!

¡Maldita sea! Solo unos pocos de mi oficina sabían que iba a registrar el camión de langostinos. Pero alguien lo filtró a Javier o en el puerto fronterizo. Sin duda, creo que Javier García había cambiado la carga de langostinos de ese camión en San Luis, México, para que cuando pasase por la frontera, ¡No hubiese nada! Alguien en la frontera me vio y avisó a Javier de que iba a regis-trar su camión.

Podía verlo en los ojos del agente de la DEA, Juan Anto-nio, los agentes de la patrulla fronteriza, y el agente de Aduanas con sus tres perros. ¡No había drogas dentro de las colas de los langostinos!

Estaba sorprendido. Los agentes de la patrulla fronteriza me dijeron, "Oye, queremos los langostinos que están en el suelo."

No podía llevarme los langostinos destrozados así que dejé que los agentes de la patrulla fronteriza y de Aduanas los cogiesen.

Se rumorea que esa noche los agentes de fronteras hicieron una barbacoa de langostinos en sus casas.

Me llamó Santo a la oficina de la DEA diciéndome que los langostinos iban a otra empresa de mariscos china de Phoenix, no de Chinatown en Los Angeles. ¿Por qué de repente el camión de langostinos de Javier cambió a Phoenix, y no a Los Angeles? No podía probarlo, pero estaba seguro que alguien dentro de las fuer-zas del orden, alguien cercano a mí, debia haber hablado con Javier García.

El oficial de Aduanas que registró el camión en el puerto fronterizo de San Luis me llamó, "¿Por qué paraste el camión de langostinos? Entré y salí del camión con mi perro. Puse un poco de marihuana en spray en una de las ruedas. Quería poner a prueba a mi perro."

Pensé, ¡Mierda! ¿Cómo sabía el oficial de Aduanas que fui yo el que paró y registró el camión de langostinos?

Le pregunté, "¿Por qué me llamaría para decirme eso? ¿Por qué se fijó en ese camión de langostinos en particular y en ese momento para entrenar a su perro? ¿Ese día y a esa hora?"

El oficial de Aduanas me colgó el teléfono.

Cuando se mencionaban los nombres de los hermanos García, todas las fuerzas del orden de Yuma sabían quienes eran; los hermanos tenían muchas relaciones con familiares individuales y fuerzas del orden en Yuma y en el puerto fronterizo de San Luis.

Empecé a preocuparme por la seguridad de Santo y Ange-lito en relación a los policías corruptos, no por los hermanos.

Esa noche me llamó la esposa de Javier, y me dijo, "Echaste a perder los langostinos de mi marido."

Dije, "Sí. Muchos langostinos. Lo siento."

Siguió reprochándome que echase a perder los langostinos de su marido.

"¡Sra. García! Voy a colgar. La veré mañana."

Al día siguiente, me reuní con la mujer de Javier en su residencia de Yuma. Le dije que podía contactar con la DEA en Phoenix sobre el incidente con el camión de su marido.

La Sra. García dijo, "Las pérdidas por los langostinos ascienden a 70,000 dólares. Te he visto antes en la ciudad, y sé que eres de la DEA."

Sin lugar a dudas, algún agente corrupto me hizo una foto y se la dio a la familia de los hermanos García.

Inmediatamente dije, "¿La he visto antes, Sra. García?"

Pensaba que lo que ella decía era raro, mientras la escuchaba. Nunca escuché a Javier quejarse por parar la DEA su ca-mión y echar a perder los langostinos. Javier ya sabía la razón por la que registré su camión ¿Por qué me llama su esposa y no él?

Sabía por mis confidentes y mis fuentes de información que la Sra. García iba a la iglesia católica los domingos, ya que estaba muy relacionada con la comunidad de Yuma. ¿Sabía ella que su marido trasladaba droga a los Estados Unidos?

Una fuente decía que cada año, la Sra. García solía comprarle un Cadillac rojo por Navidad con un gran lazo rojo a Tommy Pescado, el distribuidor de coches usados de Yuma. La fuente decía que Tommy era un tipo desagradable, casado con una chica de la oficina de correos estadounidense de Yuma. Ambos estaban muy relacionados con la familia de los hermanos García.

70,000 dólares en colas de langostinos

Unos días después, Santo y Angelito dijeron que se reunieron con Joselito en casa de Jaime en México. Les pregunté

"¿dijeron Joselito o Jaime algo sobre el camión de Javier que fue parado perdiendo toda la carga de langostinos?"

Santo me dijo, "Joselito nunca mencionó que la DEA registró el camión de langostinos de Javier. Ni siquiera Javier mencionó a los confidentes que la DEA echó a perder sus langostinos tigres."

La DEA tendría que pagar más de 70,000 dólares por la carga de langostinos que eché a perder. Sin embargo, Javier nunca le reclamó a la DEA el dinero, ni la esposa me volvió a llamar más.

Supe después por un agente de la patrulla fronteriza de la Oficina de Responsabilidad Personal (OPR siglas en inglés) en Yuma, que dos agentes de la patrulla fronteriza eran sospechosos de coger dinero "bajo cuerda" de narcotraficantes mexicanos. Ellos eran los adiestradores de los perros que utilicé en el camión de langostinos de Javier.

"No imiten las conductas ni las costumbres de este mundo, más bien dejen que Dios los transforme en personas nuevas al cambiarles la manera de pensar. Entonces aprenderan a conocer la voluntad de Dios para ustedes – la cual es buena, agradable y perfecta" (Romanos 12:2 nueva versión international).

Noche de Karaoke en Colorado Springs

Me iba a reunir con el investigador Jeff Pearce por la mañana en la oficina de la DEA en Colorado Springs para hablar de la información sobre el arresto de los familiares de los hermanos García por traficar con drogas en Colorado.

Ya que mi reunión no era hasta la mañana siguiente, decidí bajar al bar del hotel y tomar una cerveza con el investigador Pearce. Iba arreglado y llevaba tirantes. Pense, parece un abogado buscando trabajo.

La mitad de las personas del bar eran cadetes de la Fuerza Aerea. Había también algunas chicas jóvenes paseándose buscando futuros maridos militares. Estoy seguro que las chicas no nos buscaban ni a Pearce ni a mí.

Era noche de karaoke, y Pearce decidió subir al escenario a cantar. La música sonaba como cuando el abuelo Hardin les gritaba a las vacas para que fuesen al granero. Cuando chillaba o cantaba una canción que nunca había oido antes, los cadetes del fondo del bar empezaron a reirse de él. Pearce estaba casi borracho, se fue para ellos y les dijo, "¿De qué os estáis riendo mocosos pelones? ¡Callaos ya la puta boca!"

Después de tomar más cervezas, le dije, "¡No te metas en problemas!"

"¿Y tú qué?" preguntó.

Soy agente federal de la DEA. ¿Qué problemas podría causar yo?

Pearce continuaba cantando (chillando) para que las vacas se fuesen a casa, aunque los cadetes no se callaban.

Después de terminar de cantar, volvió a la mesa. Estaba allí sentado en la mesa, realmente deprimido, diciéndome que quería impresionar a la joven camarera que lo estaba esperando.

Oh, ¡Ahí va él! Intentando cantar y ligar con la chica y preguntándose porqué no podía hacerlo.

Le dije, "Oye amigo, toma mi placa de la DEA, ve para allá y enséñasela a la camarera. ¡Dile que eres policía, no un investigador y que quieres conocerla!"

Muy seguro, cogió mi placa. Se la enseñó y volvió, sonriendo como un canario que se acaba de tragar un gran gusano.

Me dijo, "Nada de nada con la camarera, pero estoy contento de cómo hizo efecto la placa."

Quiso tener la placa de la DEA un rato. Jeff me miró y me dijo, "¿Me la puedo quedar?"

Cogí mi placa y le dije, "Lo siento, amigo, no puedo dejar que te la quedes."

La camarera se acercó y flirteó durante unos minutos con Pearce. Finalmente le dijo que tenía novio e iba a casarse.

Le dije, "¿Qué? ¿Tienes novio, y estás flirteando con mi amigo?"

"Sí, mi novio es muy bueno conmigo."

"Entonces, ¿por qué flirteas con alguien como él cuando tienes novio para casarte?"

"¿Quién eres para decirme con quién debería flirtear?"

Enseñé mi placa de la DEA y dije, "Soy experto en la materia."

La camarera se marchó.

Pearce volvió a coger el micro para cantar otra canción, y mientras estaba sentado escuchándole gritar, la cosa se iba poniendo calentita entre él y los cadetes. Estos le gritaban, "¿Qué haces? No sabes cantar."

El seguía cantando.

Los cadetes continuaban acosándole, "¿Quién te crees que eres? ¿Frank Sinatra? Tienes que cantar mejor."

De repente dejó de cantar y jugaba con sus tirantes. Luego, sonrió a los cadetes, se volvió hacia mí y dijo, "He oido que han llamado a la policía de Colorado Springs."

Pearce y yo salimos al pasillo donde esperaban algunos cadetes.

Dos policías de Colorado Springs vinieron hacia mí y dijeron, "¿Va todo bien?"

Dije, "Sí, soy de la DEA, y me voy a la cama."

"¡De acuerdo!"

Y ese fue el final de esa odisea.

Asesinaron a un agente de la DEA

El agente de la DEA Richard (Richie) Fass fue asesinado mientras trabajaba de incógnito en Phoenix, Arizona. Vasquez Mendoza, un ciudadano mexicano planeó su asesinato.

Más tarde ese día, oficiales de la patrulla de carreteras del Departamento de Seguridad Pública (DPS sus siglas en inglés) pararon y detuvieron a la esposa embarazada de Augusto Vasquez Mendoza y a su hermano cuando viajaban hacia Yuma para cruzar a San Luis, Sonora,

Richie Fass

México. La DEA de Phoenix disponía de información de sus confidentes que decía que Augusto estaba implicado en el asesinato del agente Richie Fass.

La esposa de Augusto y su hermano, ciudadanos mexica-nos, intentaban escapar a México para evitar a la DEA. El agente Saúl Morales tomó bajo custodia a la esposa de Augusto y a su hermano de manos de los oficiales de Seguridad pública y los metí de un empujón en la parte trasera de mi coche.

Mientras viajábamos a San Luis, la esposa de Augusto y su hermano se negaron a responder cuando les pregunté por el para-dero de Augusto. Estaba embarazada de nueve meses y se tocaba la enorme barriga quejándose de fuertes dolores. Empezó a gritar fuerte.

"Cállate," le dije.

Estaba tan enfadado que estaba por darle una bofetada. De-seaba y pensaba; ¡Ojalá estuviese el comandante corrupto mexicano conmigo! *Ella y su hermano tendrían que hablar.*

Su hermano lloraba y rogaba que parase por el intenso inte-rrogatorio que yo le hacía. Le dije al agente Morales que parase en una zona aislada, junto a un limonero, a unos pocos kilometros de la entrada a la frontera mexicana. El agente Morales paró, y cogí un sobrecito de ketchup de la guantera.

Abrí la puerta y susurré al agente Morales, "La voy a esposar junto al limonero. Luego dispararé al aire con mi revólver del 38 y me untaré ketchup en la cara y el pecho.

Cuando vuelva al coche sin ella, su hermano pensará que tengo sangre de su hermana. Luego lo arrastraré fuera del coche apuntándole a la cabeza con mi revólver, así me dirá dónde está Augusto. Su hermano se hará pipí y caca en los pantalones."

Cuando salí del coche, arrastrando de un brazo a la mujer embarazada que lloraba, su hermano empezó a llorar y gritar bus-cando ayuda. Le dije que se callase o le dispararía a su hermana.

El agente Morales me gritó, "No, Larry. La chica podría abortar y perder al bebé."

Pensaba en la forma en la que su marido había planeado asesinar a Richie. Miré al agente Morales con rabia. "Ella y su hermano ayudaron a asesinar a Richie."

La llevé a la parte trasera del coche junto a su hermano que lloraba. Ambos gritaban y lloraban.

Le dije a ella, "Os llevo a tí y a tu hermano a México por-que la policía mexicana sabe las respuestas que necesito de voso-tros dos."

Ella finalmente me dijo que Augusto ya estaba en México ocultándose en San Luis. Vaya. *Augusto está donde los hermanos controlan a los policías corruptos.*

Dejé a la esposa de Augusto y a su llorón hermano junto a un tráiler que Augusto alquiló cerca de la frontera mexicana.

Inmediatamente contacté con el oficial Daniel Blackman para que me ayudase a colocar en el tráiler dispositivos de escu-cha. Al dia siguiente, la esposa de Augusto y su hermano desaparecieron en San Luis, México. Nunca más se les vio de nuevo.

Joselito les dijo a Santo y Angelito que los hermanos sa-bían que la esposa de Augusto y su hermano estaban en San Luis, México, pero Augusto no estaba con ellos.

Santo preguntó, "¿Quién es Augusto?"

Joselito dijo, "No queremos que la DEA ponga el foco en nosotros."

Joselito le mencionó a Santo, "La esposa de Augusto y su hermano ya no están en San Luis. No queremos que el pistolero que ayudó a asesinar al agente de la DEA en Phoenix venga a San Luis buscando a su esposa y cuñado. Mientras ellos buscan a Augusto, no quiero que la DEA se ocupe de nosotros. La DEA podría pensar que nosotros estamos detrás del asesinato del agente de Phoenix."

Augusto Vasquez Mendoza se convirtió en uno de los fu-gitivos más buscados por el FBI. Con la DEA presionando al gobierno mexicano, Augusto fue finalmente capturado y juzgado en los Estados Unidos.

Me preguntaba; ¿Que pasó con la mujer de Augusto y su hermano? ¿Les hicieron desaparecer los hermanos García en el caluroso desierto cerca de las montañas del Camino del diablo?

La oscura batalla del mundo de la droga

Yo necesitaba que inculpasen a los hermanos García rapidamente porque más policías se estaban implicando en mi investigación. A supuestos oficiales corruptos de Inmigración y Aduanas en el puesto fronterizo de San Luis les estaban llegando rumores del trabajo que yo estaba haciendo para poder acusar a los hermanos y sus familiares. Los oficiales corruptos sabían que una vez yo arrestase a los hermanos, yo sabría quiénes son los oficiales corruptos del puesto fronterizo.

Las cosas iban muy rápidas en la oficina del ayudante del fiscal de Phoenix para cerrar el caso. Los investigadores estaban en Yuma todas las semanas trabajando en el caso de los hermanos e identificando a supuestos policías corruptos. Jeff Pearce y Randy Torgerson me proporcionaron multitud de datos de inteligencia para poder preparar el caso contra los hermanos usando camiones de productos y langostinos para introducir drogas de contrabando en los Estados Unidos a través del puesto fronterizo estadounidense.

Tengo que dar gracias de tener a mi esposa a mi lado. Yo vivía en Yuma, así que estaba en casa la mayoría de las noches. Los investigadores Pearce y Torgerson estaban lejos de sus hoga-res en California y tenían más fácil mezclarse en la oscura batalla del mundo de la droga para acceder a información de las activida-des relacionadas con las drogas. Me preocupaba lo que les podría pasar a los investigadores si se topaban con los hermanos García sin estar yo presente.

El Senador de Arizona y los hermanos García

Los investigadores me dijeron, "¡Escucha lo que tenemos aquí!"

Era una grabación captada entre Ed Pastor, el Senador del estado de Arizona, y Jaime García. Hablaban en la grabación del negocio de productos agrícolas de Jaime y como estaba funcionando en México.

Llamé al agente Stone del FBI sobre la grabación entre el senador y Jaime. Stone vino inmediatamente a mi oficina y cogió la cinta. Dos semanas después, como no sabía nada desde enton-ces, llamé a Stone y le pregunté, "¿Qué ha pasado con la cinta que te di?"

El agente Stone me dijo que quería saber la opinión del FBI y nadie del gobierno estadounidense quería saber nada. Todo quedó en nada.

Foto de un agente de la DEA

El agente Saúl Morales me pidió que lo acompañase a reunirse con el Comandante de la Policía Federal Mexicana, Fernández, en San Luis, México. El Comandante Fernández, llamaba acerca de una pequeña avioneta Cessna robada que se estrelló en el desierto de El Golfo, cerca de un pueblo de pescadores, donde Javier tenía su negocio de langostinos.

El comandante dijo que la avioneta iba cargada de cocaína. Sabía por los confidentes y fuentes de información que el Comandante Fernández era un oficial corrupto de las fuerzas del orden que trabajaba estrechamente con los hermanos García.

El agente Morales dijo que ya se había reunido con el Comandante Fernández antes en San Luis, México. El le había dado al comandante varias cajas de munición del calibre 45. En una ocasión le dio al Comandante Fernández una tarta de manzana a cambio de información de traficantes de drogas en México. Me preguntaba, ¿por qué confiaba un agente de la DEA en un comandante corrupto?

Llegamos a la Comisaría de la Policía Federal Mexicana en San Luis, Sonora, México y nos reunimos con el Comandante Fernández. Nos dijo que nos llevaría a ver la avioneta estrellada cerca de El Golfo.

Mientras estaba en la comisaría, observé cómo los policías federales golpeaban a un joven en la cara varias veces. Sangraba por la nariz. No podía creer que el hombre nunca gritase ni chillase cuando le estaban golpeando. La esposa del hombre lloraba mientras veía como los policías federales golpeaban a su marido. Luego la trasladaron a otro lugar dentro del edificio.

Había oido de informadores y testigos que los policías corruptos mexicanos solían aprovecharse de las mujeres para mantener relaciones sexuales. Por desgracia, sabía lo que ésta pareja estaba a punto de experimentar. Espero que la chica tuviera vaselina.

El comandante dijo, "¡Vámonos!"

El agente Morales y yo subimos a la parte trasera del todoterreno negro del Comandante Fernández. El chófer conducía muy rápido por la ciudad de San Luis, México. Nos seguían varios todoterrenos negros con policías armados, de paisano.

El agente Morales, yo, y el comandante finalmente llegamos a una zona desierta donde la avioneta Cessna robada se había estrellado. Me di cuenta que la avioneta estaba quemada por completo.

El comandante rio y dijo, "la avioneta americana llevaba cocaína, pero alguien se la debe haber llevado antes de que llegásemos nosotros."

El comandante sonreía, cuando hablaba de la cocaína desaparecida de la avioneta.

Pensaba para mí; ¿Qué está pasando aquí? Sin duda, el corrupto comandante sabe donde está la cocaína y quién la tiene.

El comandante tenía una pequeña cámara en la mano y quería hacerme una foto a mí y a nadie más, como le dijo al agente Morales en español. Pensaba; ¡Qué tonto! Aquí estoy yo, *en el lugar donde se ha estrellado la avioneta en el desierto en medio de la nada mirando una avioneta quemada con un comandante corrupto. Y ni siquiera sé hablar español con fluidez, en especial la jerga mexicana.*

Miré directamente a los ojos negros saltones del comandante y le dije al agente Morales, "Quiero que el Comandante Fernández sepa que si quiere una foto mía, entonces sus doce oficiales, que se quiten sus camisas y todos nos hacemos una foto juntos, como una gran familia. Ya sabes, como una gran familia feliz en medio del desierto, a casi 50 grados de temperatura."

El agente Morales tradujo nervioso lo que le dije al Comandante Fernández. Los otros oficiales mexicanos rieron, y el comandante sonrió. El empezó a reir y se puso la cámara a la altura de la cara.

Dio orden a sus oficiales para que se quitaran las camisas, incluyendo el agente Morales y yo. Fui el último en quitarme mi camisa y pensaba; ¡soy el único tipo flaco y blanco aquí en el desierto!

El comandante hizo varias fotos, especialmente a mí, junto a la avioneta robada y quemada.

Después de hacerme varias fotos, el Comandante Fernández me invitó a la cantina de Javier, en El Golfo, para almorzar en el único restaurante del pequeño pueblo. ¿Cómo podía decir yo "no" al comandante en medio del desierto, rodeado de agentes federales armados sin camisas?

¡En la cantina de Javier García, vamos a comer todos langostinos tigres! anunció el comandante.

Me preguntaba; ¿Quién pagará la cuenta? No sería yo ni el comandante.

En el restaurante, me tomé una Corona y comí dos de los langostinos más grandes que jamás hubiese visto. El comandante gritó de nuevo, "Los langostinos son tigres. ¡Los mejores!"

Quise pagar mi cerveza Corona, pero el Comandante Fernández me dijo, "No."

Nadie pagó la cuenta, todo salió gratis.

El agente Morales y yo finalmente volvimos a la frontera de San Luís, ya de noche. Me decía, es un sentimiento maravilloso cruzar a los Estados Unidos desde México. Gracias a Dios. Estoy vivo, y ahora, los hermanos García tienen una fotografía mía.

En el puerto fronterizo, un oficial de inmigración me dijo que un joven mexicano acababa de ser arrestado por llevar un kilo de cocaína escondido en los pantalones.

Le dije al oficial, "¿Por qué me lo cuentas?"

Dijo, "el varón mexicano dijo que trabajaba para la DEA."

"¡Esto es una estupidez! Todos los traficantes os dicen en la frontera que son camellos trabajando para la DEA. Oficial, "Escuche bien lo que le digo." Ocúpese del varón mexicano y dele el kilo de cocaína a los otros oficiales de inmigración en el puerto fronterizo."

¿Tenía el Comandante Fernández algo que ver hablándole al oficial corrupto del kilo de cocaína? Quizás es uno de los kilos robados de la avioneta siniestrada en El Golfo.

Los hermanos y sus traficantes tienen una foto mía, sin camisa, junto a la avioneta. Ahora, los hermanos García podrán reconocerme cuando me vieran siguiéndoles en Yuma y cerca de la frontera mexicana. Por la foto, era muy peligroso que yo volviese a México. Podrían secuestrarme o matarme.

No les tenía miedo a los hermanos ni a los otros criminales. Tenía más cuidado con mi gobierno y el trabajo con otros agentes y fuerzas del orden que fuesen corruptas. No pensaba en los oficiales de México o los hermanos, sino en mi propia gente dentro de la comunidad policial.

A veces, solía ver a los investigadores Jeff Pearce y Randy Torgerson seguirme a ambos lados de la frontera. Les pedí que me vigilasen. Ellos me seguían, y yo a ellos. Se trataba de estar vivo y de que no te asesinase ningún policía corrupto.

Recibió varios disparos en Vietnam

Trabajando de incógnito, el investigador Harry Fresno me presentó a un antiguo oficial de los Marines estadounidense, Benito Bravo, que trabajó como vigilante de drogas para los hermanos García. Benito era veterano de guerra al que le dispararon dos veces en Vietnam, una vez mientras patrullaba, y otra vez por un francotirador.

Según los informes militares, Benito fue un verdadero héroe, herido dos veces en Vietnam y salvando las vidas de sus compañeros Marines. Era un Marine raso, ascendido a Alférez.

El le dijo a Fresno, "Larry es un agente de la CIA. Le vi antes en México."

Benito no quería hablar conmigo sobre los hermanos García. Inmediatament pensé; ¿Por que dijo Benito que yo trabajaba para la CIA? ¿Quizás los hermanos también piensan así?

Jeff Pearce me dijo después que el antiguo Marine conocía a Charles Blacksmith, un amigo de los hermanos, que trabajaba para la CIA. Pearce también me dijo que Charles Blacksmith po-seía también un negocio de langostinos en México.

¿Quién es Charles Blacksmith?

Oí el nombre aparecer de otras fuentes policiales y de mis confidentes. No quería trato con los de la CIA.

Le dije a Santo si podría localizar el negocio de langostinos de Charles Blacksmith en México, Quería que preparase una reunión para obtener información sobre el negocio de langostinos de los hermanos García.

Santo y Angelito más tarde se reunieron con Charles Blacksmith en México, para hablar del negocio de langostinos. Blacksmith le dijo a Santo que tuviese cuidado con Jaime García. El no habló nada más con Santo de los hermanos. Luego, le dije a Santo y Angelito que se mantuviesen alejado de Charles Blacksmith. Ese fue la última reunión de los confidentes con Blacksmith.

Los asesinatos y los policías corruptos

Yo a menudo decía, "Los policías de Yuma y San Luis saben siempre donde están mis confidentes, investigadores, y fuentes en México o en las calles de Yuma. Protegía a todos ellos porque yo soy de la DEA. Nadie de la comunidad policial quería problemas con la DEA ni conmigo. Jeff Pearce y Randy Torgerson trabajaron mucho para identificar a los corruptos; corriendo bastantes riesgos en este caso. Era incapaz de protegerlos al 100% de los policías corruptos. Estaba trabajando en otras investigaciones criminales al mismo tiempo.

Había veces en que yo mismo hacía vigilancias en el caso de los hermanos, y de otros casos a la vez. Los investigadores Pearce y Torgerson me seguían a todos lados. Ellos me protegían porque sentían que algo me iba a pasar. Había muchísima corrupción policial. Los investigadores pensaban que yo estaba desprotegido.

Quería estar centrado, con los ojos enfocados en la organización de los hermanos García, los asesinatos, e intentos de asesinatos. No podía hacer eso porque me encontraba obstáculo tras obstáculo, con la oficina del fiscal estadounidense de Phoenix, para terminar el caso, mientras intentaba seguir con la investigación de los García.

Un antiguo director de la DEA

Estaba sentado en mi oficina leyendo, recostado en la silla con los pies en la mesa, y sonó el teléfono. Lo cogí, y la voz dijo, "Hola, soy Robert Bonner. Represento a un cliente de Los Angeles. Tengo entendido que tienes como objetivo a los camiones de muebles de mi cliente, que llegan al puerto fronterizo de San Luis en la frontera mexicana."

No me gustan los abogados, incluso los que están de mi lado, especialmente los abogados de Defensa Pública. Aquellos que trabajan para los camellos tienden a mentir mucho y pueden ser brutales en los juzgados, convenciendo al jurado al decir que los policías y los agentes de la DEA son unos mentirosos. Es como un juego de ajedrez con muchos de ellos.

Pero, estaba sorprendido de oir el nombre de Robert Bonner. El nombre me sonaba familiar, y le pregunté, "¿Quién eres tú?"

"Me llamo Robert Bonner."

"¿Trabajaste alguna vez para la DEA?"

"Sí, soy un antiguo director de la DEA."

Bonner fue mi director hace unos pocos años. Era cono-cido y bien visto por todo el mundo de la DEA.

Puse los pies en el suelo. "Señor, ¿por qué me llama?"

El Sr. Bonner dijo con voz suave, "Me gustaría ir a Yuma y reunirme contigo."

Aceptamos reunirnos en un hotel de Yuma. Informé a mi supervisor, Juan Antonio Moreno, de la reunión, y él de inmediato llamó a la oficina de la DEA de Phoenix.

Juan Antonio volvió y me dijo, "No, no vas a reunirte con el Sr. Bonner en Yuma. En cambio, te reunirás con él en la oficina de la DEA en Phoenix."

Intenté explicarle que el Sr. Bonner no quería ir a Phoenix para estar bajo atención de la DEA. El Sr. Bonner quería centrarse en la investigación de los hermanos García.

Juan Antonio se negó a que me reuniese con el Sr. Bonner en Yuma. Cuando llegué a la oficina de la DEA de Phoenix, había otros dos hombres con chaquetas, en el ascensor conmigo. No sabía quiénes eran los dos hombres o por qué iban a la misma planta. Me miraron, yo les miré, y supe que iba a haber problemas. Tenía el presentimiento de que la CIA sabía que yo estaba centrado en la empresa de mariscos china de Chinatown y en sus relaciones con los hermanos García. Una vez fuera del ascensor, le pregunté a la secretaria quiénes eran esos dos tipos.

"Son de la CIA de Los Angeles," dijo.

¿Por qué la CIA se está reuniendo con mis jefes en Phoenix? ¿Son quizás amigos del Sr. Bonner? ¿O estaban aquí para algo más?

La Jefatura de la DEA de Phoenix controlaba la reunión. Los dos tipos del ascensor estaban sentados en la reunión cuando yo entré, así que cuando el Sr. Bonner y yo nos reunimos finalmente, no pudimos hablar del caso de los hermanos. Aunque, hablamos un poco. Después, el Sr. Bonner salió de la oficina para fumar en el aparcamiento. Yo le seguí.

Estaba en el aparcamiento con el Sr. Bonner. Ambos decepcionados por no tener la oportunidad de hablar de la investigación. Lo único que me dijo fue, "Hablaremos después."

"¡Sí señor!"

Mucha gente de otras agencias policiales estaba implicada aquí. No era hablar solo de los hermanos García, sino también de los chinos. Pensaba en los dos agentes de la CIA con los que me reuní en Phoenix. Era asunto personal para mí saber la implicación de la CIA en el caso.

Le mostré al Sr. Bonner mi respeto porque fue mi antiguo director, aunque ahora era un abogado particular. Me reuní con el Sr. Bonner de nuevo junto con el investigador Harry Fresno en la oficina del fiscal estadounidense de Phoenix.

Trabajaba en otros casos al mismo tiempo y podía ultimar la finalización de éste. Pero, ¿Cómo lo podía hace después de las relaciones que había forjado con mis investigadores, confidentes y fuentes de información? Y por Don y Roy que casi pierden la vida por los hermanos García. Todos ellos juntos me proporcionaron toda clase de información y datos de inteligencia, como apoyo a mi caso para arrestar a los hermanos.

La oficina del fiscal de Phoenix

El Sr. Bonner vino a Phoenix para intentar convencer a la Fiscal General Janet Napolitano y a su equipo del ayudante del fiscal que yo tenía un buen caso contra los hermanos García y la corrupción en el puerto fronterizo. El Sr. Bonner quería seriamente que el ayudante del fiscal Napolitano procesase a los hermanos. La

Sra. Napolitano no estuvo presente en la reunión. Dejó que sus asistentes estuviesen en la reunión con el Sr. Bonner, el investigador Harry Fresno, y yo mismo.

La manera en la que se sentaron en la gran mesa de madera marrón oscura y cómo trataron a Fresno y Bonner fue terrible. Los ayudantes del fiscal fueron muy groseros, al decirnos al Sr. Bonner, al Sr. Fresno, y a mí que no existían suficientes pruebas para presentar el caso ante un gran jurado federal para presentar cargos contra los hermanos o perseguir la corrupción en los puertos fronterizos.

Estaba angustiado porque el Sr. Bonner fue mi antiguo director, y el investigador era un antiguo teniente del Sheriff. Ambos tenían buenos antecedentes en las fuerzas del orden y merecían más respeto de los ayudantes del fiscal.

Los tres sabíamos por el asesor legal principal de la DEA que el caso estaba a punto de presentarse ante el gran jurado federal. Don y Roy merecían que el gran jurado revisase las pruebas que yo había conseguido contra los hermanos y los policías corruptos en los puertos fronterizos.

Con el tiempo llegué a conocer al Sr. Bonner y al investigador Harry Fresno durante todo el caso García. Ambos eran excelentes personas en sus trabajos.

¡Qué raro!, yo tenía suficientes pruebas del caso según el asesor legal de la DEA.

El caso estaba listo para que el ayudante del fiscal de Phoenix iniciase el procesamiento. También, los fiscales del condado de Yuma estaban preparados para procesar a los hermanos si el ayudante del fiscal de Phoenix se negaba a procesarlos por infracciones federales.

Esnifaron Cocaína y tuvieron relaciones con jovencitas.
Reunión con el ayudante del fiscal

El ayudante del fiscal, Robin Fly, de Phoenix, quería reunirse con Santo y Angelito. Les dije a los confidentes que llevasen traje y que no pareciesen que eran criminales que trabajaban para la DEA. Le dije a Santo, "Quiero que tú y Angelito oláis bien y tengáis apariencia profesional porque vais a estar delante del gran jurado testificando en la vista para sentencia."

Preparé la reunión; Santo, Angelito, y yo nos reunimos con el ayudante del fiscal en su oficina de Phoenix. Los confidentes tenían buena apariencia y olían bien. Santo era un tipo elegante con buen aspecto. Ese día, Santo llevaba un traje azul oscuro y una corbata roja. Era dueño de su propio negocio de langostinos en México y se comportaba bien cuando tenía que hablar con una autoridad superior. Angelito no llevaba traje, pero llevaba pantalones negros, polo rojo, y botas gastadas.

Santo y Angelito le contaron al ayudante del fiscal Robin Fly todos los detalles del negocio de narcotráfico de los hermanos y de la corrupción en el puerto fronterizo de San Luis. El ayudante empezó a dar marcha atrás cuando escuchó cómo los confidentes sabían tanto de la organización de narcotráfico de los hermanos y de los oficiales corruptos en el puerto fronterizo.

El me dijo, "Larry, no tienes suficientes pruebas para procesar a Jaime y Javier por conspiración por transportar narcóticos a los Estados Unidos. Ni declaraciones de intento de asesinato de Don y Roy en 1975. Hay posibilidad de un proce-samiento federal para Joselito."

"¿Y qué hay de Javier y sus relaciones con la empresa de mariscos china?" Santo le preguntó al ayudante del fiscal Fly.

Fly parecía como que no había oido el nombre de la compañía de mariscos china. Luego preguntó a Santo y Angelito,

¿"cómo habéis tenido tanto éxito entrando en la familia de los hermanos García?"

Durante la reunión, supe que Santo y Angelito esnifaron cocaína con el Pulpo y con los hermanos. No tenía ni idea que consumieron drogas en México, no me gustó en especial que tuviesen relaciones sexuales con jovencitas. Santo me dijo que las chicas eran mayores de 18 años y que eran empleadas de los hermanos. El ayudante Fly le preguntó a Santo, "¿Cómo estás tan seguro que las chicas eran mayores de 18 años? ¿Les preguntaste su edad?"

Santo dijo, "No."

Los hermanos tenían relaciones sexuales con las jovencitas. Santo y Angelito eran sin duda parte del grupo de los hermanos. Sus vidas dependían de cómo interactuaban con los hermanos. Fly alucinaba que Santo y Angelito esnifasen cocaína en México y tuviesen relaciones sexuales con chicas jóvenes.

Santo destacó, "Tuvimos que esnifar cocaína y mantener relaciones con chicas cuando nos reuníamos con los hermanos. Los hermanos sabían que los agentes de la DEA y los policías no pueden consumir drogas ni tener relaciones con chicas. Solo lo hacen los agentes policiales corruptos."

Inmediatamente le dije al ayudante Fly, "Nunca di instrucciones a Santo y Angelito para que consumiesen cocaína, solo que sobreviviesen."

Entonces le dije, "¡Maldita sea!, se necesita a un ladrón para atrapar a otro ladrón."

Dijo, "No puedo hacer esto. No puedo juzgar el caso."

No quería procesar a los hermanos García, solo procesar a Marco Oscuro, el camello de los hermanos, por vender un kilo de cocaína a un agente encubierto de la DEA en Phoenix.

Pensaba para mí; El ahora, solo quiere procesar al camello, Marco Oscuro, ni a Joselito ni a los otros hermanos. ¡No puede hacer eso! Los confidentes compraron un kilo de cocaína y Jaime lo preparó todo para que Santo y Angelito comprasen 30 kilos y después 500 kilos.

Grité, "¡Esto es una mierda!"

Santo le miró y le dijo con rabia, "¿Por qué fui a la cárcel durante cinco años por ayudar a un agente encubierto de la DEA a comprar algo de cocaína? Se me acusó de conspiración y nunca vi la cocaína. Llamé a mi amigo que vende cocaína y le dije que un tipo quería comprarle material. ¡Estaba preparado para hacer un trato! ¡Mira lo que hicimos Angelito y yo por este caso!"

Rapidamente pensé; no fue buena idea que Santo le habla-se así a un fiscal ayudante.

Miré al fiscal Fly y dije, "¡Hijo de puta! ¡No puede hacer eso! Tiene a los hermanos García implicados en toda la corrupción en el puerto fronterizo. Los hermanos ya hablaron con Santo y Angelito de cómo estuvieron implicados en el intento de asesinato de los agentes de la DEA, Don y Roy. Está en las grabaciones. Tengo pruebas."

"¡Esto es conspiración! Al menos déjeme arrestar a los hermanos y enviarlos a la cárcel durante unos días. Puede procesar a los hermanos con el gran jurado."

Dije, "Déjeme traerlos aquí y presionarles para que hablen de los policías corruptos. Puedo incluso separarles y saber quién va a hablar primero sobre el negocio de la droga y sobre los policías corruptos que trabajan en el puerto fronterizo de San Luis."

Su respuesta fue, "No puedo enjuiciar el caso."

Miré a Santo y Angelito y les dije, "¡Vámonos de aquí! Este hijo de puta no va a procesar a Joselito, Jaime, o Javier."

Pensaba con indignación; está intentando encontrar una forma de sabotear el caso.

Le dije a Santo, "No deberías haberle mencionado el nego-cio de mariscos chino."

Santo me miró con extrañeza cuando salimos de la oficina. Le dije, "Voy a perder mi trabajo con la DEA porque he llamado al ayudante del Fiscal, hijo de puta. No se le puede hablar así al ayudante del Fiscal. Ellos tienen mucha influencia y mucho poder para cerrar esta investigación con el procesamiento de los herma-nos por sus actividades relacionadas con las drogas y el intento de asesinato de Don y Roy."

Los confidentes estaban tremendamente disgustados porque pensaron que el ayudante del Fiscal buscaba una excusa fácil para no procesar a Jaime, Joselito y Javier.

Los confidentes se habían dejado el culo allí. Yo pensaba en cómo ellos seguían mis instrucciones para tener como objetivo a los hermanos García en el tráfico de drogas a los Estados Unidos.

Los hermanos nunca supieron que los confidentes trabajaban para mí. ¡Pero luego te encuentras con un fiscal que te dice que no tienes suficientes pruebas para procesarles! ¡No es justo! Ahora entiendo porqué ni Santo ni Angelito confían ya en los oficiales del puerto fronterizo de San Luís ni en el ayudante del Fiscal Fly, después de reunirnos con él.

Recuerda, hace falta un criminal para engañar a otro criminal.

La DEA no me puede tocar

El caso tenía que acabar antes de que los confidentes sufriesen algún daño por parte de los hermanos o de los policías corruptos. Había demasiadas filtraciones con algunas personas con las que trabajaba dentro de la comunidad policial. Yo tenía control total del caso, pero nunca me pude imaginar lo que sabían los hermanos acerca de lo que yo hacía en el puerto fronterizo.

Santo y Angelito siguieron reuniéndose con los hermanos varias veces en México, pero Javier era cada vez menos amable con ellos. Me seguía preguntando quién estaría detrás de la filtración.

Yo nunca hubiese podido señalar al agente o policía que filtraba la información a otros agentes corruptos en el puerto fronterizo de San Luís.

Cuando mis confidentes estaban con Jaime y Joselito esnifando cocaína, escuchaban a los hermanos alardear de sus contactos en el puerto fronterizo. Ellos me informaron que los hermanos hablaban que la CIA sabía las mismas rutas de contrabando de México a los Estados Unidos, al igual que la organización de los hermanos García.

Jaime declaro, "No me importa lo que haga la DEA, nunca podrán tocarme ni a mí ni a mis hermanos. Tengo contactos con el gobierno de los Estados Unidos."

Ana Blanca, la traficante y compañera sexual de Javier, le dijo a Santo que Jaime y Javier pensaban que ellos eran agentes de la DEA.

Santo me dijo, "Blanca una vez me dijo que Javier estaba seriamente enganchado a las drogas."

Los confidentes estaban preocupados de que los hermanos supiesen que trabajaban para la DEA. Santo quería dejar de reunirse con los hemanos y con los traficantes a causa de los oficiales corruptos de Immigración y Aduanas en el puerto fronterizo de San Luis.

Según mis fuentes, los hermanos García eran los guardianes del cartel en el puerto fronterizo de San Luis, para los narcó-ticos que entraban en los Estados Unidos. Eran informadores y prestaban ayuda al gobierno mexicano, de la misma manera que la empresa de mariscos china de Chinatown.

Pensé; ahora me explico el por qué estoy teniendo tantos problemas en conseguir el procesamiento de los hermanos.

Después de indagar más en el caso, la oficina del ayudante del fiscal de Phoenix me envió una carta. Robin Fly estaba muy agradecido por el duro trabajo que estaba realizando con el caso. El escribió, "Tu dedicación al caso es espectacular, esperemos, que todos tus esfuerzos empiecen a dar sus frutos."

La carta era una mierda de politiqueo escrita por la jefa del ayudante Fly, la fiscal general de los Estados Unidos, Janet Napolitano.

Seguía animándome a cerrar el caso. Quería cerrar el caso a toda prisa. Me sentía incómodo porque la oficina del fiscal general de los Estados Unidos, Janet Napolitano, y yo no pensábamos lo mismo en cuanto al procesamiento de los hermanos.

El ayudante del fiscal Fly no sabía que yo estaba trabajando con el asesor legal principal de la DEA en Washington, D.C. Después del primer año investigando a los hermanos, con la ayuda de mis confidentes, investigadores, y fuentes de información, yo envié una información muy valiosa al asesor legal en Washington, D.C., sobre la implicación de los hermanos en el intento de asesinato de los agentes de la DEA Don Ware y Roy Stevenson.

Tenéis otro ayudante del fiscal

Después de otra reunión con el ayudante del fiscal Fly, el caso de los hermanos empezaba a cerrarse porque una vez más, la compañía de mariscos china tenía relaciones con los hermanos. Los confidentes no querían tener nada más que ver con el caso a causa del fiscal. No tenía los suficientes cojones para procesar a los hermanos por la corrupción en el puerto fronterizo y la conexión china.

Santo y Angelito todavía estaban conmigo ayudándome, pero ya no querían volver a México a reunirse con los hermanos otra vez.

Me llamo la DEA de Phoenix, "Teneis un nuevo ayudante del fiscal."

Su nombre, Nay Whitehouse, un hombre joven, muy ingenuo, y muy liberal al hablar de procesar delitos de drogas. Pensaba que los cargos federales por drogas eran demasiado duros con los traficantes, en especial con los pobres camellos. Era el tercer ayudante del fiscal asignado al caso de los García.

El ayudante Fly volvió a juzgar el caso de bajo nivel y ya no volvió a trabajar en la investigación. No quería saber nada, a causa de la corrupción.

Como a los otros ayudantes, invité a Whitehouse a Yuma, y a México para que viese las casas de los hermanos, y luego, por supuesto, también se empezó a entusiasmar con el caso.

Quería que tuviese un claro retrato visual de lo que yo le estaba diciendo; las casas blancas en miniatura con pilares blancos importados de Italia. Le expliqué que la casa más grande era la de Jaime, un agricultor de productos, que, sin embargo, no movía muchos productos. La otra casa era propiedad de Javier, que proveía de langostinos a la empresa de mariscos china en Los Angeles, California, y Phoenix, Arizona.

Como se vio después, el ayudante Whitehouse no comprendía por qué los cargos eran tan severos con el tráfico de cocaína contra los hermanos y sus traficantes. Le expliqué que las leyes federales contra las drogas eran así; cada estado perseguía los casos de drogas a su forma. En Miami, un kilo de cocaína tenía menos penas de cárcel que en Kentucky.

California está fuera del mercado. Las ideas liberales del público hacia la distribución de narcóticos significaban que la mayoría de los fiscales del estado de California y fiscales federales ya no aplicaban las directrices sobre la imposición de penas para perseguir a los traficantes de drogas, además, había muchísima cocaína que se vendía y se distribuía por toda California. La selección del jurado en California era también un gran problema para los fiscales. Estos trataban con la mayoría de los ciudadanos, los cuales eran muy liberales y no podían culpar a un pobre came-llo de violaciones por tráfico de drogas.

Empecé a darme cuenta de que el nuevo ayudante del fiscal no quería saber nada de los hermanos García. Solo buscaba al camello, Marco Oscuro, por vender un kilo de cocaína, no a los hermanos. Yo no quería que los hermanos se saliesen con la suya tan facilmente.

Había muchas pruebas para perseguir a los hermanos García.

¿Quién protege a la empresa de mariscos china?

Más tarde, el agente de la DEA, Luis Short, me llamó para decirme que venía a Yuma con otro agente del cuartel general de la DEA en Washington, D.C. El agente fue destinado para trabajar con los grupos de narcotraficantes asiáticos y con el agente Short en labores de inteligencia en la zona de Chinatown de Los Angeles.

El agente Luis Short quería hablar de la compañía de mariscos china y de los hermanos. Me sorprendía oir que agentes de Los Angeles, Washington, D.C., y un agente de la oficina del consulado estadounidense de Hermosillo, México visitasen Yuma por el trabajo conjunto de los asiáticos y los mexicanos para trasladar langostinos y drogas a los Estados Unidos.

En la reunión de Yuma, presenté el caso al agente de la DEA Short, al agente de Washington D.C., al agente de Hermo-sillo, México, y al ayudante del fiscal Whitehouse.

Les mostré a todos pruebas directas vinculando las reuniones de la empresa de mariscos china con los hermanos en El Golfo, México, y más tarde en Chinatown. Todos dijeron que se podía procesar a los hermanos, excepto el ayudante del fiscal Whitehouse, él no dijo nada.

Tenía la sensación que el agente de la DEA de Washington, D.C. que trabajaba con el agente Short estaba allí para proteger a la compañia de mariscos china y para alejar a los hermanos de la organización asiática. No entendía porqué el agente de Hermosillo estaba en la reunión. Diría que el ayudante del fiscal Whitehouse vino solo por una razón; para ver lo que yo iba a compartir sobre las actividades criminales de los hermanos en la reunión con otros agentes de la DEA, pero no para hacer algo al respecto.

No entendía lo que Whitehouse perseguía del caso. Si pudiese atrapar a los hermanos, entonces podría averiguar quiénes eran los policías corruptos y los asiáticos y que relación había entre los hermanos y los asiáticos.

El agente Luis Short sabía mucho de las actividades de la compañia de mariscos china de Chinatown, pero no iba a decirme nada. Era estrictamente un agente de inteligencia. Esa fue mi úl-tima reunión con él, con el agente de Washington, y con el agente de Hermosillo, México.

Los investigadores Jeff Pearce y Randy Torgerson no asistieron a la reunión, pero estaban por los alrededores, espe-rándonos a todos, en especial al ayudante del fiscal Whitehouse, que saliese por la puerta principal.

Quiero hacer esto por Don y Roy

Reuní todas las pruebas, notas, una copia de la carta de investigación de los hermanos García de la DEA de Washington, DC, los comentarios del asesor principal legal de la DEA, y del Departamento de Justicia. El asesor legal había revisado el caso, exponiendo los cargos federales y la acusación contra cada uno de los hermanos, incluyendo la grabación de los hermanos presumiendo antes las fuentes de información y los confidentes del intento de asesinato de los agentes, Don y Roy. Santo and Angelito grabaron a los hermanos alardeando. Pero a los ayudantes del fiscal Fly y Whitehouse no les importaba.

Después, le dije al asesor legal, "tienes las mismas pruebas contra los hermanos que las que le di al ayudante del fiscal de Phoenix."

El asesor de la DEA sabía, sin duda, que yo tenía lo que necesitaba para demostrar el caso, porque disponía de excelente información de los confidentes, de mis fuentes, y de los investigadores. ¡El caso ya estaba listo!, listo para el gran jurado federal, basado en las pruebas e información aportadas.

El asesor legal de Washington, D.C. me dijo, "Larry, el caso ya está acabado – quienquiera que lo reciba en la oficina del fiscal de Phoenix, ¡No tiene que hacer nada más! ¡Está listo! Todo ya está escrito, y dispones de las pruebas para demostrarlo."

Añadió, "Tenéis que procesar a los hermanos con todas estas pruebas."

Le respondí, "Quiero hacer esto por todos nosotros, especialmente por Don and Roy."

Más tarde, el asesor legal me envió una carta en la que decía, "Este es el mejor caso probable sobre los hermanos García. Continuad con el buen trabajo. Teneis suficientes pruebas para procesar a los hermanos e ir tras la corrupción en el puerto fronterizo."

Era increíble; tenía suficientes pruebas contra los herma-nos por los intentos de asesinatos y las actividades relacionadas con la droga en los Estados Unidos.

Mi nuevo supervisor de la DEA de Yuma, Peter Cotton, vio la carta del asesor legal principal de la DEA y declaró, "Tenéis todo para acusar a los hermanos."

Con toda esta información, consideraba que tenía pruebas para el segundo asistente del fiscal Fly y después, para que el tercero, Whitehouse, presentase el caso ante el Gran Jurado Federal de Arizona. Tenía grabaciones de audio de los hermanos y pruebas de compra de droga con la ayuda de Santo y Angelito.

Cuando las fuentes y los investigadores empezaron, yo ya tenía varias fuentes tras los hermanos. Mi relación con Santo y Angelito era muy buena, especialmente con Santo. Ya llevaba bien el caso cuando el investigador Fresno y sus investigadores Jeff Pearce y Randy Torgerson, me proporcionaron aún más información para profundizar aún más en las actividades de narcotráfico de los hermanos y en los oficiales corruptos del puerto fronterizo.

Me impliqué emocionalmente. El ayudante del fiscal de Phoenix me dijo que dejase la investigación y solo inculpase al camello por el kilo de cocaína, pero ya era demasiado tarde. Sabía que había corrupción en Yuma y en la frontera. Pero no sabía cuánta. Había perdido toda la confianza, primero con el ayudante Fly, y después con Whitehouse.

Me seguía esforzando para inculpar a los hermanos, aunque mi supervisor Cotton y la oficina del ayudante del fiscal me dijeron que no continuase con el caso. ¿Pero por qué me dijeron ambos que me apartase del caso? ¿Cómo lo haces sin ni siquiera una explicación?

Mi supervisor Cotton puede que no supiese la verdad; sus superiores le dijeron, desde la dirección de la DEA de la oficina de Phoenix, que tenía que dejar el caso para inculpar a los hermanos, porque alguien de la oficina del ayudante del fiscal así lo decía. En algún momento, no pudieron decirme que desistiese del caso sin tener que explicar los problemas de seguridad nacional. Por tanto, mi supervisor Cotton trató de desviar mi atención trasladándome de Yuma a Phoenix.

Lo siguiente que supe, mientras todavía era el agente del caso, era que éste se estaba acabando. Era una muerte lenta.

El final del caso tuvo lugar un día en la oficina del ayudante Whitehouse, durante una reunión. Estaba digustado por no tener ayuda en Phoenix de la oficina del ayudante del fiscal para inculpar a los hermanos. Unos de los fiscales de la reunión que no había visto antes, cogió el caso y dijo, "La oficina del fiscal ya no puede hacer nada más," y le pasó el informe del caso al ayudante Whitehouse.

Había gente en la oficina haciendo cosas abiertamente y otras de forma encubierta. Estaba profundamente enojado y pensaba; ¿significa esto que no pueden hacer nada?

En ese momento, me indicó el ayudante Whitehouse, de forma indirecta, que terminase el caso. Ahora sé por qué el ayudante Fly fue relevado por razones desconocidas, para dejar de trabajar en el caso. La oficina del fiscal de Phoenix tenía todo lo que les proporcioné sobre los hermanos. Mi corazón me decía que tenía a los hermanos. Especialmente cuando un fiscal del Depar-tamento de Justicia, asesor legal de la DEA en Washington, D.C. me dijo, "¡Tienes a los hermanos!"

El asesor me devolvió todo, monstrándome todos los cargos y quién debería ser procesado en la organización de los García.

Más tarde, Whitehouse me pidió que me reuniese con él en Phoenix. Me dijo en su oficina, "Nosotros podemos procesar a Marco Oscuro, mano derecha de Jaime, por la venta del kilo de cocaína al agente encubierto de la DEA, pero nada más."

Sentí que algo no iba bien cuando estaba en su oficina, y él no quería enjuiciar a los hermanos.

Yo estaba pensando; ¿Quién es "nosotros" en la oficina del fiscal? Alguien le presiona para acusar al traficante, Marco Oscuro, pero no a los hermanos.

Salté de la silla y le dije, "Voy a llevar el caso a la oficina del fiscal del condado de Yuma. ¡El fiscal quiere tramitar el caso, inculpar a los hermanos y exponer la corrupción en la frontera!"

El gritó, "Larry, no puedes llevar el caso al condado de Yuma, es una investigación federal, no estatal."

Yo le grité, "Ya no."

Le dije, "Te equivocas, amigo. Voy a llevarlo a la oficina del fiscal del condado de Yuma porque le van a dar curso. Van a procesar a los hermanos y a todos los de esa lista."

Me dijo, "¡Eso no va a pasar!"

Le volví a gritar mientras salía de la oficina, "Los malditos hermanos intentaron asesinar a dos agentes de la DEA, Don y Roy. Eso no a suceder. ¡No puedes hacer eso! Esos agentes son parte de mi vida."

¡Fue una gran decepción! La reunión terminó sin acuerdo para inculpar a los hermanos García.

Mientras caminaba hacia el coche, pensaba; ¿Por qué solo quiere inculpar a un traficante, cuando todo está documentado? El asesor legal de la DEA expuso todos los argumentos y hechos para que los hermanos fuesen procesados por intento de asesinato y tráfico de drogas.

¡Nada va a pasar con este caso! No voy a ninguna parte con el caso de los hermanos. Nunca los atraparé porque la oficina del fiscal de Phoenix dice que no tengo suficientes pruebas en este momento. ¿Estará la CIA implicada en la investigación?

Pero creía firmemente que iba a conseguir inculparlos por intento de asesinato. Quizás, la oficina del fiscal del condado de Yuma me ayudaría. He comprado una muestra de un kilo de co-caína y negociado la compra de 30 kilos más a Jaime y Joselito. Y más tarde 500 kilos a los hermanos. Y el tercer ayudante del fiscal de Phoenix solo quería inculpar al traficante, Marco Oscuro, la mano derecha de los hermanos. Oscuro era un socio de confianza de los hermanos y estaba presente en las reuniones con Javier, Joselito, y Jaime, cuando Santo y Angelito estaban allí.

El ayudante Whitehouse no quería oir hablar de la decisión tomada en el caso por el asesor legal principal de la DEA. Salí de la oficina y volví a mi trabajo en Yuma.

La peste negra

Normalmente había solo dos agentes de la DEA en la oficina a la vez. Nunca tuve un compañero. A veces trabajaba con otros agentes en la oficina en otras investigaciones de drogas. Podía trabajar bien con los agentes y nunca pensé que pudiese haber alguna filtración. Pero tenía que tener cuidado trabajando con Santo y Angelito.

Supe después por Jeff Pearce y Randy Torgerson que uno de los agentes de mi oficina era el topo, indirectamente. No podía creer lo que decían los investigadores sobre que un agente de mi oficina estuviese filtrando información de los hermanos. No creían que el agente estuviese saboteando el caso intencionadamente. Los investigadores descubrieron al agente informando a algunos oficiales de Aduanas, fuera de la oficina de la DEA, sobre lo que yo hacía y cómo iba la investigación.

A veces pensaba que alguien de la oficina del fiscal de Phoenix y los oficiales corruptos del puerto fronterizo de San Luis estaban vigilándome en la sombra, mientras yo me centraba en las actividades ilegales de los hermanos. Me sorprendía que no me asesinase ningún policía corrupto, pero si hubiese pasado, la DEA y mi familia se volverían locos buscando al asesino o asesinos. Estoy asombrado de que ni los investigadores, ni Santo, Angelito, o mis fuentes fuesen asesinados.

Cuando los camiones de productos de los hermanos esperaban para cruzar la frontera a los Estados Unidos, yo pedía ayuda a un seleccionado grupo de agentes de la patrulla fronteriza y de Aduanas para que me ayudasen a registrar los camiones con sus perros.

Después, parecía que tenía la peste negra. Nadie quería trabajar conmigo a causa de los hermanos García – nadie excepto mis confidentes, mis fuentes, y mis investigadores.

Centrándome en los hechos antes de la conspiración

Soy el tipo de persona que puede juntar los hechos, pruebas e inteligencia para el procesamiento federal y estatal. Me das las pruebas y yo las reuno para que la oficina del fiscal de Phoenix pueda procesar a los hermanos.

Cuando hay grandes vínculos de narcotráfico entre la compañía de mariscos china y los hermanos, yo me centro en los hechos y no en la conspiración para establecer las relaciones con el narcotráfico. Puede que no atrapes al tipo que hace la entrega mano a mano, pero sí al que prepara la entrega de drogas.

Quería informar con todo detalle a mis confidentes, mis fuentes, y mis investigadores sobre las investigaciones sobre los

García, pero no podía porque no eran agentes, sino ciudadanos privados.

Se lo comenté a mi esposa, "Ya te digo; me siento cómodo con mi gente cuando me informan porque ellos me apoyan y yo a ellos. Estoy constantemente luchando, no solo en mi oficina de la DEA, sino también en la oficina del ayudante del fiscal de Phoenix, y otros agentes de Yuma. ¡Cuando esté cerca de arrestar e inculpar a los hermanos, sé que mis fuentes, mis investigadores y mis confidentes serán excelentes testigos!"

Todos ellos no podían creer que yo fuese el único agente de la DEA trabajando en el caso. Estaba quemado por las muchas y largas horas de trabajo en otras investigaciones criminales, y luchando a la vez con la oficina del ayudante del fiscal de Phoenix y mi supervisor sobre el caso.

Estaba llegando al final del caso, y ya era suficiente. Harry Fresno me animaba, "Concéntrate, hombre. Lo estás haciendo por el pueblo estadounidense y el bien común. Tienes que acabar con la corrupción en la frontera."

Tratando con policías corruptos en el Condado de Yuma

Había veces en que el Teniente Danny Elkins, de la fuerza especial de narcóticos de la frontera sudeste de Arizona, viajaba conmigo al puerto fronterizo de San Luis, Arizona y a la frontera mexicana. El y yo trabajamos bien en otros casos de estupefacientes. Teníamos el mismo propósito de enviar a los hermanos a la cárcel.

El Teniente Elkins quería enviarlos a la cárcel tanto como yo. No podía creerse que los asiáticos tuviesen relación con los hermanos. Sabía que yo trataba con policías corruptos en el puerto fronterizo y en la comunidad del condado de Yuma.

No te fies de los policías mexicanos

Les dije a los confidentes, investigadores, y fuentes, "No es seguro ya que vosotros vayáis a México. Si los hermanos supiesen, que trabajais con la DEA, es díficil saber dónde estaríais ahora."

El agente de la DEA Kiki Camarena confió en los policías mexicanos, y esa confianza le costó la vida. Era corrupción pura y dura. Los policías corruptos le encontraron y ayudaron a torturarle hasta la muerte. Sus compañeros policías mexicanos fueron los que supieron que fue torturado.

La esposa de un agente de la DEA

Disfrutaba trabajando con mis investigadores, mis fuentes, y mis confidentes y me sentía cómodo porque sabía que no eran corruptos. Sí que disfrutaba con ellos. Todo lo contrario que con algunos agentes y policías en la comunidad. Algunos agentes y policías no les gustaba ni mis investigadores ni mis confidentes o fuentes.

Una noche cuando el investigador Jeff Pearce estaba en una fiesta en Yuma, se encontró con una mujer que estaba bebida y alardeaba de que su marido era un agente de la DEA de Yuma. Pearce intentaba hablar con ella para tener relaciones sexuales, pero decidió llamarme antes de llevársela a la cama. Me dijo el nombre de la mujer y el del marido. Me preguntó, "¿Es ésta chica la esposa de un agente de la DEA?"

"Sí, déjala en paz. ¡No te lies con ella! No querrás bailar con el diablo esta noche."

Dije, "Detective Pearce, la gracia de Dios te ha traido aquí por una razón para ayudarme a meter a los hermanos en la cárcel. No dejes que el diablo juege con tu mente. El diablo juega con tu alma. Deja a la esposa del agente en paz."

La oficina del fiscal del condado procesará

Me reuní con el teniente Danny Elkins para ver si él me ayudaría a procesar a los hermanos García en el condado de Yuma.

El estaba muy emocinado de que hubiese un caso contra los hermanos. No entedía porqué la oficina del ayudante del fiscal de Phoenix no quería inculpar a los hermanos, solo al traficante. Me dijo, "Quiero que hables con la fiscal del condado aquí en Yuma. Ella está a cargo de la unidad de narcóticos. He llamado al fiscal del condado para hablar del caso. Estaba tan emocionada como yo de que los hermanos fuesen procesados por sus crimenes, y quizás acabar con la corrupción en la frontera."

Le dije que había enviado todo lo que tenía sobre el caso al asesor legal principal de la DEA, del Departamento de Justicia en Washington, D.C., recibiendo respuesta suya diciendo, "Hemos revisado el caso. Excelente trabajo. Tienes las pruebas. ¡Haz que los procesen!"

Le dije al teniente Elkins, "Estoy emocionado de terminar esto, ya me reuno contigo después. Quiero enseñarte la carta de Washington, D.C. y a la oficina de la fuerza especial de narcóticos del condado de Yuma."

Al siguiente día, el teniente y yo nos reunimos con la fiscal del condado de Yuma. La fiscal sabía sobre los hermanos García y sus actividades criminales. Sabía muy bien lo peligroso que era trabajar tan cerca de la frontera con tanta corrupción. Le presenté la revisión del caso preparada por el asesor legal principal de la DEA. Se quedó boquiabierta cuando leyó que el asesor legal recomendaba que el caso debería ser remitido al gran jurado federal de Phoenix.

Después de nuestra larga reunión, la fiscal del condado estaba emocionada de asignar el caso a uno de los jóvenes asistentes para su presentación ante el gran jurado del estado. Le dije, "Estoy preparado para responder ante el gran jurado."

El joven asistente del fiscal del condado era de la Costa Este. Era un tipo pulcro y alucinaba porque él realmente quería este tipo de casos. Sería un gran logro para él. Basándose en las pruebas, la oficina del fiscal de condado estaba segura de que el gran jurado procesaría a los hermanos con cargos de intento de asesinato y actividades con estupefacientes.

Continué reuniéndome con el teniente Danny Elkins para hablar de nuestro trabajo conjunto en el caso de los hermanos García.

Vaya, el oficial es unos de los policías corruptos

Pronto después, mi supervisor Peter Cotton me dijo, "Larry, tienes que hablar con el oficial de policía de San Luis, Pedro Vaca, sobre el caso de los hermanos García. Ha sido encargado para ayudar en la investigación. Tienes que ponerle al día porque va a trabajar en la frontrera de San Luis."

Cuando me reuní con el oficial Vaca, le expliqué la investigación sobre los hermanos García, pero no le hablé de mis confidentes. Pensé; no conozco a este oficial Vaca. ¿Es corrupto? ¿Por qué mi supervisor me está obligando a trabajar con él?

Esa noche, cuando volvía a la oficina de Yuma después de reunirme con el ayudante del fiscal Whitehouse en Phoenix, sabía que iba a ser la última reunión que tuviese con los fiscales de Janet Napolitano.

Decidí que me iba a reunir con el fiscal del condado de Yuma y con el nuevo ayudante del fiscal al día siguiente. Estaba preparado para decirle a la oficina del fiscal del condado, "el caso es finalmente vuestro."

Mientras conducía hacia Yuma, recibí un mensaje de mi supervisor, Cotton, diciéndome que quería hablar conmigo de inmediato en su oficina. Cuando llegué a Yuma, fui directamente al aparcamiento. Entré en el edificio y mi supervisor me llamó que entrase en su oficina. Allí estaba sentado, tras su gran mesa de roble, con el fiscal del condado de Yuma, y con el nuevo ayudante del fiscal. Me pregunté; ¿Qué está pasando? ¿No nos íbamos a reunir por la mañana?

Cotton dijo, "Larry, tienes que sentarte."

Me preguntaba ¿Es sobre la reunión con el asistente del fiscal Whitehouse en Phoenix?

"No, me quedo de pie," le dije a Cotton.

Llevaba tres horas y media conduciendo desde Phoenix.

Cotton me dijo, "El oficial de policía de San Luis fue a la oficina del fiscal del condado de Yuma."

El fiscal del condado dijo, "Sí, el oficial Vaca vino a nuestra oficina hoy y dijo que habría amenazas contra nosotros porque tenemos como objetivo a los hermanos García y a su familia."

Les dije, "Sabéis, llevo trabajando en el caso varios años, y ahora he encontrado a uno de los policías corruptos. Vamos a ver lo que ha pasado hoy."

Miré a mi supervisor Cotton y le dije, "El oficial Vaca fue a la oficina del fiscal de Yuma, a mis espaldas, y todos de esta oficina, y le dijo al fiscal del condado, si aceptáis el caso de los hermanos, hay posibilidad de que usted y su ayudante puedan ser asesinados."

Pensaba con rabia; Puedo verlo en sus caras. ¡El oficial Vaca les dio un susto de muerte!

Entonces, dije en voz alta, "La razón por la que el oficial Vaca os asustó es que él conoce a los hermanos García. ¡Maldita sea! El oficial Vaca debe ser unos los policías corruptos que trabaja para los hermanos."

Me volví entonces a los fiscales y les dije, "O es un corrupto, o está loco."

Cotton dijo, "Me pondré en contacto con el FBI mañana e informaré de la amenaza del oficial Vaca."

"Ya es demasiado tarde. El oficial Vaca hizo su trabajo al amenazar a los fiscales. El caso ha terminado."

El nuevo asistente del fiscal me dijo con nerviosismo, "Larry, tengo esposa y un bebe recien nacido."

Según los investigadores y mis fuentes, se sospechaba que el oficial Vaca era un policía corrupto. Ahora podía demostrarlo, aunque tenía que tener cuidado cuando me encontrase con él de nuevo. Esa noche, avisé a los agentes de la DEA de mi oficina que se alejasen del oficial Vaca, "Ni os reunáis ni habléis con el oficial Vaca, es corrupto."

A la mañana siguiente, mi supervisor Cotton inmediatamente retiró al oficial Vaca de nuestra oficina. No le sorprendió marcharse. No le preguntó al supervisor el motivo de su retirada del caso, y ya no podía entrar en el edificio de la DEA. La oficina del fiscal no siguió adelante en el procesamiento de los hermanos. El caso iba decayendo.

En dos semanas, dos agentes del FBI de Phoenix interrogaron al oficial Vaca por corrupción y amenazas a los fiscales del condado. Después de reunirse con él, los agentes informaron al supervisor Cotton. Querían reunirse con él a solas, a mí no me dijeron nada.

Le dije a mi supervisor Cotton, "Tengo que participar en la reunión con los agentes del FBI porque soy el agente del caso, y nadie más. Quiero saber el por qué el oficial Vaca tardó tanto en hacer esas amenazas. ¿Quién animó al oficial Vaca a ir a la oficina del fiscal del condado de Yuma? ¿Fueron los hermanos, alguien del FBI, la CIA, o los ayudantes del fiscal?"

¿Por que no fui yo ni el fiscal del condado invitados a la reunión del FBI; y solo mi supervisor Cotton?

Después de que terminase la reunión, Cotton me dijo, "Sabes qué, los agentes del FBI no pueden hacer nada con el oficial Vaca. Me han dicho que está mentalmente trastornado y enfermo."

Cuando oí eso, dije, "Sí, pero también es corrupto. Querías que trabajase conmigo en el caso. Lo que el FBI te ha dicho del oficial Vaca es mentira, y tú lo sabes."

La forma en la que los agentes del FBI trataron las amenazas del oficial Vaca contra los fiscales preocupaban a Cotton. Cotton empezó a darse cuenta de que algo me impedía poder inculpar a los hermanos. ¿Quizás le preocupaba mucho su seguridad?

Cotton sabía que los dos agentes del FBI de Phoenix que hablaron con el oficial Vaca, terminaron con mi investigación contra los hermanos. Tuve un pensamiento; ¿Dijo algo la oficina de los fiscales de Phoenix al FBI para así proteger a los hermanos?

El investigador Randy Torgerson dijo más tarde, "Creo que no fue el oficial Vaca el que amenazó a los fiscales de la oficina de Yuma. Creo que fue el FBI el que le dijo al oficial Vaca que amenazara a los fiscales del condado."

Me preguntaba; ¿por qué el oficial de policía amenazó a los fiscales por trabajar en el caso de los hermanos García ¿No van a hacer nada mi supervisor ni el FBI contra el policía corrupto? Si el oficial Vaca está mentalmente trastornado y enfermo ¿por qué está todavía trabajando en las calles y en la frontera?"

Revólver de cinco disparos

Un día, estaba con otro agente de la DEA, sentado en nuestra camioneta en el desierto, esperando que un cargamento de estupefacientes cruzase la reserva india de Arizona desde el puerto fronterizo de San Luis. La policía tribal india nunca estaba por los alrededores para ayudarnos; me pregunto por qué.

Mi supervisor Peter Cotton salió hacia el desierto en su Mercedes sedán gris, para reunirse conmigo y hablar del final de la investigación sobre los hermanos García. Quería decirme lo que yo debería o no debería hacer con el caso. El quería que le diese carpetazo y me centrase en otros traficantes más importantes, no relacionados con los hermanos.

Le pregunté, "¿Y qué pasa con Don y Roy? Casi mueren en México porque eran agentes de la DEA. Los hermanos quisieron asesinarlos. Sabes supervisor Cotton, soy agente principal en este caso. Estuve en la oficina de Yuma como supervisor en funciones antes de que llegaras a la oficina. Sabía lo que estaba haciendo cuando me marqué como objetivo los hermanos."

Le miré a la cara y le dije, "¿Sabes que llevo siempre un revólver de reserva en mi tobillera, un revólver de cañon corto del 38? Un revólver del 38 salvó a Don y Roy de ser asesinados por los hermanos. Sabes, jefe, puedo coger el revólver de la tobillera, jugar con él ¿y sabes qué? Puedo dejarlo caer y y podría dispararse y herirte en la jodida pierna. Jefe, hace un calor de muerte aquí en la reserva india del desierto, ¿Sabes eso, ¿no? " pensaba; quizás la policía tribal india está detrás del negocio de drogas dentro de su reserva.

Rapidamente me miró. Con mi revólver en la mano dere-cha, miré a mi supervisor y reí. Sonrió asustado, se montó en su Mercedes y se marchó. Probablemente pensó que yo estaba loco. El otro agente sonrió y me dijo, "Le has dado un susto de muerte."

Claro que no iba a dispararle a mi supervisor con el revól-ver.

Me preguntaba; ¿Por qué no me deja mi supervisor hacer mi trabajo hoy? El joven agente y yo estábamos esperando que un grupo de traficantes trasladase drogas a la reserva.

Los oficiales de narcóticos Tte. Danny Elkins y el Sgto. Mike Crowe son asesinados

En una mañana de un 5 de Julio, decidí salir a correr unos cinco kilometros a lo largo de un canal, junto a naranjos y limoneros, y disfrutar del paisaje desértico. Solía correr por esa zona con regularidad, para reducir el stress, y pensar en la suerte que tenía por seguir vivo.

A media carrera, un agente ayudante del jefe de policía que iba en bicicleta, se dirigió hacia mí y me dijo, "Danny Elkins y Mike Crowe fueron asesinados por Jack Hutchinson anoche en la oficina de las fuerzas especiales de narcóticos."

La fuerza especial antinarcoticos de la frontera sudoeste de Arizona (NTF), tiene 22 miembros que investigan actividades relacionas con estupefacientes en la zona de Yuma, donde se encuentran las fronteras de Arizona, California, y México. Este grupo cuenta con agentes de aduanas, oficiales de la patrulla de carretera de Arizona (DPS), agentes de la patrulla fronteriza, policias del condado u oficina del sheriff, la policía de Yuma, la policía tribal india, y otras agencias del orden público.

Teniente Elkins

Danny Elkins era teniente del Departamento de policía de Yuma, y Mike Crowe era sargento de la patrulla de carreteras (DPS). Jack Hutchinson era un policia de la oficina del sheriff. Elkins, Crowe and Hutchinson estaban destinados en la fuerza especial de narcóticos (NTF).

El 5 de Julio, fui a la escena del crimen en el edificio de la NTF, pero la unidad de la policía de homicidios de Yuma no me dejó entrar en el aparca-miento. Hablé después con el guarda de estupefacientes y armas de las fuerzas especiales que estuvo con el teniente Elkins y el sargento Crowe la noche anterior. El guarda me contó algunas cosas que sucedieron.

Los estupefacientes y armas estaban almacenadas en un depósito de pruebas en su propio edificio. Con el permiso del teniente Elkins, el oficial Daniel Blackman, instaló una cámara de video en el depósito de pruebas. El official

Sargento Crowe

Blackman sabía que alguien dentro del cuerpo estaba robando estupefacientes y armas del depósito de pruebas.

El dijo, "El oficial Blackman estaba revisando el video cuando observó al oficial Jack Hutchinson entrar en el depósito. El

227

oficial Blackman identificó al oficial Hutchinson cuando entraba en el depósito. Blackman me llamó para decirme que era Hutchinson quién robaba la droga encautada y armas del depósito de pruebas. Había instalado las cámaras de video porque sabía que alguien robaba drogas y armas.

El guarda me dijo, "Le dije al oficial Blackman que se quedara allí al otro lado. Quería llamar al teniente Elkins. También le dije que iba para allá con el teniente, y que íbamos a hablar de eso. Tenemos que hacer algo porque todos están de vacaciones por la festividad del cuatro de julio. Algunos oficiales estaban viendo los fuegos artificiales en la base de los Marines."

El teniente Elkins acababa de regresar de vacaciones con su hijo. El se reunió con el oficial Blackman y con el guarda de pruebas, para revisar el video. Asi, supo finalmente que era el oficial Jack Hutchinson la persona implicada en el robo.

Después de ver el video, el Teniente Elkin llamó al sargento Michael Crowe.

El Teniente Elkin y el guarda fueron en coche al aparcamiento trasero de la NTF, detrás del edificio.

Una vez allí, el Teniente Elkins y el guarda de pruebas se percataron que los coches del Sargento Crowe y del oficial Jack Hutchinson estaban allí. Ambos salieron del coche y entraron el edificio sin sus armas.

El edificio tenía forma de caja con ventanas solo en la parte delantera. Esta era la forma de conservar en el edificio la energía del aire acondicionado en verano. El edificio era muy seguro con alambradas de púas por los alrededores del aparcamiento delantero y trasero. Varios agentes y policías trabajaban allí donde aparcaban sus coches y camionetas en el aparcamiento trasero vigilado. Desde la entrada trasera del edificio de la NTF, tienes que andar por un largo corredor estrecho, antes de entrar en las oficinas de los agentes y policías. No había otra salida a los aparcamientos.

En la parte de delante, había una zona de aparcamiento público con un contenedor de basuras. El público entraba y salía por el aparcamiento delantero.

Aparcamiento trasero de los oficiales de la NTF

Los agentes y policías que trabajaban allí llevaban armas; pero cuando hacía calor, la mayoría de ellos dejaban las pistolas y escopetas en los coches y camionetas en el aparcamiento trasero, antes de entrar en el edificio. Esa noche, el teniente y el guarda dejaron sus pistolas en el coche del Teniente.

Una vez dentro del edificio de la NTF, el Teniente Elkins se dio cuenta que el Sargento Mike Crowe hablaba con el oficial Jack Hutchinson. Hutchinson llevaba un pañuelo rojo alrededor de la cabeza, vestía pantalones negros, camisa negra, y llevaba una cizalla.

El teniente vio a Hutchinson mirar hacia el techo. Estaba seguro que Hutchinson vio la camara escondida en el depósito de pruebas. Hutchinson se volvió y comenzó a andar por el estrecho pasillo de vuelta al aparcamiento. El Sargento Crowe se acercó a Hutchinson, que se negó a pararse y hablar con él, continuando hacia la parte trasera del aparcamiento.

Cuando entraba en el aparcamiento, el teniente y el sargento pensaron que se marchaba del edificio. Sabían que aparecía en el video entrando en el depósito de armas y pruebas. Ahora, Hutchinson trataba de hacer creer que algún otro agente de la NTF había estado robando las drogas y armas del depósito.

Pero de repente, Hutchinson entró por el estrecho pasillo disparando su arma automática. Antes de ser policía, fue sargento jubilado de los Marines, y sabía cómo terminar un trabajo. Su pistola se encasquilló un momento, y luego continuó disparando. Sin pistolas, el Teniente Elkins y el Sargento Crowe huyeron de él hacia la oficina. Hutchinson sabía que no había entrada ni salida de la oficina. Ambos estaban atrapados. El guarda estaba todavía en el pasillo manteniendo su posición mientras Hutchinson se acercaba.

El guarda dijo que Hutchinson tenía los ojos de Manson: muertos. Hutchinson apuntó con su arma directamente al guarda. Click, click. Se quedó sin munición. El guarda le vio bajar por el pasillo hasta el aparcamiento trasero.

Elkins y Crowe corrieron hasta el pasillo para ver si el guarda estaba bien. El guarda gritó, "Salgamos por la puerta principal."

Mientras el guarda salía corriendo hacia el aparcamiento público delantero, oyó más disparos dentro del edificio. Saltó detrás del contenedor del aparcamiento público.

Aparcamiento delantero de la NTF; contenedor a lo lejos lejosDumpster far left

Escondido tras el contenedor, miró y vio al Sargento Crowe alrededor del edificio, corriendo hacia el contenedor. Tras el Sargento Crowe, le seguía Hutchinson, disparándole.

Por algun razón, el Sargento Crowe, entonces, intentó meterse a rastras debajo de un coche, un Jeep Cherokee que llevaba aparcado allí toda la noche. Hutchinson cogió al sargento Crowe por los pies, lo sacó del coche, y le disparó en el pecho. Mientras asesinaba al Sargento Crowe, el teniente pedía ayuda a la policía de Yuma.

Hutchinson se marchó, luego el Sargento Crowe se fue tras él, no estaba muerto y lloraba. Hutchinson volvió y le disparó de nuevo. Es como ir de caza; nunca sabes si has matado al animal hasta que le disparas al craneo.

Con el Sargento Crowe tumbado en el suelo, Hutchinson volvió a buscar al Teniente Elkins y al guarda.

Más tarde, un oficial de la NFT me dijo que el Teniente Elkins luchó por su vida. La cinta de video mostraba todo lo que ocurrió. Las particiones del espacio de trabajo dentro de la oficina estaban a unos 10 cms del suelo. El Teniente Elkins se quitó los zapatos y los puso al lado de las particiones.

Agarró al oficial Hutchinson cuando vino a buscarle. Deben haber peleado a puñetazos ya que se encontró el reloj del teniente en el suelo. Había disparos de balas por todas las particiones y en el techo. El teniente intentó arrebatarle el arma a Hutchinson, ya que había mucha sangre del teniente en el suelo y del oficial Hutchinson. El teniente sabía que tenía que moverse rapidamente para arrebatarle el arma al oficial Hutchinson.

Con el arma del oficial Hutchinson en el suelo, éste sacó una segunda arma, una automática del 45, oculta en su espalda, y dio la vuelta mientras el Teniente Elkins intentaba ponerse de pie. El oficial Hutchinson le disparó justo en la columna vertebral ca-yendo éste al suelo, y disparando de nuevo casi le vuela la cabeza.

El oficial Hutchinson salió al aparcamiento trasero y vio a la policía de Yuma. Apuntaban con sus armas a Hutchinson diciéndole, "¡Arriba las manos!"

Mientras Hutchinson iba hacia su coche, hablaba por teléfono con su mujer, "Tengo que entregarme. Si no, ¡Me van a matar!"

El Sargento Crowe llegó al hospital. Luchó por su vida y deseoso de ver a su esposa que estaba embarazada. Falleció más tarde durante la cirugía.[38] [39] [40] [41] [42]

El oficial Hutchinson no fue sentenciado a muerte, sino a cadena perpetua, por haber estado bajo los efectos de anfetaminas.

Personalmente pensaba; ¡Fue una muerte terrible! El Sargento Crowe era mi vecino, ¡y su esposa estaba embarazada y lista para tener un bebé! La última vez que vi al sargento Crowe íba de la mano de su esposa mientras pasaban por mi casa. El Teniente Danny Elkins estaba casado y tenía un hijo y una hija. Estaba también a cargo de la NTF. La última vez que le vi con vida me dijo en la oficina de la DEA que iba a pescar con su hijo.

Las muertes del Teniente Elkins y del Sargento Crowe fueron una tragedia para todos nosotros en la comunidad policial.

Danny Elkins era un amigo de confianza. Por suerte, su muerte no estuvo relacionada con el caso de los hermanos García. Nunca podría probarlo.

Señalado como objetivo dos veces por actividades ilegales

Tuve como objetivo las operaciones de los hermanos García y al final supe que eran intocables para el Departamento de Justicia y otras agencias policiales. Le dije a mis fuentes, confi-dentes e investigadores, "¿Veis que está pasando aquí en Yuma?"

El abuso y la corrupción en las fuerzas policiales están en manos equivocadas, por mala gente que trabajan como policías y agentes. Como la sobrina de los hermanos que trabaja en el puerto fronterizo de San Luis, como oficial de inmigración.

Le dije a los investigadores, "La oficina de los fiscales en Phoenix, la policía local de Yuma, y los oficiales de la frontera les han seguido por actividades ilegales."

La mayoría de los fiscales de America morirían por tener un caso con un agente de la DEA haciendo una compra mano a mano a uno de los traficantes que trabajaban directamente para los hermanos García. Tenía todas las pruebas contra ellos. Santo tenía todo grabado en las cintas. La conspiración y hechos sobre el intento de asesinato de dos agentes de la DEA, y las llamadas de teléfonos yendo y viniendo de sus casas.

La oficina del ayudante del fiscal tenía todas las pruebas y datos contra los hermanos, ¿Por qué no querían los fiscales procesar a los hermanos?

Santo me dijo de nuevo, "Fui a la cárcel por hacer una llamada de teléfono a un tipo para que se reuniese con un agente de la DEA. El agente quería que le ayudase a comprar cocaína."

Les dije a Santo y Angelito, "Tengo las manos atadas. Todo es un hallazgo de pruebas y se hará público en el debido proceso judicial para procesar al traficante, Marco Oscuro. Los hermanos y la compañía de mariscos china verán todas las pruebas de la investigación porque Oscuro tendrá derecho a ver las pruebas contra él."

Cristal trasero de mi coche

Una mañana cuando iba a la oficina, se pinchó una rueda de mi todoterreno. Alguien había puesto un pincho en unos de los neumáticos. También, encontré tripas de animales en el patio de mi casa. La ventana trasera de mi todoterreno camuflado fue destrozada.

Pensaba con enfado. Los policías corruptos no dejarán en paz a los investigadores ni a los confidentes. ¡Vendrán contra todos nosotros; ¡contra mí, los investigadores, las fuentes de información, y los confidentes!

La policía de Yuma montó vigilancia en mi casa para investigar quién estaba detrás de estos incidentes.¡Qué chiste!"

Mi supervisor me dijo, "es hora de irse, Larry. ¡Ya es suficiente!, ¡te quiero fuera de la oficina! Sal de aquí, sal de Yuma, sal de Arizona. Solicita traslado a otra parte. Estás demasiado cerca de identificar a los policías corruptos. ¡Haz algo!"

Mi supervisor Cotton escribió a la oficina de la DEA de Phoenix informando que las cosas estaban empeorando para mí por la corrupción en Yuma. Le dijo a la DEA de Phoenix que había muchos policías corruptos y agentes en las fuerzas policiales y en el puerto fronterizo de San Luis, implicados con la organización de contrabando de los hermanos García.

Según mis confidentes, los hermanos supieron por los policías corruptos que yo estaba dispuesto a arrestarles. Santo y Angelito sospechaban que los hermanos conocían mi apariencia, por mi foto con la avioneta siniestrada que hizo el comandante mexicano.

Todos huyen del caso. Estoy seguro que el FBI y la CIA están detrás de todo esto. ¡Sin lugar a dudas!

Más tarde, como el caso estaba llegando a su final, el Sr. Bonner me preguntó, "Larry, ¿dónde te gustaría ir?"

"Me gustaría ir a Madrid, España."

"De acuerdo, déjame ver qué puedo hacer. Sabes Larry, nunca supe de qué se ocupaban los agentes de la DEA. Siempre me aislaba de los problemas que teníais vosotros los agentes," dijo el Sr. Bonner.

Los fiscales quieren que todo termine

La fiscal general de los Estados Unidos, Janet Napolitano, y su ayudante, vinieron a verme a la oficina de Yuma justo antes de marcharme por seis meses a la escuela de idiomas de español, en Arlington, Virginia. Me miró a los ojos y me preguntó, "¿Cómo puedo resolver este caso antes de que te marches a la escuela?"

Podía verlo en los ojos de la Sra. Napolitano. Podía ver toda la basura política, y pensaba, esto clama al cielo. Me voy por seis meses y ella quiere ayudar ahora. La oficina del fiscal quería terminar con el caso porque habían gastado mucho dinero, y requiere mucho esfuerzo proteger a alguien o a un organismo relacionado con los hermanos García. La DEA tenía a dos agentes, Don y Roy, que casi fueron asesinados por los hermanos. ¡Incluso alardearon de ello más tarde!

En la sala de conferencias de la DEA de Yuma, le mostré a la Sra. Napolitano y a su ayudante fotos de las dos casas blancas en miniatura de México, y le hablé del túnel entre las casas de los hermanos. El ayudante dijo, "oh, yo he estado en esta casa."

Estaba escandalizado y le dije, "¿Me estás diciendo que has estado en la casa de Jaime?, una persona no entra en esa casa sin ver a Jaime esnifando cocaína."

Respondió, "¡Sí!"

Me acerqué al ayudante como el viejo perro de caza del abuelo, preparado para morder y quise saber por qué había estado dentro de la casa de Jaime. El ayudante sabía que había hecho algo mal porque ahora yo estaba centrándome en él. Le pregunté de nuevo, "¿Por qué entraste en la casa de Jaime?"

Dijo, "Bien, fue parte del trabajo que hice con el senador Ed Pastor. Fui allí para una conferencia relacionada con la elaboración de productos agrícolas en México."

Cuando la Sra. Napolitano vio esta comunicación recíproca entre su ayudante y yo, se marchó al otro lado de la sala de conferencia y nos dejó solos. De repente, el ayudante terminó la conversación. Janet Napolitano no volvió a mencionar el caso de nuevo. Supe que la investigación de los hermanos quedaba cerrada definitivamente.

Mi supervisor Cotton me pidió que parase de trabajar en la investigación y que me mudase a la oficina de Phoenix o a alguna otra parte. Pero me negué al traslado.

El ayudante de Napolitano y el senador de Arizona se reunieron con Jaime en su casa de México. Eso prueba que los hermanos tenían razón cuando le dijeron a Santo y Angelito la DEA nunca nos arrestará. ¿Y Don y Roy?

No te metas en problemas y haz tu trabajo

Mas tarde recibí una llamada del cuartel general de la DEA ofreciéndome tres puestos de trabajo para trasladarme de Yuma:

Instructor de entrenamiento doméstico, instructor de entrenamiento internacional, ambos en Quantico, Virginia, y Bogotá, Colombia.

La dirección de la DEA de Phoenix y mi supervisor me animaron, "Si vas a Bogotá, Colombia, por tres años, puedes llegar a supervisor cuando vuelvas a los Estados Unidos. Pero debes mantener la boca cerrada porque la Embajada americana en Bogotá está muy politizada. Puedes ver cosas que moralmente no son correctas, pero aléjate de todo ello. Ve a la embajada, aléjate de los problemas, y solo haz tu trabajo. Deja a un lado la política."

Supe que la DEA me ofreció los tres puestos para sacarme de Yuma. Mi carrera en la DEA habría terminado si me hubiese quedado allí. Supe también que mis posibilidades de ascenso habrían acabado en Yuma, y en cualquier otro sitio que fuese.

Fui una vez agente residente encargado de Yuma y temporalmente promocioné a GS-14. Despues de luchar con la oficina del fiscal general de los Estados Unidos, los fiscales ayudantes, y la dirección de la DEA de Phoenix, rápidamente perdí mi condición de supervisor. No habría más ascensos para mí en Yuma. Tres agentes novatos de la DEA con menos tiempo de trabajo, consiguieron ascender a GS-14, saltándome para ser supervisores.

Le dije a mi esposa, "Es hora de irme. ¡El caso de los hermanos García ha acabado!"

Todo era muy triste porque mirando atrás, trabajé mucho en el caso. Siento que no hice justicia con Don y Roy. Me sentí humillado al no conseguir que los hermanos fuesen procesados. No tenía a nadie más trabajando conmigo excepto, mis investigadores, mis fuentes, y mis confidentes.

La oficina del cuartel general de la DEA de Washington, D.C. me trasladó a Bogotá, Colombia, para iniciar mi nueva carrera. Decidí que era lo mejor y posiblemente podría tener otra oportunidad de ascender a GS-14, y algún día llegar a ser agente supervisor o encargado de la oficina. Antes de marcharme de Yuma, mi supervisor Cotton me dijo: si lo haces bien en tu nuevo trabajo en Bogotá, ascenderás a supervisor.

Sabía que lo iba a tener difícil en Colombia porque no me podía callar la boca cuando veía corrupción o me encontraba con información engañosa. Así es como soy yo. Cuando veo a un policía o a un agente haciendo algo mal, digo lo que pienso, pero no obligatoriamente a los supervisores y dirección de la DEA.

Mientras esperaba mi traslado a Colombia, fui a la escuela de idioma de español para seis meses de entrenamiento, en Arlington, Virginia. Cuando volví a Yuma, fue lamentable ver cómo terminó el caso de los hermanos García. El caso había sido rapidamente cerrado por la oficina del ayudante del fiscal de Phoenix.

Después de dejar Yuma definitivamente, la secretaria de mi oficina me dijo que los agentes solo arrestaron a una persona, Marco Oscuro, por la compra de un kilo de cocaína, que fue la muestra para la compra de los 30 kilos a los hermanos.

Todavía lo paso mal creyendo lo que me dijeron mis confidentes sobre un agente de mi oficina que era corrupto y que filtraba información a policías corruptos sobre el caso.

Cuando el camello de los hermanos, Marco Oscuro, fue arrestado, todas las pruebas llegaron a manos de los hermanos y de cualquiera en México, Colombia, los asiáticos, y todo el mundo relacionado con drogas.

Ya en Colombia, supe que Oscuro cumplió menos de un año en una cárcel federal. Por un kilo y negociaciones para 30 kilos y después para 500 kilos. Oscuro era la mano derecha de la organización de contrabando de drogas, y salió sin apenas consecuencias.

Es difícil entender que la oficina del ayudante del fiscal condenase a Marco Oscuro a menos de un año de cárcel por vender una muestra de un kilo a un agente camuflado de la DEA y negociase más kilos con los confidentes.

¿No hay justicia para Roy y Don?

"Mira hacia adelante y fija los ojos en lo que está frente a ti. Traza un sendero recto para tus pies; permanence en el camino seguro. No te desvies; evita que tus pies sigan el mal" (Proverbios 4:25-27 nueva versión standard americana).

Vuelta a San Fernando, España

En seguida, antes de marchar para Bogotá, Catalina y yo volvimos a nuestra segunda casa en San Fernando, España, para pasar tiempo con la familia y amigos.

Paco, un policía nacional y buen amigo de la familia, le dijo a Catalina que su amigo estaba destinado en la Embajada de España, en Bogotá, Colombia, trabajando en asuntos de estupefacientes. Su nombre era José María. Paco quería que contactase a Jose María y tomásemos unas cervezas juntos. Paco, que también era oficial de la policía nacional y trabajaba con estupefacientes, dijo que Jose María necesitaba la ayuda de la DEA.

Como agente de la DEA en Bogotá, Colombia

Cuando llegué a Bogotá, Colombia, de inmediato vi corrupción y mentiras entre algunos de los agentes y supervisores de la DEA en la Embajada americana. Luché por apartarme de ellos, junto con otros agentes.

No dije nada de lo que vi en la oficina, lo cual incluía investigaciones con informes falsos del éxito de la DEA en la lucha contra la droga. Seguí el consejo de mis anteriores jefes de Phoenix y Yuma que me dijeron, "Hardin, si quieres un ascenso, mantén tu jodida boca cerrada."

Seguí el consejo de mi supervisor de Yuma. En la emba-jada, algunas de las mujeres colombianas eran bonitas, dulces, agresivas, y deseosas de mantener relaciones sexuales con ameri-canos, especialmente los que trabajaban en la Embajada americana. Buscaban una manera fácil de conseguir una visa para los Estados Unidos. Muchos de los agentes de la DEA caían en la trampa de mantener relaciones sexuales abiertas, algunos incluso pidieron el divorcio para casarse con jóvenes colombianas.

Catalina también fue destinada a la Embajada de Estados Unidos en Colombia, como Vicecónsul, con status diplomático, después de haber pasado varias semanas en el Departamento de Estado en Washington, D.C., y de superar rigurosas pruebas y exámenes. Catalina me vigilaba de cerca. Gracias a Dios, ella era mi ángel, y me protegía de todo mal.

El diablo realmente me puso a prueba con muchas tentaciones en Colombia. Aquello era Sodoma y Gomorra. Aprendía a luchar contra mi mayor enemigo: yo mismo.

Después de llegar a Colombia, recibí una llamada de la oficina del asesor legal principal del cuartel general de la DEA en Washington D.C. Se preguntaba cómo iban las cosas con el caso de los hermanos García en Yuma.

Le dije, "No va a pasar nada, y no comprendo todavía por qué los hermanos no serán procesados por el intento de asesinato de dos agentes de la DEA. Si pudieses hacer algo para que fuesen condenados, eso sería fenomenal."

Me preguntó, "¿Qué pasó? Trabajamos para tí en nuestra oficina. Todo lo que tenías que hacer era llevar el paquete de las acusaciones al ayudante del fiscal de Phoenix, o a la oficina del fiscal del condado de Yuma."

Nunca más supe del asesor legal principal de la DEA.

Soy oficial consular de la Embajada americana, oficial de la Marina americana. Soy española

Ya en Bogotá, Catalina fue a la Embajada Española para conocer al personal diplomático español. Como Oficial Consular, Catalina era invitada a recepciones y eventos que tenían lugar en otras embajadas. El primer contacto de Catalina en la Embajada de España fue el Guardia Civil Julio Gómez, del Servicio Diplomático del embajador. Ella le dijo al Guardia Civil Julio Gómez que su padre también fue Guardia Civil, después de la guerra civil, sirviendo bajo el General Franco. Catalina también le dijo a Julio, "Mi marido es agente de la DEA."

Julio le presentó a Catalina al resto de los oficiales de la Guardia Civil del Servicio Diplomático, y al resto de personal diplomático, incluyendo el embajador. Catalina fue de inmediato bienvenida en la Embajada Española. Más tarde, Catalina me presentó a Julio y al embajador español en una fiesta de los empleados de la embajada. Le compré una gorra de la DEA a Julio, pero el embajador la vio y le gustó. El embajador le dio a Catalina un fuerte abrazo y dos besos, se puso la gorra y me dio la mano.

"¡Bienvenido!" me dijo en inglés.

Me pregunté mirando al embajador, ¿*Y mi abrazo qué?*

A Julio le gustó la gorra. Le dije, "Era para tí. La próxima vez que nos veamos te traeré otra gorra mejor y te invitaré a una cerveza."

Me abrazó y me sonrió.

Catalina le dijo Julio, "Mi marido quiere ponerse en contacto con el policía nacional Jose María."

En la fiesta de la embajada, por fin conocí a Jose María. Le invité junto al resto de compañeros a la Embajada americana para que conociesen a los agentes de la DEA con los que trabajaba.

El preguntó, "¿Qué otros agentes? Yo soy el único que trabaja con estupefacientes, aquí en la embajada. Quiero que vengáis a mi fiesta la próxima semana."

Cómo los cárteles de la droga conocían las operaciones de la DEA

Después de varias semanas en Colombia, la policía del Departamento Administrativo de Seguridad (DAS) dijo que localizaron a un traficante de cocaína que era un antiguo narcotra-ficante de Pablo Escobar. La policía dijo que iban a registrar su casa en Bogotá. Una agencia estatal de inteligencia y contra- inteligencia

240

colaboraba estrechamente con la DEA en la Embajada americana, teniendo como objetivo a los narcotraficantes de estupefacientes colombianos que introducían la cocaína en los Estados Unidos

La policía sabía que un agente de la DEA y yo ayudaríamos en el registro de la casa del traficante de cocaína en Bogotá. Dos fiscales del DAS estarían también en la casa del traficante para levantar acta de cualquier prueba en materia penal incautada por la policía del DAS. Una vez en la casa, los fiscales colombianos entendieron que yo recopilaría información de inteligencia, en relación con actividades de drogas en los Estados Unidos.

Ya en la casa, la policía del DAS interrogó al que fue traficante de la organización de Pablo Escobar. El traficante le dijo a la policía que no transportaba grandes cantidades de cocaína a los Estados Unidos. Sin embargo, regresaba a Colombia con millones de dólares para Pablo Escobar. Los fiscales colombianos estaban revisando la documentación de dos grandes archivadores en la habitación del traficante.

Luego los fiscales dijeron, "Agente Hardin, eche un vistazo a los documentos de investigación de los archivadores. Así es como los cárteles colombianos saben los objetivos que tienen la DEA y otras fuerzas del orden estadounidenses en cuanto a los cárteles de drogas y sus métodos de transportar drogas desde países de Centroamérica y Sudamérica hacia los Estados Unidos."

Revisé los ficheros y los documentos de investigación escritos por agentes federales y estatales donde se describía cómo los narcotraficantes introducían droga en los Estados Unidos.

Vaya. Recordaba hace unos años cuando trabajaba en el caso de los hermanos García en Yuma, cuando descubrí pruebas en cajas en la oficina del fiscal mexicano. Informé de ello a la oficina del fiscal de Phoenix y a la oficina del asesor legal principal de la DEA de Washington, D.C. y no pasó nada. Ahora, me encontraba con el mismo problema en Colombia.

Los informes contenían información de cómo los policías estatales y locales estaban implicados en casos de investigación vigentes en sus comunidades en los Estados Unidos. Ningún nombre de agentes, oficiales, inspectores, policías, o informadores aparecían en los informes escritos.

Le dije a los fiscales colombianos, "Estos informes escritos se llaman descubrimiento. Se publica con las garantías procesales para el abogado del acusado antes del juicio. El abogado tiene derecho a saber cuáles son los cargos penales contra su cliente."

"Una vez que los abogados corruptos que representan a sus clientes reciben el descubrimieto de pruebas contra el acusado, los cárteles utilizan los informes escritos para sus propios trabajos de inteligencia y así cambiar la forma de trasladar la droga a los Estados Unidos."

Le pedí a los fiscales si podía llevarme los informes escritos a la embajada americana.

Me dijeron que no."

Tras los aviones americanos robados en Colombia

Al año de estar en Bogotá, me destinaron para ayudar al grupo de apoyo aéreo que perseguía aviones americanos robados y cargados de drogas que salían de Colombia rumbo a las costas de los Estados Unidos. Con ayuda de la CIA, la agencia de Seguridad Nacional y los especialistas de la policía colombiana, observé a dos avionetas obligadas a tomar tierra por la fuerza aérea

Larry de pie, junto a la avioneta americana estrellada cargada de cocaína, Medellín, Colombia.

colombiana. Una vez que las avionetas robadas aterrizaban, la policía colombiana era incapaz de arrestar al piloto o incautar la cocaína.

En estas dos distintas ocasiones, me preguntaba; ¿por qué no nos da tiempo de llegar antes de que los cárteles se lleven la cocaína y destruyan las avionetas robadas?

Supe después por una fuente que trabajaba para la policía

Avioneta americana robada, estrellada, cargada de cocaína. Cali, Colombia.

nacional colombiana, que una vez que los pilotos sabían que la DEA estaba tras las avionetas americanas robadas y cargadas de cocaína, solían aterrizar inmediatamente en cualquier lugar.

La fuente decía que eran las Fuerzas Armadas Revolucionarias de Colombia (FARC) y los militares colombianos, los que descargaban la cocaína y destruían las avionetas americanas robadas antes de que la DEA pudiese llegar para arrestar al piloto e incautar la cocaína.

Recordaba ir tras una avioneta cargada de cocaína en alguna parte de las montañas del Valle de Calle, Colombia. La avioneta colombiana en la que iba parecía una montaña rusa subiendo y bajando a toda velocidad para evitar las montañas y los fuertes vientos. Rezaba a Dios que me ayudase para que rapidamente tomásemos tierra sanos y salvos.

La avioneta militar colombiana era una Otter. Tenía unas alas flexibles para viajar por las montañas y valles. Después de pensar varias horas que la avioneta iba a chocar contra una monta-ña o un río, finalmente aterrizó en campo abierto. Tan pronto como se abrió la puerta, salté, cayendo de rodillas, y besé el suelo varias veces. No me importó que se riesen viendo al americano besar el suelo.

5.000.000 dólares en metálico en bolsas de papel

Durante una fiesta de Navidad, un empleado de banca colombiano vio muchos dólares estadounidenses en cuatro cajas de cartón en el baño de su jefe. El empleado dijo que estaba buscando el baño cuando encontró las cajas. El empleado contactó con su amigo que trabajaba para la policía nacional colombiana. Con la ayuda de su amigo, el empleado le llevó las cajas a la DEA, a la embajada americana.

Me preguntaba; ¿Por qué estaban las cajas abiertas y a plena vista en el baño? Esta historia no parece normal.

Cuando el empleado llegó a la embajada, el agente de la DEA de guardia se hizo cargo de las cajas. El empleado le dijo al agente que no sabía cuánto dinero había en las cajas. El agente de la DEA contabilizó casi 5 millones de dólares.

La DEA más tarde contactó con el empleado que trajo las cajas con el dinero. Por la cantidad de dinero incautado por la DEA, el empleado iba a recibir casi 500,000 dólares por sus esfuerzos, 10% de los 5 millones.

En la Embajada americana, yo le dí al empleado un cheque del Departamento del Tesoro estadounidense.

El dijo, "No quiero un cheque de los Estados Unidos. Quiero el dinero en metálico en bolsas de papel."

Yo empecé a reir. Me chocaba y pensaba; El no acepta un cheque de los Estados Unidos. Así que fui al banco de la Embajada americana y conseguí el dinero en metálico. Volví y se lo di en bolsas de papel.

Le pregunté, "¿Qué vas a hacer con todo ese dinero?"

Me dijo, "Ahora soy un antiguo empleado de banca." Me voy a llevar a mi familia a Disneylandia, en Florida."

"Creo que necesitas un visado estadounidense para tí y tu familia para entrar en los Estados Unidos," le dije.

Y, entonces, pensé, el no va a volver a Colombia una vez que él y su familia estén en Florida.

¿Dónde está el hijo de Pablo Escobar?

Mientras estaba en la Embajada Americana de Bogotá, empecé a centrar mi atención en el paradero de Pablo Escobar Jr., en Colombia, Argentina, y España. Era hijo de Pablo Escobar. Leí informes de fuentes y confidentes con información de dónde podría estar viviendo Pablo Jr., junto con las actividades de su familia. Las fuentes de la policía nacional colombiana informaban que Pablo Jr. se movía entre España y Argentina.

Él, su madre, y su hermana no se escondían de la DEA, pero sí de los enemigos de su padre, en Colombia. La mafia de Cali encabezada por Gilberto Rodrigues-Orejuela y Jose Santacruz-London querían a la familia de Pablo Escobar muerta.

El cartel de Medellín de Pablo Escobar tuvo fama internacional por su brutalidad y asesinatos, dominando el negocio de la droga. La policía nacional mató a Pablo Escobar en Medellín.[43]

El día que Pablo murió, estaba hablando por teléfono móvil con su hijo Pablo Jr. La DEA sabía que su hijo Pablo Jr. estaba en España, y que su padre hablaría con él.

Pablo Escobar estaba en su casa, en el centro de Medellín, cuando agentes encubiertos de la policía nacional, ayudados por la DEA, rodearon la casa de Pablo Escobar. Pablo y su guardaespaldas intentaron escapar, saltando a los tejados de otras viviendas. Recibieron numerosos disparos por parte de la policía nacional colombiana.

Oí de una fuente de la policía nacional colombiana (que trabajaba en una "casa segura" en Medellín) decir en varias ocasiones que Pablo Escobar entrenaba a su hijo, Pablo Jr., a matar a una edad temprana. En Medellín, un policía colombiano me mostró una foto de su hijo apuntándole a un sicario con una pistola a la cabeza, mientras su padre permanecía a su lado.

Miles de millones de dólares ofrecidos a Colombia

Supe por Bubie de Kentucky que el senador Mitch McConnell y su esposa Elaine Chao iban a viajar a Bogotá, Colombia. El senador tenía previsto reunirse con el embajador americano, y con funcionarios del gobierno colombiano, para hablar del ofrecimiento de miles de millones de dólares estadounidenses, a los colombianos, para luchar contra la droga en Colombia. El senador McConnell quería reunirse conmigo una vez que estuviese en Bogotá.

Varios días después, mi jefe me preguntó sobre mi relación con el senador McConnell. Me dijo que el senador quería verme cuando llegase a Bogotá, pero que era probable que no ocurriese.

Ya me había establecido en la embajada americana como alguien que no podía mentir y que diría la verdad sobre que la "guerra contra la droga." Esta guerra, para mí, estaba perdida en Colombia y en los Estados Unidos.

Bubie me llamó para decirme que podría ser una poblema para mí reunirme con el senador McConnell. Más tarde, me llamó para decirme que la reunión con el senador continuaba, pero que tendría que ser fuera de la embajada. Mi jefe después me dijo que íbamos a almorzar con el senador en un restaurante de Bogotá. El me preguntó, "¿Qué clase de contactos tienes para poder reunirte con el senador McConnell?"

No le contesté.

Catalina y yo llegamos temprano al restaurante. En unos minutos, el senador McConnell y Mrs. Chao, junto con su personal de seguridad, entraron en la amplia zona del comedor, seguidos del embajador americano, equipo del embajador, y dos supervisores de la DEA. El senador McConnell y la Sra. Chao nos saludaron personalmente a mí y a Catalina. El senador y yo hablamos de la vida en Colombia mientras entrábamos en un comedor más pequeño. En la gran mesa, uno de los supervisores de la DEA nos dijo a

Catalina y a mí que nos sentásemos al final de la mesa. De nuevo, un miembro del equipo del embajador nos dijo que teníamos que sentarnos al final de la mesa.

Cuando me disponía a sentarme al final de la mesa, el senador McConnell me pidió que me sentase enfrente suya. La Sra. Chao ocupó mi silla al final de la mesa, junto a Catalina. Miré a la cara al embajador y a mis supervisores, una vez arreglado el asunto de los asientos. Sabía que tenía que tener cuidado con mis palabras durante el almuerzo.

El senador me preguntó por mi padre y mi familia. Tuvo palabras amables para ellos y me habló de la ayuda que mi hermanito prestó a su candidatura en Kentucky. Mientras continuaba hablando el senador sobre mi familia, rápidamente miré a Catalina al final de la mesa. Catalina y la Sra. Chao reían sin prestar atención a lo que sucedía en la otra parte de la mesa.

El senador me miró a los ojos. De repente pensé; *oh, no, aquí viene la pregunta política del Senador.* El conoce la fama de mi familia de decir la verdad, no nos gusta la política de mierda. Me pregunto qué pensaba yo del problema del tráfico de drogas y sobre el dinero que se le iba a dar a los colombianos para la lucha contra la droga.

¡Vaya! Inmediatamente miré al senador a los ojos sin pensar en política y le dije, "A los colombianos no les importa nuestra cultura ni nuestra forma de vida. Solo les preocupa el dinero y lo que puedan sacar de nosotros."

Todos en la mesa callaron, excepto Catalina y la Sra. Chao. Al final de la mesa, ellas no escucharon lo que acababa de pasar.

Sé que no respondí la pregunta del senador McConnell correctamente. Tenía un problema. Pero quería decir la verdad de por qué los colombianos no deberían aceptar nuestro dinero, que venían de los impuestos de los contribuyentes, pagados con mucho esfuerzo, solo para que los colombianos lo derrocharan.

El senador sonrió a mi osada declaración de la verdad, sin mentiras políticas. Le devolví la sonrisa con nervios, y de repente, los supervisores de la DEA interrumpieron para contarle al senador los maravillosos resultados obtenidos al desmantelar los laboratorios de cocaína afectando al transporte de drogas a los Estados Unidos

El embajador continuó hablando de las excelentes relaciones de colaboración con el gobierno colombiano. El senador McConnell continuaba sonriendo y mirándome mientras el embajador y los agen-tes de la DEA hablaban del excelente trabajo que estaban haciendo en Colombia.

Agradecí al senador que no me preguntase más sobre la lucha contra la droga en Colombia. Ya no dije una palabra más durante la comida.

El embajador y los supervisores de la DEA continuaron hablando de política de mierda sobre por qué necesitaban el dinero del contribuyente estadounidense para luchar contra las drogas en Colombia. El senador McConnell y yo miramos a la otra parte de la mesa. Mi esposa y la Sra. Chao todavía hablaban y reían.

Catalina no sabía que yo acababa de echar por tierra cualquier posibilidad de ser ascendido a supervisor de grupo de la DEA. Catalina y la Sra. Chao eran ajenas a lo que acababa de ocurrir entre el senador y yo.

Cuando la comida terminó, el senador y yo salimos juntos con nuestras esposas. Me pidió que estuviésemos en contacto. Le dije, "Nunca olvidaré esta reunión."

El senador McConnell y la Sra. Chao son una pareja estu-penda. Catalina más tarde recibió de la Sra. Chao una postal de Navidad y una foto de todos nosotros juntos.

Senador Mitch McConnell y esposa, Elaine Chao

Hoy en día, el sena- dor McConnell es el lider de la mayoría republicana del Senado y la Sra. Elaine Chao, la Secretaria de Transportes del gobierno de Trump.

Agente de la DEA asesinado en Colombia

Mientras estuve en Colombia, rotaba regularmente como agente de guardia de las llamadas desde los Estados Unidos y otras actividades relacionadas con estupefacientes fuera de los Estados Unidos. Una madrugada sobre las 1:30 a.m., Catalina y yo nos despertamos cuando el teléfono sonó. Intentaba despertarme, cogí el teléfono y dije, "Sí."

La voz dijo, "El agente de la DEA, Frank Moreno, ha sido asesinado en un tiroteo."

Dije inmediatamente, "¿Quién llama?", era un Marine que estaba de guardia en la embajada americana.

Le dije, "¿Qué? ¿Es broma?"

La voz del Marine repitió, "El agente Frank Moreno ha sido asesinado."

Colgué y llamé a mi jefe para informarle de la llamada. Mi jefe excla-mó, "¡hijos de puta! Larry, dame unos minutos para saber más detalles. Vuelve a llamar."

Decidí llamar a la esposa del agente Moreno. Cuando la llamé, ella dijo, "¡No sé dónde está Frank! Ni responde al teléfono móvil ni al busca. Estoy preocupada por él."

Luchando Contra mi Mayor Enemigo, Yo Mismo

El joven Frank Moreno

No quise alarmarla y pensé que era mejor hablar con ella en persona. Solo le dije, "Cuando Frank llegue a casa, dile que me llame. Necesito su ayuda."

Volví a llamar a mi jefe para informarle de mi conversación con la esposa de Frank. Catalina estaba sentada en la cama.

Mi jefe me dijo, "Ve al hospital. Llama a la enfermera de la embajada y reúnete allí en el hospital con ella. Frank ha sido tiroteado."

Inmediatamente salté de la cama. Catalina me siguió, cogiendo su ropa.

Le dije, "Quédate en casa."

Me dijo, "No, la esposa de Frank necesita mi ayuda."

Una bala de 9 mm mató al agente Frank. Esa bala entró por el pecho, cortándole la aorta y saliéndole por la espalda, alcanzando también a un joven colombiano en el cuello. Frank murió rápidamente, el joven a la mañana siguiente.

Ya de noche, observé a cuatro personas examinar el cuerpo de Frank en el hospital. Los forenses movían su cuerpo de lado a lado de la mesa, localizando las heridas de bala, y haciendo fotos. El cuerpo de Frank yacía desnudo en la mesa mientras lo movían, buscando más orificios de balas en su cuerpo. Mientras observaba, pensaba; aquí yace mi compañero que solía quitarme la manzana de mi escritorio y siempre me hablaba de las cosas que ocurrían en la oficina de la DEA.

Frank siempre tenía mi apoyo de todo el chismorreo de la oficina de la DEA, y fuera también, desarrollando su trabajo cuando estábamos en Colombia.

Los forenses colombianos trasladaron el cuerpo de Frank a otro lugar para realizar la autopsia. Ya en ese lugar, Catalina y yo observamos a un médico forense, que llevaba un delantal grande de cuero negro, guantes de goma negros, y botas de goma negras hasta las rodillas. Nos preguntaron, "¿Queréis ver la autopsia mientras examino el cuerpo de Frank?"

Dije, "No."

Era el cuerpo de Frank, y no quería ver al forense cómo lo diseccionaba como un cochino en la granja del abuelo Hardin. Después de unas horas, el médico forense sacó el cuerpo de Frank para que yo lo examinase. Su cuerpo era un desastre, por los fluidos del cuerpo, cuando diseccionaron pecho y cráneo. Le dije al forense, "Maldita sea, ¿podéis limpiar su cuerpo y cara y peinarle también?"

El forense puso una nevera blanca de poliestireno junto al cuerpo. Supe más tarde que la nevera contenía el cerebro y los organos de Frank. Siempre recordaré esa nevera al lado del cuerpo de Frank.

Catalina no tenía palabras mientras contemplaba horrorizada la etiqueta blanca alrededor del dedo gordo del pie derecho de Frank.

Esa noche, una bala mató a dos personas, a Frank y a un joven colombiano. Se supo que fue un conocido delincuente el que asesinó a ambos.

Ayudé a cuidar el cuerpo de Frank durante tres días hasta que lo trasladaron a su ciudad natal en Texas. Su ataúd llevaba una bandera de los Estados Unidos envuelta, junto a la nevera blanca para la auptosia en los Estados Unidos.

Pronto después de una reunión en la Embajada americana, sobre la muerte de Frank, un agente de la DEA me dijo que la muerte de Frank fue un contratiempo; un final que podía ocurrirle a cualquier agente de la DEA. De repente, sentí que todo esto era una gran mentira en la lucha contra la droga. Lloré en la intimidad por la muerte de Frank. Sentía que su muerte no significaba nada para algunos de los agentes de la DEA en Bogotá.

Guardia civil español asesinado en Colombia

Menos de un mes después del asesinato del agente de la DEA Frank Moreno, Catalina recibió la noticia de que su amigo, el guardia civil Julio Gómez, fue asesinado de un disparo por asaltantes en las calles de Bogotá. Yo estaba destrozado. Acababa de preparar el cuerpo de Frank para que volase de vuelta a los Estados Unidos. Todavía lloraba en silencio por mi amigo Frank.

A la semana, Catalina y yo asistimos a la misa funeral por el guardia civil Julio Gomez. En la misa católica conocí a su hijo y esposa. Yo tenía una gorra de la DEA para él, pero no tuve la oportunidad de dársela. Miré a su bella esposa llorando, y a su hijo, de la mano de su madre. Miré al hijo de Julio y le dí la gorra de la DEA que tenía para su padre. El chico se la puso con orgullo.

No había sitio donde sentarse en la iglesia, por lo que Catalina y yo permanecimos de pie al final de la iglesia. La mayoría de la gente empezó a cantar una canción que jamás había oido. Le pregunté a Catalina, "¿Cómo se llama la canción?"

"La salve rociera," dijo.

Cantaba con el resto de los asistentes, "Olé, Olé, Olé, Olé."

"Sé fuerte y valiente, no tengas miedo ni pánico ante ellos, porque el SEÑOR tu Dios, el mismo irá delante de tí. No te fallará ni te abandonará" (Deuteronomio 31:6 Nueva versión standard americana).

La hermana y el cuñado de Pablo Escobar

Los funcionarios consulares de la embajada americana de la sección de visados sabían que yo estaba buscando a Pablo Escobar Jr. Más tarde, recibí una llamada de una funcionaria de la embajada en quién confiaba. Me dijo que la hermana y el cuñado de Pablo Escobar se encontraban en su oficina porque necesitaban una visa para viajar a Estados Unidos. Le dije a la funcionaria, "no le diga ni a la hermana ni al cuñado de Escobar que un agente de la DEA los verá en unos minutos."

Solo, entré en una pequeña habitación. Tenían en la mano sus pasaportes colombianos. Estaban sentados enfrente mía en una pequeña mesa. Tenía un mal pensamiento mientras les miraba; esta es la familia de Pablo Escobar. Que pareja más agradable, sin embargo, son diablos disfrazados. Quieren ir a los Estados Unidos para visitar a la familia.

Un Marine estadounidense de la embajada permanecía en la entrada, le dije al Marine que podía marcharse, la hermana y el cuñado de Pablo Escobar pensaron que yo era un funcionario consular que les iba a proporcionar los visados pertinentes para su viaje a los Estados Unidos.

Dije, "Hola."

Revisando sus pasaportes, me di cuenta que habían viajado a otras ciudades sudamericanas y varias veces a España. Mi primer pensamiento fue; no me puedo creer que tenga sentados enfrente mía a la hermana y al cuñado de Pablo Escobar. Esta es una oportunidad de oro para encontrar al hijo de Pablo.

Les pregunté, "¿Teneis relación con Pablo Escobar?"

Luego les mostré mi placa de la DEA.

De repente parecían muy humildes y amables. Noté que les temblaban las manos. Empezaron a moverse de lado a lado de sus sillas con nervios haciendo ademán de levantarse y marcharse.

Le pregunté de nuevo, "¿Eres la hermana de Pablo Escobar?"

"Sí," dijo en un inglés sin acento.

El cuñado dijo inmediatamente, "Soy su marido."

Sin hacerles más preguntas, me dijo que Pablo era un hermano muy bueno. "Ayudaba a la familia, a los pobres de Medellín, a las iglesias y a la policía."

Le pregunté a su marido, "¿En qué trabajabas para Pablo?"

Dijo, "era su contable y abogado. Le llevaba el negocio de agricultura."

Ambos negaron que Pablo fuese un narcotraficante.

Les pregunté, "¿Dónde está Pablo Junior?"

253

Bajaron la cabeza sin mirarse y dijeron que no sabían dónde estaba.

Les pregunté, ¿Por qué queréis ir a los Estados Unidos?"

"A ver familia y amigos," dijeron.

"¿Dónde viven sus amigos en los Estados Unidos?

Se levantaron lentamente de la silla y dijeron "queremos nuestros pasaportes; nos vamos."

El marido era abogado y contable del cartel de Medellín. El abogado de apariencia humilde sabía que yo no tenía poder para arrestarlos. Tuve que devolverles sus pasaportes y dejarlos ir.

Estaba decidido a encontar al hijo de Pablo Escobar.

Larry Ray Hardin, DEA retirado & Dianne DeMille, Ph.D.

Jubilación

Después de tres cortos años en Colombia, regresé a San Diego, California.

Antes de jubilarme de la oficina de San Diego, un agente de la DEA de Yuma me habló del por qué no pude inculpar a los tres hermanos García. El agente de Yuma dijo, "Quiero terminar donde tu dejaste el caso para arrestar a los hermanos."

Le dije que nunca podría inculpar a los hermanos.

Luego me dijo, "Voy a verte."

Pasaron varias semanas, y me llamó otra vez el mismo agente de la DEA de Yuma. Me preguntó de nuevo, "¿Qué ocurrió? ¿Por qué no pudiste arrestar a los hermanos?"

Le expliqué, "Puse a disposición de los fiscales de Phoenix para su procesamiento todas las actividades criminales contra los hermanos. Me dijeron que no podían inculpar a los hermanos. Se acabó. Todo ha terminado."

Le dije al agente, "El asesor legal principal de la DEA de Washington, D.C., me envió una copia del borrador del auto de procesamiento de los hermanos por el que deberían ser procesados basado en todo lo que yo expuse en mi informe. Mira, me alegra que quieras echar un vistazo al caso de los hermanos de nuevo, pero no serán acusados."

El agente dijo, "Quiero verte."

"Claro, te veré en San Diego o en Yuma."

Nunca más oí hablar de él, y la reunión nunca tuvo lugar.

Dos años después de retirarme, me llamó un agente de la DEA de Phoenix. Era otro agente preguntando lo mismo, por qué los hermanos no fueron inculpados. Le dije que yo ya era un ciudadano particular y jubilado de la DEA, y que tuviese cuidado.

El agente de Phoenix lo comprendió y dijo, "Sí, pero necesito hacerle varias preguntas sobre el caso."

Le pregunté por qué estaba revisando mi viejo caso de los hermanos.

"Fui asignado a revisarlo por la dirección de la DEA. ¡Todos estos hermanos y los asiáticos! ¿Qué pasó?"

"Esas eran unas buenas preguntas, será mejor que lo olvide. Te lo digo ahora, coge el caso de los hermanos García y ciérralo para siempre. No hay motivo para revisarlo."

Me dijo, "Quiero ir a San Diego a verte."

"Me puedes llamar o venir cuando quieras."

Dijo, "De acuerdo, te veré pronto."

Y adivina qué. nunca más oí hablar de él y nunca vino a verme.

Después de no saber nada de los agentes de la DEA de Yuma y de Phoenix, sobre el caso de los hermanos, decidí ir a visitar a mi familia en Bardstown, Kentucky. Cuando volví a San Diego, llevaba tres botellas de whisky de Kentucky *"Apple Pie"* en mi equipaje de facturación. Cuando llegué al aeropuerto de San Diego, fui a recoger mi maleta a la cinta transportadora, y vi dos agentes de la DEA, amigos mios, de pie junto a la zona de recogida de equipaje. Ambos agentes destinados en la fuerza especial de narcóticos (NTF) del aeropuerto.

Le susurré a uno de los agentes, "Oye hermano, ¿Cómo estás? Me alegro de verte. Estoy encantado con mi jubilación de la DEA."

Inmediatamente dijo en voz alta, "Señor. Soy un agente federal de narcóticos. Me gustaría hablar con usted sobre su viaje hoy."

Reí, "¡Qué! ¿Estás de broma? Somos compañeros."

Dijo, "Señor. ¿Me da permiso para ver su equipaje?"

"Sabe lo que llevo en el equipaje. Yo siempre traigo whisky cuando vuelvo a San Diego. Es para los amigos y fiestas de jubilación."

Cuando estaba hablando con un agente, el otro abrió mi equipaje y vio las tres botellas de líquido rojizo. El agente rápidamente cogió una botella de mi equipaje y la levantó a la altura de su cabeza para que todos pudiesen verla. "Señor, ¿Qué es esto?"

Dije enfadado, "¿Estás de broma? Sabe lo que es."

"Señor, necesito confiscar una botella para ver si es sustancia ilegal."

Le dije, "No le puedo dar una botella. Le prometí una botella a un agente del IRS, otra a un agente del NCIS, y la otra a un agente del FBI. Hermanos, me estáis abochornando delante de todos estos pasajeros que están recogiendo sus equipajes."

El agente de la DEA dijo, "Gracias por la botella. Dejaré las otras dos botellas en su equipaje."

Supe después que a los agentes de la DEA les encantaba ese whisky. Dijeron que me esperaban ver de nuevo en el aeropuerto de San Diego.

Después de jubilarme de la DEA, ahora comparto mis experiencias dando clases a estudian-tes especializados en Justicia Penal en una universidad local de San Diego y en una de las universidades de Europa. Dirijo mi propio negocio de investi-gación privada y hago trabajo volun-tario visitando a veteranos militares, agentes del orden, y oficiales de policía en orfanatos.

Echando la vista atrás en el caso de los hermanos García, toda la experiencia fue increíble – probablemente uno de los peores casos de corrupción en los que jamás haya

Profesor asociado

trabajado, no solo en los Estados Unidos, sino también en México y Colombia. En mi carrera en la DEA, nunca experimenté nada parecido como la corrupción en este caso.

Me sentía muy mal por fallarle a Don y Roy. Le prometí que detendría a los hermanos por lo que les hicieron. Creo que solo hay decepción entre las víctimas.

La DEA me definió, no solo como persona, sino espiritualmente. Luché por saber la verdad en la vida. Varias personas que conocía personalmente murieron en acto de servicio; los agentes de la DEA Richie Fass y Frank Moreno, el Teniente Danny Elkins, el Sargento Michael Crowe, el Guardia civil Julio Gómez, y mi confidente, Angelito. Todo eran buenos trabajadores y buenas personas.

Tiempo de nacer, y tiempo de morir. Eclesiástico 3:2.

Conociendo las muertes de mis hermanos de las fuerzas del orden asesinados en Arizona y Colombia, creo que se trata de conocer la verdad y de cómo vivieron. ¿Cuál es la verdad? Creo que debería vivir cada momento de esta vida. Vive la vida ahora.

Es increíble lo que aprendí trabajando con estupefacientes en las calles durante casi 24 años. En la calle, tenía que estar concentrado e intenté hacer lo que me decía mi corazón que era correcto. Decidí no seguir el camino del diablo donde había solo una lucha con la oscuridad intentando encontrar la luz. Esa fue mi lucha trabajando con estupefacientes y en la sombra del mal; el camino del diablo. Confía en el Señor con todo tu corazón. Ahí puedes encontrar la luz.

Mi triunfo fue mantener mi fe, para centrarme en lo que era mi reto más grande de Luchar Contra mi Mayor Enemigo, *Yo Mismo/Confía en Dios.*

Oh, Gran espíritu,

Cuya voz escucho en el viento

Y cuyo aliento da vida a todo el mundo, ¡escúchame!"

Soy pequeño y débil.

Necesito tu fuerza y sabiduria.

Déjame caminar en la belleza y haz que mis ojos

Luchando Contra mi Mayor Enemigo, Yo Mismo

contemplen cada roja y púrpura puesta de sol.

Haz que mis manos respeten las cosas que has hecho

Y que mis oidos se agudicen para escuchar tu voz.

Hazme sabio para que pueda comprender las cosas que puedas enseñarme.

Déjame aprender las lecciones que has esconddo en cada hoja y en cada roca.

Busca la fuerza no para ser
más grande que mi hermano,
sino para luchar contra mi mayor enemigo, yo mismo.
Haz que siempre esté listo para venir a tí
Con las manos limpias y los ojos abiertos.
Para que cuando la vida se apague, con una puesta del sol,
mi espiritu pueda venir a ti sin avergonzarte.[44]

Epílogo

Tuve un excelente trabajo con la DEA. Lo disfruté. Creo que estuve en este trabajo en Yuma por una razón: tener como objetivo a los hermanos García por lo que les hicieron a Don y Roy. Al mismo tiempo, me di cuenta de que existía un peligroso ambiente de corrupción. Me sentía culpable por no conseguir que se inculpara a los hermanos por intentar asesinar a los agentes especiales Don Ware y Roy Stevenson. Tuve oportunidad de investigar lo que hacían los hermanos, y sentí que podría hacer algo. Estaba decidido. Me lo guardé para mí, y eso fue lo que me ayudó a ser una persona honrada.

Los investigadores Jeff Pearce y Randy Torgerson me hablaron de esqueletos en el armario de las fuerzas del orden en Yuma, Arizona. No quería oir hablar de más corrupción. No quería porque tenía que trabajar con esos agentes y policías. Tuve que confiar con mi vida en algunos de los agentes y policías corruptos. Es parte de mí y de lo que soy. Sabía que tenía que tener mucho cuidado al tratar mis asuntos en Yuma y en la frontera mexicana. Era como en Vietnam, cuando algunos de los oficiales militares recibieron fuego amigo de sus propios compañeros en la batalla. Los oficiales nunca devolvieron los disparos a sus compañeros.

Nunca ascendí en la DEA. Quise llegar a ser Agente Especial Encargado (SAC siglas en inglés) que era lo máximo a lo que podría llegar en la agencia. Tenía personalidad e integridad. Sin embargo, nunca tuve los contactos adecuados con las personas correctas de la DEA con la misma integridad. Algunos de los tipos de la DEA y la NTF se alejaron de mis investigadores en Yuma porque estaban sacudiendo los árboles, y la fruta podrida estaba empezando a caer. Algunos de los tipos de las fuerzas del orden tenían miedo de esa fruta caída.

Me rompió el corazón tener que dejar el caso y marcharme a Colombia. Sabía demasiado sobre las actividades relacionadas con la droga de los hermanos García y la corrupción policial en Yuma. Sin embargo, tuve una segunda oportunidad en Colombia.

Luchando Contra mi Mayor Enemigo, Yo Mismo

Perdí unos cuantos buenos amigos en la comunidad policial, y creo que fue por el trabajo que desempeñaba. Nunca pude cruzar la linea de la corrupción. Solo estaba desilusionado por no cumplir con Don y Roy. Estaba confuso sobre qué hacer con mi carrera. Supe que la corrupción era mucho más grande en las fuerzas policiales, y en la política, de lo que jamás hubiese imaginado.

Era cada vez más patente que algunos en la DEA y en la oficina del fiscal no querían que los hermanos García fuesen procesados. Parece que querían que no tuviese éxito. Mi primer supervisor ni siquiera se despidió de mí cuando se fue de Yuma. Estaba realmente frustrado. Solo intentaba hacer lo que era correcto.

Solo hay que ver lo que ocurrió con el ayudante del fiscal Goodwill. Más tarde, trabajó para la CIA. Nos entendimos, y el ayudante Goodwill me animó a ir tras los hermanos. Pero entonces el FBI, y los otros fiscales se asustaron ya que me estaba acercando mucho a todo lo relacionado con los hermanos y los policías corruptos en la frontera mexicana. Esto no había pasado antes con otros agentes de la DEA, y yo resultaba una amenaza para las fuerzas policiales si la gente supiese la verdad sobre la corrupción en la frontera.

Sin la ayuda de los investigadores Harry Fresno, Jeff Pearce, y Randy Torgerson, probablemente nunca me hubiese acercado tanto para poder inculpar a los hermanos García. Pero tampoco hubiese sido tan estresante, porque mientras trabajaba en otros casos importantes, y los investigadores participaban, ellos me empujaban, y yo a su vez a la oficina del fiscal.

Mirando atrás, creo que todo gira en saber la verdad, y que yo debería disfrutar cada momento de la vida. No siento amargura con lo que ocurrió con la DEA o el caso en cuestión. Algunos casos fueron fáciles de juzgar, y otros difíciles debido a la codicia a ambos lados de la valla. Es increíble lo que el dinero puede hacer con las personas en el mundo de la droga y narcóticos.

Larry Ray Hardin, DEA retirado & Dianne DeMille, Ph.D.

Estaba decepcionado, no tanto por las actividades de drogas de los hermanos García, sino por sus contactos con los policías corruptos. Los hermanos eran solo una familia que tenían un negocio de drogas en la frontera suroeste de Estados Unidos y México. Los hermanos estaban dando a los estadounidenses lo que buscaban, la droga. Para los hermanos era solo un negocio de drogas y de armas. Ellos estaban allí introduciendo droga en los Estados Unidos desde México.

A veces gente inocente resultó herida o muerta. Lo mismo en México como en Colombia. Trabajando en la frontera y en el puerto fronterizo, no vi mucha gente blanca cruzar la frontera, no iba tras los mexicanos. Sino contra los traficantes de narcóticos – cualquiera relacionado con actividades ilegales contra los Estados Unidos.

Debía representar lo que era correcto, y sin embargo vi mucho mal trabajando con narcóticos. Esto era todo un reto porque yo sabía lo que era correcto. Sabía el objetivo de mi carrera, pero el mal que perseguía era muy poderoso. Los policías corruptos sabían lo que hacían. Sabían que lo que hacían estaba mal y era inmoral, pero trataban de justificarse.

Como los agentes de la DEA Richie Fass y Frank Moreno, los oficiales de la fuerza especial de narcóticos de la frontera sudoeste de Arizona, el Teniente Danny Elkins y el Sargento Michael Crowe fueron asesinados en acto de servicio. Todos buenos trabajadores, que luchaban contra la droga. El Teniente Elkins quiso trabajar en el caso de los hermanos conmigo. Culpo a las mentiras políticas, a los agentes corruptos, y a los policías que no quisieron que se juzgase el caso.

Ante la ley, seguía con nueva información que los investigadores me proporcionaban sobre los policías corruptos. Podría haber seguido si hubiese querido. Si había algún conflicto entre lo que podía hacer y lo que me decía mi supervisor que no debería hacer, yo hubiese continuado de todas maneras.

Luchando Contra mi Mayor Enemigo, Yo Mismo

Lo irritante y molesto de todo este caso es que la DEA, el FBI, y la oficina de los fiscales no podían controlar a los investigadores. La DEA y otras agencias no podían decirles a los investigadores que parasen de perseguir a los policías corruptos y a los hermanos. El supervisor de la DEA podía controlarme no permitiéndome seguir trabajando en el caso de los hermanos, pero los investigadores no trabajaban para la DEA.

Los investigadores eran "ambiciosos" y sabían como obtener información. El investigador Jeff Pearce era muy joven y efectivo. Acababa de abandonar la carrera militar y no tenía experiencia civil con las fuerzas del orden. Este tipo de trabajo era distinto al militar. Se lo tomó de forma personal para ver cómo terminaba el caso. Empezó a perder el rumbo siguiendo el camino del diablo.

El investigador Pearce me explicó que sabía lo que hacía, pero no estaba al tanto de todos los impedimentos y pequeñas tretas que él y el investigador Randy Torgerson supieron después al tratar con los policías corruptos. Aprendían siempre cosas nuevas mientras trabajaban conmigo. Lo duro era saber que los delincuentes se esconden como buenas personas en la policía y el gobierno. Ellos no supieron cómo tratar ese tipo de corrupción.

Los investigadores no eran policías ni agentes, pero sabía que podía confiar en Pearce y Torgerson. Tenía que tener cuidado de no darles ningún documento perteneciente al Departamento de Justicia ni de la DEA. El FBI sabía que los investigadores Pearce y Torgerson trabajaron realmente duro contra la corrupción. Por eso registraron la casa del investigador Pearce in Fresno, California, buscando documentos oficiales de la DEA, que algún oficial corrupto o alguien de la oficina del fiscal dijeron que yo podía haberles dado a los investigadores. Algunos fiscales, incluyendo el ayudante Nay Whitehouse, de la oficina de Phoenix quisieron venir a por mí, y utilizaron al FBI. No encontraron nada que me incriminase.

Lo más peligroso que me encontré mientras trabajaba con narcóticos era la tentación de lujuria, dinero y sexo. En una situación donde se encontraba dinero, nadie podía reclamarlo. Lo logré con la bendición de mi fe, y para ello, trabajé mucho. En este mundo, hacía yo mi trabajo. Envié gente a la cárcel, pero en su mayoría era gente pobre que trataba de ganarse la vida. Los traficantes de drogas pobres tenían que confiar en abogados de oficio.

Mi triunfo fue mantener la fe en nuestro Señor Jesús. No en mi esposa o familia, sino con mi confianza en Dios. Me concentré en eso. Fue mi mayor reto.

Intenté hacer lo que creía que era correcto en mi corazón. Decidí no seguir la lucha a oscuras, o como yo diría: Luchar contra mi mayor enemigo, yo mismo. Esa fue mi lucha trabajando con narcóticos.

Gozé de un buen trabajo con la DEA. Estoy bien de salud, y disfruto de una buena jubilación. Por todo eso, doy gracias a Dios.

Firmé un contrato con la DEA por el que tenía que esperar cinco años para contar mi historia sobre mis experiencias con los hermanos o de cualquier otra índole. He escrito mi verdadera historia junto a dos investigadores, Jeff Pearce y Randy Torgerson, en mi primer libro: Camino del diablo. Este es mi segundo libro que cuenta más mi historia personal: Luchando contra mi mayor enemigo, yo mismo/Confía en Dios.

Creo que solo hay decepción entre las victimas y sus familias por la gente que los hermanos García hirieron o incluso asesinaron. Siempre recordaré que perdí mi lucha por Don y Roy, pero espero verlos en el cielo.

Luché por saber la verdad de la vida; "Vive tu vida ahora."

Lo siento Don y Roy. No hubo nunca una lucha contra la droga.

Un tiempo para nacer y un tiempo para morir, y con la gracia de Dios, sigo vivo.

Luchando Contra mi Mayor Enemigo, Yo Mismo

Referencias (en inglés)

"Media gagged from reporting drug test results of murder suspect." *Reporters Committee for Freedom of the Press: Feature.* September 25, 1995. Accessed April 23, 2018. https://www.rcfp.org/browse-media-law-resources/news/media-gagged-reporting-drug-test-results-murder-suspect.

Associated Press. "Arizona Deputy Charged With Killing Two Fellow Lawmen 'Exemplary' Narcotics Fighter Stealing Guns, Drugs From Evidence Room." July 8, 1995. Accessed April 23, 2018. http://www.spokesman.com/stories/1995/jul/08/arizona-deputy-charged-with-killing-two-fellow/.

Associated Press. "Agents Find Drug Tunnel to U.S. *The New York Times.* May 19, 1990. http://www.nytimes.com/1990/05/19/us/agents-find-drug-tunnel-to-us.html.

Attwood, Shaun. American Made: Who Killed Barry Seal? Pablo Escobar or George Bush (War on Drugs Book 2).

Campbell, Duncan and Tuckman, Jo. "Mexicans hand over drug-tunnel smuggler." *The Guardian: World News.* June 13, 2001. https://www.theguardian.com/world/2001/jun/14/Mexico.

Chief Yellow Lark, American Indian, Lakota, "The Great Spirit Prayer", 1887. Retrieved March 17, 2019 https://www.worldprayers.org/archive/prayers/invocations/oh_great_spirit_whose_voice.html

Department of Justice (DoJ). "Organized Crime Drug Enforcement Task Forces." *The United States Department of Justice: Criminal Division.* Updated June 9, 2015. https://www.justice.gov/criminal/organized-crime-drug-enforcement-task-forces.

Ferranti, Seth. "The Story Behind an Infamous Escobar Cartel Assassination." *Vice: Stuff.* March 27, 2016. https://www.vice.com/en_us/article/4w3mvw/an-fbi-agent-tells-story-behind-an-infamous-escobar-cartel-assassination.

Gallegher, Mike. "King of The Kingpins: The Mexican Federation." *Albuquerque Journal*. March 1997. https://www.abqjournal.com/news/drugs/8drug3-3.htm.

Golden, Tim. "Cardinal in Mexico Killed in a Shooting Tied to Drug Battle" *New York Times.* May 25, 1993. http://www.nytimes.com/1993/05/25/world/cardinal-in-mexico-killed-in-a-shooting-tied-to-drug-battle.html.

Grant, Will. "Mexico drugs: How one DEA killing began a brutal war. BBC News, Guadalajara." February 2012. http://www.bbc.com/news/world-us-canada-16920870.

Kraul, Chris. "From torture to terrorism: How DEA case let to extraordinary rendition." *Los Angeles Times*. February 26, 2015. http://www.latimes.com/world/mexico-americas/la-fg-dea-camarena-20150226-story.html.

Lisalus, Som. "Drug Tunnel Architect Faces 20 years." *Tuscon News Now: KOLD New 13*. Accessed August 9, 2017. http://www.tucsonnewsnow.com/story/4710820/drug-tunnel-architect-faces-20-years.

McFadden, Robert D. "Head of Medellin Cocaine Cartel is Killed by Troops in Colombia." Los Angeles Times. December 3, 1993. https://www.nytimes.com/1993/12/03/world/head-of-medellin-cocaine-cartel-is-killed-by-troops-in-colombia.html. Accessed June 20, 2019.

Merentes, Luis A. "Was the CIA behind 'Kiki' Camerena's Murder? Investigative Journalist and Congress Must Follow Up." Huffington Post. December 15, 2013. Accessed September 29, 2017.

Mora, Edwin. "DHS IG: Tunnels Along U.S. – Mexico Border 'Significant and Growing' Threat." *Breitbart*. Dec. 13, 2013. http://www.breitbart.com/big-government/2013/12/13/dhs-ig-tunnels-along-us-mexico%20border-significant-and-growing-threat/.

Multiple Authors. "Narcotics agent held in deaths of 2 Yuma officers." *Tucson Citizen: Local*. July 6, 1995. http://tucsoncitizen.com/morgue2/1995/07/06/99618-narcotics-agent-held-in-deaths-of-2-yuma-officers/.

Mydans, Seth. "Agents Seize 20 Tons of Cocaine In Raid on Los Angeles Warehouse." The New York Times. September 30, 1989. http://www.nytimes.com/1989-09-30/us/agents-seize-20-tons-of-cocaine-in-raid-on-los-angeles-warehouse.html?pagewanted=print.

Parker, Richard. "Mexico's Poor Trading Machetes for AK-47s." *Journal Washington Bureau: A Journal Special Report.* March 1997. https://www.abqjournal.com/news/drugs/.

Reel, Monty. "How El Chapo Builds His Tunnels. *The New Yorker*. August 3, 2013. http://www.newyorker.com/magazine/2015/08/03/underworld-monte-reel.

St. Clair, Jeffrey. "Air Cocaine: The Wild, True Story of Drug-Running, Arms Smuggling and Contras at a Backwoods Airstrip in the Clintons' Arkansas." *CounterPunch*, November 2016. https://www.counterpunch.org/2016/11/04/air-cocaine-the-wild-true-story-of-drug-running-arms-smuggling-and-contras-at-a-small-airstrip-in-clintons-arkansas/.

Stewart, Bob W. "United States May Ask State to Prosecute in

United Press International: UPI Archives. July 14, 1995. "Police say evidence theft led to killings. http://www.upi.com/Archives/1995/07/14/Police-say-evidece-theft-led-to-killings/8785805694400/.

United States Court of Appeals, Ninth Circuit. "Michael Su CHIA, Petitioner-Appellant, v. Steven CAMBRA, Jr., Warden; Attorney General of the State of California, Respondents-Appellees. No. 99-56361." March 4, 2004. Accessed May 5, 2018. https://caselaw. findlaw.com/us-9th-circuit/1241789.html.

Wiedrich, Bob. "Acts of Heroism in Narcotics War." *Chicago Tribune*. June 18, 1975, page 28. http://archives.chicagotribune.com/1975/06/18/page/28/article/acts-of-heroism-in-narcotics-war.

Ybarra, Michael J. and Ford, Andrea. "Jury Finds Man Guilty in Murder of 2 DEA Agents." Los Angeles Times. November

2, 1988. http://articles.latimes.com/1988-11-02/local/me-573_1_three-dea-agents.

Notas

---

1 Antonio Lagares. Venta de Vargas. Una leyenda en el tiempo. April 12, 2017.

2 Mike Gallegher. "King of The Kingpins: The Mexican Federation." Albuquerque Journal. March 1997, Day 2. https://www.abqjournal.com /news/drugs/8drug3-3.htm.

3 Ibid.

4 Ibid.

5 Jeffrey St. Clair. "Air Cocaine: The Wild, True Story of Drug-Running, Arms Smuggling and Contras at a Backwoods Airstrip in the Clintons' Arkansas." CounterPunch November 2016. https://www.counterpunch.org/2016/11/04/air-cocaine-the-wild-true-story-of-drug-running-arms-smuggling-and-contras-at-a-small-airstrip-in-clintons-arkansas/.

6 Ibid.

7 Ibid.

8 Seth Ferranti. "The Story Behind an Infamous Escobar Cartel Assassination." Vice: Stuff. March 27, 2016. https://www.vice.com/en_us/article/4w3mvw/an-fbi-agent-tells-story-behind-an-infamous-escobar-cartel-assassination.

9 Shaun Attwood. "American Made: Who Killed Barry Seal? Pablo Escobar or George Bush" (War on Drugs Book 2).

10 St. Clair.

11 Ibid.

12 Ibid.

13 Attwood.

14 Ibid.

15 Ibid.

16 Chris Kraul. "From torture to terrorism: How DEA case let to extraordinary rendition." Los Angeles Times. February 26, 2015. http://www.latimes.com/world/mexico-americas/la-fg-dea-camarena-20150226-story.html

17 Ibid.

18 Ibid.

19 Ibid.

20 Randy Torgerson Interview

21 Luis A. Merentes. Was the CIA behind "Kiki" Camerena's Murder? Investigative Journalist and Congress Must Follow Up. December 15, 2013.

22 Kraul.

23 Merentes.

24 Kraul.

25 Will Grant. Mexico drugs: How one DEA killing began a brutal war. BBC News, Guadalajara. February 2012. http://www.bbc.com/news/world-us-canada-16920870

26 DoJ. "Organized Crime Drug Enforcement Task Forces." The United States Department of Justice: Criminal Division. Updated, June 9, 2015. Accessed August 14, 2017. https://www.justice.gov/criminal/ organized-crime-drug-enforcement-task-forces.

27 Seth Mydans. "Agents Seize 20 Tons of Cocaine In Raid on Los Angeles Warehouse." The New York Times. September 30, 1989. http://www.nytimes.com/1989-09-30/us/agents-seize-20-tons-of-cocaine-in-raid-on-los-angeles-warehouse.html?pagewanted=print.

28 Edwin Mora. "DHS IG: Tunnels Along U.S. – Mexico Border 'Significant and Growing' Threat." Breitbart. Dec. 13, 2013. http://www.breitbart.com/big-government/2013/12/13/dhs-ig-tunnels-along-us-mexico%20border-significant-and-growing-threat/.

29 Som Lisalus. "Drug Tunnel Architect Faces 20 years." Tucson News Now: KOLD New 13. Accessed August 9, 2017. http://www.tucsonnewsnow.com/story/4710820/drug-tunnel-architect-faces-20-years.

30 AP. "Agents Find Drug Tunnel to the U.S." The New York Times. May 19, 1990. http://www.nytimes.com/1990/05/19/us/agents-find-drug-tunnel-to-us.html.

31 Monty Reel. "How El Chapo Builds His Tunnels. The New Yorker. August 3, 2013. http://www.newyorker.com/magazine/2015/08/03/underworld-monte-reel.

32 Duncan Campbell, and Jo Tuckman. "Mexicans hand over drug-tunnel smuggler." The Guardian: World News. June 13, 2001. https://www.theguardian.com/world/2001/jun/14/mexico

33 Tim Golden. "Cardinal in Mexico Killed in a Shooting Tied to Drug Battle" New York Times. May 25, 1993. http://www.nytimes.com/1993/05/25/world/cardinal-in-mexico-killed-in-a-shooting-tied-to-drug-battle.html

34 Richard Parker. "Mexico's Poor Trading Machetes for AK-47s." Journal Washington Bureau: A Journal Special Report. March 1997. https://www.abqjournal.com/news/drugs/.

35 Michael J. Ybarra and Andrea Ford. "Jury Finds Man Guilty in Murder of 2 DEA Agents. Los Angeles Times. November 2, 1988.

36 United States Court of Appeals, Ninth Circuit. "Michael Su CHIA, Petitioner-Appellant, v. Steven CAMBRA, Jr., Warden; Attorney General of the State of California, Respondents-Appellees. No. 99-56361." March 4, 2004. Accessed May 5, 2018. https://caselaw. findlaw.com/us-9th-circuit/1241789.html.

37 Bob Wiedrich. "Acts of Heroism in Narcotics War." Chicago Tribune. June 18, 1975, page 28. http://archives.chicagotribune.com/1975/06/18/page/28/article/acts-of-heroism-in-narcotics-war.

38 Associated Press. "Arizona Deputy Charged With Killing Two Fellow Lawmen 'Exemplary' Narcotics Fighter Stealing Guns, Drugs From Evidence Room." July 8, 1995. April 23, 2018. http://www.spokesman.com/stories/1995/jul/08/arizona-deputy-charged-with-killing-two-fellow/.

39 Multiple Authors. "Narcotics agent held in deaths of 2 Yuma officers." Tucson Citizen: Local. July 6, 1995.

40 UPI. "Police say evidence theft led to killings." UPI Archives. July 14, 1995.

41 "Media was gagged from reporting drug test results of the murder suspect." Reporters Committee for Freedom of the Press: Feature. September 25, 1995.

42 Associated Press. "Arizona Deputy Charged With Killing Two Fellow Lawmen 'Exemplary' Narcotics Fighter Stealing Guns, Drugs From Evidence Room." The Spokesman-Review: Nation/World. July 8, 1995.

43 Robert D McFadden. "Head of Medellin Cocaine Cartel is Killed by Troops in Colombia." Los Angeles Times. December 3, 1993. https://www.nytimes.com/1993/12/03/world/head-of-medellin-cocaine-cartel-is-killed-by-troops-in-colombia.html. Accessed June 20, 2019.

44 Chief Yellow Lark, American Indian, Lakota, "The Great Spirit Prayer", 1887. Retrieved March 17, 2019 https://www.worldprayers.org/archive/prayers/invocations/oh_great_spirit_whos e_voice.html

DEA PRB 08-15-19-29

www.ingramcontent.com/pod-product-compliance
Lightning Source LLC
Chambersburg PA
CBHW031148270326
41931CB00006B/185